隐形将军

韩　兢◎著

黄河出版传媒集团
宁夏人民出版社

图书在版编目(CIP)数据

隐形将军 / 韩兢著. —银川：宁夏人民出版社，
2016.12

ISBN 978-7-227-06575-3

Ⅰ.①隐…　Ⅱ.①韩…　Ⅲ.①韩练成(1904—1984)—
传记　Ⅳ.①K825.2

中国版本图书馆 CIP 数据核字(2016)第 319538 号

隐形将军	韩兢　著

项目统筹　何志明

责任编辑　李彦斌　管世献

封面设计　邵士雷

责任印制　肖　艳

黄河出版传媒集团
宁夏人民出版社　出版发行

出 版 人　王杨宝
地　　址　宁夏银川市北京东路 139 号出版大厦 (750001)
网　　址　http://www.nxpph.com　　　　http://www.yrpubm.com
网上书店　http://shop126547358.taobao.com　　http://www.hh-book.com
电子信箱　nxrmcbs@126.com　　　　　renminshe@yrpubm.com
邮购电话　0951-5019391　　5052104
经　　销　全国新华书店
印刷装订　宁夏银报印务有限公司
印刷委托书号　(宁)0003905

开本　787 mm × 1092 mm　　1/16
印张　23.5　　　　字数　350 千字
版次　2017 年 1 月第 1 版
印次　2017 年 1 月第 1 次印刷
书号　ISBN 978-7-227-06575-3
定价　39.00 元

中国革命的胜利离不开隐蔽战线的斗争、奉献与牺牲。

——中国中共党史人物研究会副会长　章百家

对新中国的成立做出巨大贡献的隐形将军永远怀念并学习他无私奉献的精神。

——老红军、开国上将阎红彦之女　阎小青

下民之子好心肠，解把战场作道场。敬录韩老诗句。

——中国人民解放军军事科学院少将　兰书臣

隐形的将军，固原的大雁。忠诚于信仰，卓越的贡献！

——老红军、钱壮飞烈士之孙　钱　泓

隐形将军，特殊功勋。

——老红军、开国中将欧阳毅之子　欧阳海燕

隐蔽战线，特殊功勋，传奇人生，吾党楷模。

——中国人民解放军国防信息学院教授　牛　力

艰苦卓绝，丹心永存。

——老红军、开国少将罗章之女　罗　晋

铸剑忠魂，天地永存——敬韩练成将军。

——老红军、开国少将龙飞虎之女　龙　铮

隐形将军的传奇人生，深入敌营的光辉历史！

——中国中共党史人物研究会常务理事　姜廷玉

世界谍战史创奇迹，祖国未来人树榜样。

——老红军、开国上将朱良才之子　朱新春

隐形半生为信仰，奋斗终身功人民。

——老红军、开国上将李聚奎之女　李卫雨

要党员不要上将，韩练成将军的选择体现了一个共产党员的崇高思想境界，永远值得人们尊敬。

——老红军、开国中将罗舜初之子　罗小明

共产党人的理想，中华民族的精神。

——老红军、开国少将罗章之子　罗海曦

坚定的信仰，人民的功臣，军人的楷模。

——老红军、开国中将韩伟之子　韩京京

隐形将军韩练成一生追求理想信念，是共产党人的楷模，是后人学习的榜样。

——老红军、开国上将陈士榘之子　陈人康

潜伏利剑，功垂名史。

——老红军刘正平之子　刘峰林

无名英雄，无上光荣。

——原总参三部政治部副师职干事　张　兵

序

罗青长①

我认识韩练成同志是在 1949 年初，当时我在中共中央社会部部长李克农同志直接领导下，负责联系指导全党各情报系统、全面掌管对敌情报斗争。

中央社会部的驻地在河北平山一个叫东黄泥的小村庄，机关的同志们都分散住在村里的民房。李克农也在一个普通的农家小院办公、起居，他用的是三间北房，一明两暗，东面是他的办公室兼卧室，西面会客。

韩练成经过香港来到解放区，直接到社会部，就住在李克农卧室对面那间客房。这样一位当时还不是共产党员、又刚刚从敌占区来的国民党高级军官，一来就直接进入了我们情报工作部门的核心，足见中央对他的绝对信任。我们大家都知道：他是周恩来同志直接联系的工作关系。

不久，李克农的老父亲来了，韩练成主动把房子让给老人家住，自己搬来和我住在一个院子里，和我们机关的同志一起作息。在那一段时间，韩练成先后受到了朱德、毛泽东、周恩来同志的单独接见，也正是在那时他正式提出了加入共产党的申请。

8 月，中央决定韩练成去西北工作，社会部派秘密交通员护送他去

---

① 罗青长，国务院总理办公室原副主任，原中共中央调查部部长。

兰州，是我负责安排的。

1950年，他在西北军区履行入党手续的时候，周恩来对他的介绍人说：他是没有办理入党手续的共产党员，他的行动是对党最忠诚的誓言。

韩练成出身贫寒，但他不是由一个贫苦的劳动人民直接参加革命队伍的，更不是因为兵临城下、走投无路而临阵倒戈的，按周恩来同志的话来说，他是"受信仰所使然"从国民党高层内部主动投向革命的。在1942年5月，经周恩来介绍正式加入中共情报系统，成为周恩来在蒋介石身边布下的一颗秘密棋子。他是一位自觉的革命者、一位忠诚的爱国者，他的经历具有浓厚的传奇色彩。

《隐形将军》展现了韩练成的传奇人生。

作者韩兢是韩练成同志唯一的儿子，从他父亲去世就开始收集、整理史料，20多年间经常和我联系，向我核对史实，他的同名电视剧本和纪实文学成稿以后，也都请我审阅过。他说，凡是未经亲历者核实的原始记录或没有文献出处的部分，他都不用。我很赞赏他这种踏实、严谨的作风。他曾听其他同志说，周总理说"韩练成要党员不要上将"，但从未看到过文字记录，便来找我核实。我告诉他：那是周总理亲口讲、我亲耳听到的，是史实，可以采用。

韩兢的史料丰富，史实准确。新中国成立前公开的新闻报道和国民党政府的有关档案、资料，他都有引用：抗战期间党在广西的公开报纸《桂林日报》刊载的《访带花归来的韩副师长》，解放战争时期甘肃地方刊物《陇铎》题为《民主时代的军人——记韩练成将军的谈话》，都公开地、真实地反映了韩练成对抗战、对内战的态度。还有国民党政府1946年12月对韩练成在海南"剿'匪'不力，应予申斥"的通报、蒋介石1947年4月在军官训练团有关莱芜战役的讲话、陈诚1948年4月给林蔚的信对莱芜战役的反思等史料，也是我们未曾接触过的。许多一手资料就像大海里的"珍珠"，如果没有多年的史海探寻，是很难找得到的。

韩兢的文字朴实，叙事平和。他没有试图"拔高"自己的父亲，对他父亲在每一个历史阶段的行动和思想，都尽量做出接近真实的记录和分析，没有口号式的评价。他也没有脸谱式地描写其他历史人物，对历史人物之间的称谓、谈吐、行文的用词习惯，他也下了很大的功夫，尽量接近历史的原貌。如果没有这种严肃、认真的态度，是很难把这些"珍珠"一颗一颗串起来的。

韩兢在收集史料的过程中，也向我提供过有关资料：周恩来总理、张治中副委员长1963年在珠江口秘密会见客人的行动是我安排的，但我没有留下当时的照片，他在珠海警备区找到一张"周总理与万山要塞区直属队校官合影"的照片，充实了我的史料。

韩兢曾在珠海市委台湾工作办公室工作过。1995年春的某一天，他通过机要电话问我，是否认识一个叫吕文贞的人？我回答他："叫吕文ZHEN的人有两个，一个叫吕文震，一个叫吕文贞，你说的是哪一个？"韩兢答："是叫吕文贞。"我说："吕文震是个特务，吕文贞是我们的人，你不要搞错了！你怎么知道他是哪个吕文ZHEN？"他回答说："他的电话、地址是郭汝瑰老伯给我的，不会错；他是河北口音，他说的全是和我父亲有关的事，不会错；他说是李克农的好朋友，是您直接联系他，我想特务不敢开这么大的玩笑吧？"我说："'文化大革命'以后我就没有吕文贞的消息了！如果确定是吕文贞，请你马上去告诉他，我也一直很想念他，他什么时候来北京，或者我什么时候去珠海，我一定会去看望他。"这个吕文贞，字石如，先后毕业于东北陆军讲武堂第10期、陆军大学第11期和国防研究院第1期，曾任蒋介石的"军事委员会委员长"侍从室高级参谋、第11战区参谋长、华北受降区北平前进指挥所主任、北平行营参谋长、北平'剿总'司令部参谋长、联勤总司令部参谋长等职，官至陆军中将。他与韩练成将军、郭汝瑰将军相交甚深。我曾受李克农部长之托与他保持单线联系，他为我们提供了不少有价值的情报，特别是他在北平办的"惠中中学"为我党在京畿要地掩护了不少地下工作者。蒋介石撤台后，考虑到他的身份可能暴露，我们将他转回香港、澳门。可惜"文化大革命"中失去了和他的联系，多亏韩兢帮我们接上了线。这年夏天，吕老即来京，我去看望了他。但是，不幸的是，11月他即因病辞世，我曾代表组织去向他送行。20世纪90年代，吕文贞曾担任澳门特别行政区基本法咨询委员会委员，他去世后，广东省有关部门负责和他夫人的联系。我们也不应该忘记吕文贞为中国人民解放事业做出的贡献。

我曾对韩兢说过："写韩练成同志，不仅仅是你写自己的父亲；更重要的是，你写的是周总理领导的秘密工作，写的是共产党的一个历史侧面，写的是共产党人的高贵品质。"他做到了这一点。

《隐形将军》是一本有时代感的好作品，值得一读。

2000年，韩兢、孔汀宁夫妇（两边）在北京拜访罗青长夫妇（中间）

目　录

对岸的回声

区区百公里海峡，把两岸的中国人隔绝了近半个世纪。

那些在 20 世纪 40 年代末期跟着父母由大陆到台湾去的孩子，在地球上绕了大半圈以后，又在 80 年代末期，随着大陆的改革开放纷纷回来了。这时的他们，已经是一群喝足了洋墨水的成年人。

他们的父辈是因为国民党的战败、因为政治的原因离开故土，他们父辈中的大部分人在故乡被称为"去台人员"；他们却是为了实现自己的理想、开拓自己的事业，返回了父辈魂牵梦萦的中国大陆，他们中的大部分人被称为"台商"。

他们和父辈一样，永远记得自己是中国人。

珠海南科电子集团董事长吴纬国博士，就是这样一个台商。

我和吴博士都出生于 1948 年，因为我是大陆的"老三届"，他也自称是台湾的"老三届"，我们经常在电话里呼叫："喂，老三届。"但他的经历是：在台湾念完大学，服完兵役，去美国读完博士学位，把妻子儿女留在美国，自己只身回台湾，在新竹科学园区创办大王电子公司，之后又把目光转向了祖国大陆。1989

左起：吴纬国、韩兢、吴老太太、吴建国（吴纬国的三弟，时任台湾高雄工专校长）

年的金秋，他毅然投资珠海，建立了生产单晶硅集成电路的高技术企业。从此，他的生活、工作规律便是每个月在大陆、台湾、美国三地间飞来飞去。

他的父亲吴逢祥曾在蒋介石、蒋经国两届"政府"担任公职，现已过世。但他的父母都是蒋纬国的密友，1995年"二将军"（蒋纬国）过生日，为了清净，到吴家避了一天寿。

1996年3月19日，我写了一封信，请他在回台北时转交给蒋纬国先生。

两个月以后，他回到珠海，兴奋而又神秘兮兮地打电话约我见面。

他说："我到台北，把信交给我妈妈就去美国了，在家没住到10天，妈妈就打电话来，要我赶快回台北，说有重要的事，电话中不能讲，等等。我一到台北，妈妈就告诉我：'纬国将军接到你带来的信，大吃一惊！说这个韩先生的父亲是潜伏在老"总统"身边时间最长、最危险的共谍！'"

我不禁失笑，在国共两党尘封了半个世纪之久的秘密，竟然以这种形式，由"二将军"一语道破。

拨开历史的迷雾

早在先严离世的1984年，我曾从友人手里得到了1983年9月1—4日的台湾《香港时报》，上面连载了署名"方剑云"的《再谈一个军事共谍》《再谈"共谍"韩练成》系列文章，也看到过台湾版《传记文学》第52卷第6期黄旭初和黄纫秋分别创作的《韩练成是怎样送掉四十六军的？》《韩练成其人其事》两篇文章。

上述文章明确地传达了一个信息：在海峡那边的军政老人心中，先严韩练成将军不仅是"共谍"，而且是"导致神州陆沉"的元凶。诸如此类的评价，先严生前在大陆并没有公开享用过，直至1984年3月8日，新

再談一個軍事共諜〔上〕 方劍雲

再談一個軍事共諜〔中〕 方劍雲

再談一個軍事共諜〔下〕 方劍雲

再談：「共諜」韓練成 方劍雲

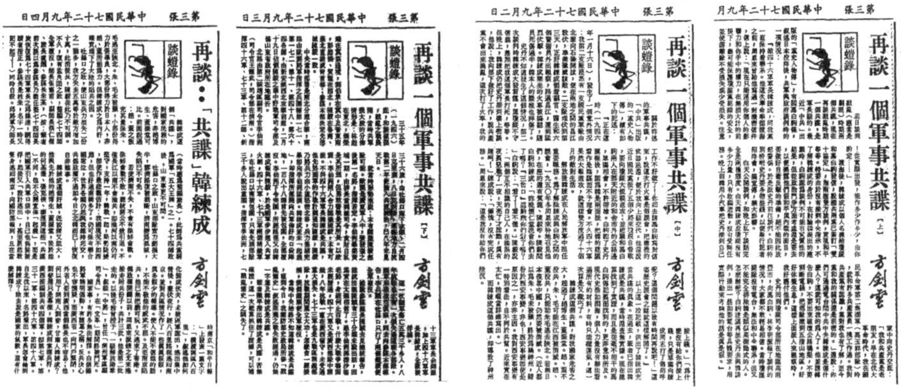

《香港时报》1983 年 9 月 1—4 日方剑云文

韓練成其人其事 黃紉秋

作過響馬的韓練成

揮金如土的韓練成

韓練成怎樣送掉四十六軍？ 黃旭初原作

黎行恕推荐韓練成

盧科長批評幹訓班

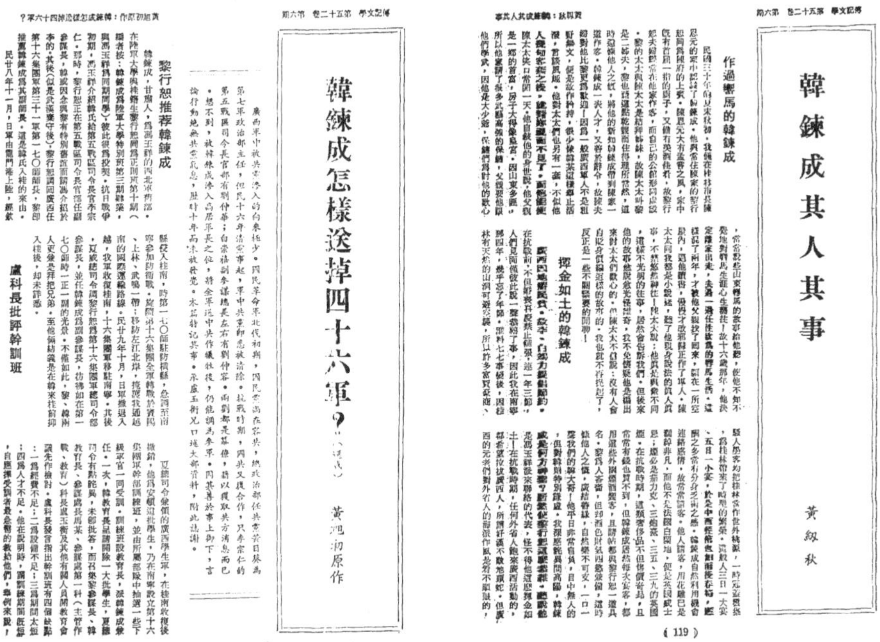

台湾《传记文学》第 52 卷第 6 期黄旭初文片段

华社发布的讣告仍然是以“著名爱国将领”冠名。

先严的葬仪简朴有致，却哀荣极盛。当时中共中央政治局全体常委都送了花圈，和先后于他离世不久的其他将军们的葬仪相比，这种不同寻常的场面不禁又使明眼人对他产生了兴趣：他的一生究竟隐含着多少秘密、多少传奇？

今天，当我们再次提到“韩练成”这个名字，多少会使世人感到些许

1984年3月8日 星期四 第四版 人民日报

党和国家领导人及各界人士向韩练成遗体告别

韩练成同志遗像

新华社北京3月7日电（记者郭殿成）党和国家领导人及各界人士300多名，今天下午前往八宝山革命公墓，向著名爱国将领、第六届全国政协委员韩练成的遗体告别。

韩练成因病医治无效，于1984年2月27日在北京逝世，终年76岁。

韩练成的遗体着中国人民解放军军服，仰卧在翠柏鲜花丛中。胡耀邦、叶剑英、邓小平、赵紫阳、李先念、陈云、彭真、邓颖超、徐向前、聂荣臻、万里、习仲勋、杨尚昆、杨得志、余秋里、宋任穷、张爱萍、洪学智等同志以及中央军委、全国政协、中共中央组织部、中共中央统战部、国防部，人民解放军总参谋部、总政治部、总后勤部、兰州部队，宁夏回族自治区委员会、宁夏回族自治区人民政府和中共固原县委员会、固原县人民政府等单位送的花圈，摆放在遗体周围。

习仲勋、王震、杨尚昆、杨得志、余秋里、宋任穷、秦基伟、廖汉生、张爱萍、洪学智、杨静仁、康克清、杨成武、肖华、陈再道、屈武、王平、肖克等领导同志在韩练成的遗体前默哀，并向韩练成的家属表示亲切慰问。韩练成是宁夏回族自治区固原县人，

1925年从军，曾在冯玉祥将军的部队参加北伐战争，作战勇敢，屡建战功。抗日时期，他赞成中国共产党团结起来、一致抗日的正确主张，以满腔的爱国热忱，积极参加抗战。日本投降后，韩练成主张和平建国，反对内战。1946年秋，身为国民党陆军第四十六军军长的韩练成被迫率部开进山东。他设法避免同我军作战，积极配合解放战争，特别是在莱芜等战役中，为中国人民的解放事业作出了重要贡献。

早在抗日战争时期，韩练成就先后同周恩来、王若飞、董必武、李克农等同志取得了联系。1948年10月，他毅然脱离国民党军队，投奔解放区，1950年加入中国共产党。

参加革命后，韩练成历任中国人民解放军兰州市军事管制委员会副主任、西北军区副参谋长、兰州部队第一副司令员以及甘肃省副省长等职。他曾是中华人民共和国国防委员会委员，第五届全国政协常委。

近年来，韩练成虽然年事已高，但仍然关心祖国的四化建设和军队建设，关心国家的和平统一大业，特别怀念在台湾的亲朋故旧，渴望祖国早日实现和平统一。韩练成生前留下遗嘱，希望在他身后，丧事从简，不举行追悼会。

今天前往八宝山革命公墓向韩练成遗体告别的还有汪锋、罗青长、彭友今、杨拯民、李达、李志民、张震、甘渭汉、宋时轮、刘志坚、杨秀山、孔从洲、杨恩德、伍生荣、平杰三、程恩远、郑洞国、赵子立、文强、解魁、张保祥等。

韩练成病重期间，余秋里、廖汉生、韩先楚、张震、宋时轮、汪锋等曾到医院看望。

《人民日报》1984年3月8日第四版

陌生。

但是，回顾中国人民争取独立、统一、民主、富强的历程，翻阅国共两党的秘史，人们又常常看到这个名字在北伐的硝烟、抗战的烽火、新中国的晨曦中时隐时现。

他本是出生于宁夏贫困山区的一个穷小子，为了"吃粮"而投军，却

为什么能受到蒋介石、冯玉祥、李宗仁、白崇禧这些对立的军事集团高层的共同信任，被冯玉祥誉为"在北伐时与我共过患难"，在抗日正面战场统御着桂系主力，莱芜战败后却能贴到蒋介石身边参与最高机密？

而他在周旋于蒋、冯、桂之间的同时，又与周恩来保持着密切的单线联系。周恩来说他是"没有办理入党手续的共产党员"，朱德称赞他"为党、为革命立了大功、立了奇功"，毛泽东更是赞扬："蒋委员长身边有你们这些人，我这个小小的指挥部，不仅指挥解放军，也调动得了国民党的百万大军哪！"

——这是一个什么样的人？居然演绎了如此不可思议的前半生！

新中国成立以后，这位看似性格外向的将军在国防现代化、部队正规化建设中倾注了心血，在西北的地方工作中做出过贡献，他却绝口不提自己的奇特经历，他平安度过"文化大革命"的风雨，悄然善终于改革开放的早春。

——又是什么原因，使他善刀而藏、隐形终生？

莫说外人，就是我，作为他唯一的儿子，也是经历了二十余年的遥遥心路，才拨开了弥漫在他身边的重重迷雾。

地震余生

韩练成1909年2月5日（清宣统元年农历正月十五）出生于宁夏预旺县（今同心县）预旺堡（今为镇）一个叫谷地台的小山村，属鸡。

韩练成的父亲名叫韩正荣，早年曾在清军

同心县县城

董福祥部当兵。母亲娘家姓樊，是陕西乾县人，光绪二十七年（1901年）家乡闹灾，她十六岁，被族人带出来，卖给在固原巡防营做哨官的韩正荣为妻。

2015年8月10日韩兢（中）和堂侄韩树鹏（右二）、韩树国（右四）及堂侄孙在谷地台

不几年，韩正荣因腿上有伤，退伍务农，家境每况愈下，好在有木匠手艺，又有行武的经历，在五里八乡人缘很好；樊氏性情泼辣，又能吃苦耐劳，家里虽然贫困，但能勉强过得下去。

韩正荣是独子，只有几个叔伯兄弟，他和樊氏共生育过四个孩子，三个先后夭亡，只韩练成一人活了下来。

民国九年（1920年）12日16日20点06分，震中位于甘肃海原（今属宁夏海原）西安州至干盐池，烈度12的8.5级特大地震爆发。根据当时的记录：海原—固原—隆德一带死亡12万余人、大牲畜15万余头，房屋倒塌4万余间。

那天，韩正荣在固原给人帮工多日，家里只有韩练成母子两人。

韩家位于一个土崖边，有一孔不能住人的窑洞，两间偏东南向的一明一暗的土坯房。韩练成总是睡在暗房炕上靠着隔墙的一边，因为墙那边就是灶台，暖和一些。

地震发生时韩练成睡得正酣，他被强烈的摇撼和母亲嘶哑的呼唤声惊醒了，又被令人窒息的烟尘呛得喘不过气来，他看不到光亮，只觉得自己被困在一个几乎不能转动的狭小空间里。他好像听到母亲在很远很远的地方哭喊着，于是他尽量大声回应，被烟尘呛得连连咳嗽，他不知道发生了什么事，只知道母亲遇到了危难，他本能地向母亲呼喊的方向寻找出路。好在他生性好斗，年纪不大却刀不离身，他摸到刀，用力在阻隔他出路的障碍物中寻找缝隙，此时，他才弄明白了：困着他的不过是坍塌的屋顶。于是他憋住气，在晃动中奋力破开一个巴掌大的洞，烟尘像烟筒一样冒了出去，冷风也猛地钻了进来，他终于听到了母亲的声音，也在暗红色的黑雾中看到了母亲惊恐异常的脸，母子俩不再出声，奋力破开废墟，韩练成被拉出来时，除了土和灰，身上竟然连一点损伤都没有。但母亲的头上脸上被灰土眼泪糊得变了样，双手染满土和血。

母亲告诉他："地动①一开始房就塌了，妈昏了头，在山墙那边挖了又挖，寻不着你！听到你的声音调过头来又挖，才把你挖出来！"

韩练成当时没顾上细问，事后多少年了也没弄明白，母亲又是怎么从破房中逃出这一劫的？

强震后，黑雾中的山村已成一片废墟，天际闪现着令人恐惧的红光，伴随着地底发出的雷鸣声，人们的号哭惊叫声不绝于耳。余震中，大地像巨浪中的破船一样摇晃着。

在村民们的挣扎自救中，母亲很快从灾难的恐惧中镇定下来，她不知道窑洞能不能住，于是叫韩练成找出能用的东西，并把不能再用的、能烧的都集中起来，在废墟中垒了一个能避风寒、能取暖的小窝。母子俩没有来自家族的支援，也不知道韩正荣是死是活，目前最重要的是，在韩正荣回来之前，靠自己的力量活下去。

第二天晚上，狂风大作，飞沙走石，天昏地暗，大雪飞扬，韩正荣赶回"家"时韩练成已经睡着了。

天蒙蒙亮，韩练成睁眼就看到父亲在整理能用的椽子、门窗、门板和木料，母亲也做好了干粮，他还闻到了肉的香味，他不知道将要发生什么事，但能够吃到干粮，吃到肉，那真是一桩美事！

在他放开饥肠将吃的往肚里填的时候，听到父亲在劝说母亲："遭灾的年头，你有粮食你就能活下去；可别人没有你有，为你的粮食别人也会要你的命！再牵着个羊，抱着个鸡，别人不抢你抢谁？"到这时候，他才知道，父亲把家里唯一的奶羊和准备祭灶的公鸡都宰了，他们马上就要离开这个难于生存的家园。

天还没大亮，父母已经收拾停当，全部家当分成三份：除每人一份干粮、熟肉外，父亲背木料、粮食、羊肉，母亲背被褥、粮食，韩练成背锅灶。看到父亲后腰那把锋利的斧头、母亲被褥中露出的刀把、自己腰间的快刀，韩练成心里丝毫没有背井离乡的凄凉感，反而产生一股兴奋：哈

①当时、当地百姓对地震的称呼。

哈，这不是四处漂泊、浪迹天涯了吗！

父母把能用却背不走的东西分给邻居以后，就带他上路了。

地震让韩练成看到了人类在不可抗拒的自然力面前的软弱，更看到了穷苦百姓在灾难中的无助和相互之间的冷

固原城墙残段近照

漠。由于他和家人无一伤亡，地震并没有给他留下多少恐惧和痛苦的回忆，反而是他人生中一次重要的启蒙：他从父母的言行中看到了自强和自立，他体会到了他当时并不知道的、由精神和物质组合在一起的、那种被称为"具有综合实力"的自信的感觉。在邻居得到他父母馈赠旧物时的眼光里，他看到了感激，他感到了自豪。

那一路行程，韩练成学会了行伍出身的父亲的老练。如，备足每人走到目的地的口粮，约定失散以后不暴露目的地的问路方法，在偏离正路、别人看不到的地方吃东西，在大批难民上路逃荒之前就到达目的地，等等。

目的地是父亲帮工时住的、并无固定主人的窑洞，在固原县城（今宁夏固原市原州区）边第五道城墙下。

今人可能不太清楚旧时中国城镇的基本面貌。那些用于屯兵的军事要地，一般不止一道城墙。固原自古以来就是驻军重镇，清代曾设提督衙门，建有五道城墙。不管战时还是平时，有权势的人家大都住在最里面最安全的内城，越往外的人越穷、越没地位，生活也越没保障。

父亲的预见是正确的。那个在最外边的城墙下的窑洞显然是最穷的城市贫民的居所，即使如此，如果晚一步，也会被更穷的流民侵占。他们全家迁居到那里以后，父亲硬是抢先拓宽了那孔窑，又用带来的木料立了门窗，加固了窑顶。

父亲曾追随董福祥大帅在庚子年（1900年）与八国联军激战于廊坊、朝阳门一带，北京失守后又掩护慈禧、光绪逃往西安。他最痛恨的就是入

侵的洋人、孱弱的朝廷，每每说到董宫保夏战北京护驾、冬被革职回甘、所部日渐委顿的往事，总不免要大发一番感慨。

没有了土地，流向城镇的农民是一群没有根的人。好在韩正荣有过行伍的经历，又有木工手艺，他倒不在乎流动；樊氏也找到了一份为人缝缝补补、拆拆洗洗的零活。于是，一家人顺其自然地汇入了城镇最底层、最边缘的人群。

看到父母被生计压得弯了腰，韩练成经常纳闷，当年的勇士怎么竟然也会沦落成这般模样？父母思定，韩练成反而有点失望，难道就这样生活一辈子吗？

借名投军

韩正荣夫妇眼看儿子渐渐长大，虽然可以帮父母打个下手、挑个水之类的，但长期下去总不是个办法。于是，他们用换工的方式顶了束脩，送儿子去读私塾，那年韩练成十二岁。

韩练成私塾学得很快，《三字经》《百家姓》《千字文》几乎一遍就过。一次课堂上学对子，有鸦片烟瘾的先生打着哈欠，无精打采地带着学生们念："云对雨，雪对风，晚照对晴空，宿鸟对鸣虫。"韩练成突然加了一句："先生对烟灯。"其他学生笑得前俯后仰，先生命一学生打他手板，他本是孩子王，谁敢打他？但那孩子竟然二话没说，抡圆了板子打下来，不过，那是"出头板子"，声响大，并不疼。

韩练成一边念私塾，一边帮工，他放过羊，收过秋，剥过羊羔子皮，那把没有护手的小刀在他手中挥舞得游刃有余，时有年长人预言："这尿娃娃刀使得利索，长大了肯定是个刀客。"由于生性好动，从那时起还曾拜师学武，师傅是回民，精通"十路弹腿"。他从军以后才知道，回民从不教外族人"十路弹腿"，不知当年为什么教了他。

跟别人学什么都快，偏偏帮父亲打下手的时候总是挨骂："你这尿娃娃，看你打的这线，能当大木匠；看你推的这刨，跟谁学徒都没人要！"

课外，只要能找得到的书，他拿到手就看，他知道那会儿是民国，但大总统孙中山和北洋总统徐世昌谁比谁大、谁管谁，他还搞不清楚。当然，看的大多是流传在民间的残缺不全的话本和章回小说。那时，他最向往的就是成为书中的那些侠士高人。

在城里杂货店站铺子、当学徒灌蜡烛的阶段，韩练成仍然爱看书，也爱上街听新闻，爱在店里柱子上写一些"五族共和""废除不平等条约""打倒列强"等时代用语，因此经常和老板发生冲突，闹到被解雇时连一个制钱都没拿到。

被轰回家的韩练成"恶名远扬"，却有城外一家不大不小的、没儿子的回族地主看上了他，要招他入赘。父亲有些动心，母亲不干："随了回民要灌肠子的！再说，女子嫁汉天经地义，男子汉倒插门羞不羞死你家先人？"十五六岁的韩练成没多想灌不灌肠子、羞不羞先人，只听说那家地主的女儿个个都漂亮，心里倒是挺愿意去当上门小女婿的。

正在韩练成站在人生十字路口难以抉择的时候，城里来了一个给黄埔军校招生的老师，招生的条件是要中学文凭。夫妻两人商量妥了：与其看着儿子和自己一起自生自灭，真不如让他从军，况且这是去上学做军官，不是当大头兵，远比"当兵吃粮"要出息得多！于是，樊氏从做零活的东家家里借了甘肃省立第二中学毕业生韩圭璋的文凭，让儿子假冒"韩圭璋"之名报了军校，出生年月也随着真正的韩圭璋改为光绪三十四年（1908 年）二月了。直至韩练成去世，他的生日一直用了这个"借来"的时间，但他从来对外都说自己是属鸡的。

韩练成离家的时候，父亲正在病中，母亲也没有任何迟疑："你只管放心去，你个刀客性子还能干个啥？有命穿个绸裤子（可能在她的眼里'绸裤子'是最好的裤子），打死就算妈没养！"儿子心里的志向远比"绸裤子"大，他一定要挣到二百块钱，回来开一家铺子，这样全家人后半辈子就不用愁了。

师生五人徒步走出山区的途中，韩练成已经改用"韩圭璋"的名字了。

他们迎着隆冬的风雪，越过了残缺的长城和冰封的黄河，那种苍凉、肃杀却又充满悲壮的景象震撼了韩圭璋的心，他第一次体会到了"报国之志"中的"国"字的真实存在。

但谁都没想到，他们只走到了宁夏城（今宁夏银川），韩圭璋就和另外三个学生一起经过简单考试，于1925年1月被西北陆军第七师军官教导队录取；而那老师却独自一人去了苏联，此后再无音信。韩圭璋他们也不知道为什么他为黄埔招生却把他们送给了宁夏。韩见到的招生简章要求他们在8月25日以前入校，如果当时他真的上了黄埔，他应该是第三期，也可能是最年轻的黄埔生。

教导队的学习、训练使韩圭璋很快就适应了军旅生活，这个借来的"学生"身份也让他一下子脱离了城镇贫民低下的社会地位。

走出山区时，他的黑布棉袄、棉裤使他在其他学生中间显得极不协调，他的发型、举止、谈吐，甚至连眼神都和那些真正的学生不同。但是，在军营"求同"的大趋势中，大家都剃了光头、统一了服装、规范了日常用语，经过短短几个月的"学兵"生活，韩圭璋从父亲那里承袭下来的军旅基因被激活了，他的体能好、协调性强，在众多的学生兵中崭露头角。

随军北伐

1926年9月，韩圭璋所在的西北陆军第七师被编为国民联军第四军，参加北伐战争，师长马鸿逵升任军长。

部队向西安进发时，已经是排长的韩圭璋知道，他们是国民军联军十路援陕部队中的第四路主力。守西安的是国民军二军第七师李虎臣和第三军第三师杨虎城所部一万人，他们被直系军阀吴佩孚部刘镇华的镇嵩军十万人马围着打了半年，真正到了弹尽粮绝的地步，史称"二虎守长安"。

国民军联军的总司令是冯玉祥，是一支实行"联俄、联共"政策的军队，首席军事政治顾问是苏联的乌斯马诺夫，总政治部部长是共产党人刘伯坚。冯总司令的进军方略是"固甘援陕，联晋图豫"。

马鸿逵的第四军虽然军阀积习很重，但在改编后，联军总政治部派来

五原誓师

冯玉祥

刘伯坚

了共产党人刘志丹任政治处长，部队作风有了明显改善。朝会时，长官训话，士兵们则高唱冯玉祥亲自编写的《出操歌》《吃饭歌》《射击歌》等歌曲。像韩圭璋这种学兵出身的新军官，对这种新思想、新作风接受得很快。多年后，韩练成还记得《吃饭歌》："这些饭是人民供给，我们应当为民努力。帝国主义，人民之敌。救国救民，吾辈天职。"

一天晚上，疏星历历，部队展开在干涸河道及两边荒坡上，快速行进。韩圭璋是当日的值星排长，走在大部队中段右翼外沿做侧卫的连队前面，依稀看见前方地上似有一物闪闪发光，他刚弯腰去捡，突然枪声响起，身后已有战士中弹，他就势卧倒滚入凹处，拔枪探视，枪声是从右前方坟地和更远一点的破砖窑群传来的，听着只有两三挺机枪和几十支步枪，也不像大部队伏击。连长命韩圭璋率两个排出击，对面敌人很快就投降了，原来只是一个不满员的加强连，本来想藏到国民联军大部队过去，眼看藏不住就打，可打开了又怕，联军一还击就缴枪了。

这一场小得不能再小的遭遇战是韩圭璋从军以来的第一次险情，在他受降将俘虏枪支清点上缴以后，才发现左手一直紧紧攥着，慢慢张开时：竟然是一块幽幽闪光的冥币！如果他没有弯腰去捡这个闪闪发光的东西，他肯定在敌军的第一波射击中倒下，非死即伤。这块冥币"救"了韩圭璋的命，也"帮"他立了北伐出征后的第一功。

在韩圭璋在担任军部警卫手枪营排长时，一天宿营，刘志丹路过警卫营驻地，就近在韩圭璋所在的连队住下，和韩挤在同一间民房里。

那天偏巧连里抓到联军其他部队的两个逃兵，已经被脱光了上衣绑着示众。当年逃兵被抓到的下场是很悲惨的，被当众打个半死是常事，不经审判就枪毙也是常事。连长是马部的老军官，小有心计，他知道有军部大员在场，无论自己怎样处置，都不一定妥当，于是"请刘处长指示"。

刘志丹不假思索，就说："把衣服穿上，先关禁闭，明天再叫他们团来领人。"

连长下令执行。

韩圭璋不理解，刘志丹说："严肃军纪，严守军法是必要的，违反军纪一定要处分；处分处分，处理得要有章法有分寸，咱是革命军，不能沿袭旧军队、军阀部队随便打人杀人的恶习。"韩圭璋第一次听到这样的论点，很感兴趣，那天谈到很晚。刘志丹是黄埔四期学生，韩圭璋对刘志丹说黄埔军校"救国、革命"精神的印象极深。毕竟他当年向往的本来就是黄埔军校。

西安解围

11月，国民军联军援陕总指挥孙良诚部（援陕第三路军）已在西安接敌，马鸿逵部抵近咸阳后，韩曾奉命押送数十万发子弹给孙部。28日，西安解围，尸横遍野，满目是饥寒交迫的军民。这时看到的死人真是比活人还多！

韩圭璋当时已升任步兵五十五团连长，率部押粮由东向西进城，是马部进入西安的先头部队。国民军联军三军第三师师长杨虎城见到韩圭璋时，重重拍着韩的肩膀，惊异地说："哎呀，这娃是连长？好好好！咱兄弟一见如故！"握住手不放。

解围之后，马鸿逵部与孙良诚部联欢，除了大会餐之外，还采纳了孙良诚的建议：踢足球。

球场设在城外孙部的大操场，土筑主席台前，立两面大木牌——"援陕第四路军"

西安解围后的杨虎城

"援陕第三路军"。当时的孙良诚地位高于马鸿逵，但在球场的布置、球队的命名方面，完全采用了绝对平等的方式。

马部不像孙部，孙良诚自己就会踢球，马部只临时集中了一群学生兵上场，谁会踢谁不会踢，没人知道，韩圭璋也在其中，按他的说法，没吃过猪肉，还没见过老母猪跑？

上半场双方都很投入，却均无建树。下半场哨响，双方刚开球，孙良诚突然在台上大喊："等一等，我上！"

总指挥这一奇兵出击，是孙部上下熟知的，一时大声欢呼，掌声雷动！

马鸿逵吃了一惊，但他实在太胖，又从未踢过足球，无法下场对等较量，他摇头笑笑，不失身份地大声命令："孙总指挥上了！你们好好地，给我看紧了！"

孙良诚带、传、带、射门，球未进，但士气大振。

马部教练推出坐板凳的韩圭璋："上！去看住孙总指挥！"韩入选踢足球是因为打篮球：扔不进去球却能满场乱跑捣得对方连连失误，以至从教导队就得了一个"捣蛋"的绰号。教练的想法很简单，管他会不会踢球，只要他会捣蛋，让孙军长踢不成就行。韩根本不懂什么叫"看"，怎么"看"，他的想法也和教练一样：我让你踢不成！

韩上场，因没戴帽子，立正行注目礼后就正对孙站定了。孙良诚当年33岁，虎虎有威，并不在意这个身材不高、还有点愣头愣脑的友军对手，大声喊："来，弟兄们，看看第四路军看住看不住咱！"场上场下双方一片呐喊。

孙接到队友传球，韩不会管球，只会挡在孙前面，孙一个漂亮的合理冲撞、过人、传球，韩已被甩在后面，孙部欢呼，马部哗然！

韩急了，追上去一个"扫堂腿"把孙绊倒在地，全场哗然，纷纷站起，气氛突然紧张起来，场上场下鸦雀无声，人人都愣在那里，裁判也惊呆了，竟然不知吹哨！

赛场一下子安静了，韩完全不知利害，得意地看着孙："看见没有？过不去吧？"

孙缓缓爬起，挺注意地看看韩，又转脸对着主席台："马军长啊，你从哪找来这么个半吊子？啊？"不等马回答，孙对韩伸出手："你小子，踢球不行，腿倒用得不错，跟谁学的？"

韩迎上搀住孙，场上场下这才动了起来，裁判吹哨，大喊："犯规！犯规！踢人犯规！"

孙部有队员冲过来，孙的警卫也有两三人持枪奔入，孙一手搭在韩肩上，一手制止部下，对裁判说："这小子犯规，罚他下场！我也下。"

回到台上，孙对马说："少云兄，把这小子给我吧？"

马的表情难以捉摸："成，你把人留下，要杀要剐，随你。"

孙："我是看上这小子了，就怕马军长舍不得。"

马一笑："尕韩，你冲撞了孙军长，你这颗'萨'（西北方言：头）在我手里怕是留不住了，既然孙军长不怪罪你，你就留下，咋样？"

韩："军长，我生是四军的兵，死是四军的鬼，该杀该剐，都随军长。哪有随便说跟谁就跟谁走的道理？"

孙大笑："这小子，还挺有骨气。少云兄，我不夺人所爱，这小子是个好苗子！"

马不解："孙军长，你要这个愣娃去干啥用？踢足球？"

孙笑了："踢球我可用不着他，我看他倒是个带兵打冲锋的料。当排长了吧？"

马："进西安前就已经提了连长了。"

孙一拱手："那我更不能夺人所爱了。"

韩回到替补席，教练训斥道："好你个愣尿！要不是孙军长大量，今天你非让马军长砍了头不可！"

韩圭璋在平生第一次政治危机中体会到小人物、小军官在主掌生杀大权的大人物的大局里面的渺小，也体会到孙良诚、马鸿逵为人处世的不同。

初识刘志丹

1927年初的西安，已经不见解围初时的惨状。于右任手书的"红城"内外，满街都是反帝反封建标语，到处都可以看到列宁、孙中山肖像。

冯玉祥到了西安以后，经常到下属各部队指导训练，军官的集训频繁。他的方法是：先教官，官学会了再教兵。冯亲自向营以上军官教授战术，他带来的教官则教授单兵军事技能。

韩圭璋杠架（单双杠）看一遍就能做，伏地挺身（俯卧撑）一口气可以做七八十次，队列、射击、劈刀、拼刺、投弹、目测、口令、号音等更是一学就会，集训中曾受到冯玉祥的夸奖。对这位高出自己一头的总司令，韩有一种发自内心的崇敬心理。

在军事集训的同时，总政治部主办了多次政治集训。韩圭璋参加了一次由总政治部部长刘伯坚亲自授课的集训，受训的都是从各部选调出来的连长和连一级的士兵委员会主席，共有21人。刘伯坚、刘志丹等共产党人和国民党中央派来的邓飞黄、简又文都讲过课，韩圭璋记得的内容有"建国大纲""三大主张""苏维埃""二十一条"等。有位共产党员教官教唱《国际歌》，那时的歌词是"……不要说我们一钱不值，我们要做天下的主人……"韩圭璋最喜欢的就是这一句。

刘志丹

集训期间，刘伯坚、刘志丹曾单独找韩圭璋谈话。说到参加革命军的想法，韩照实回答："我是独子，家境不好，当初出来考学兵，只是为找一条活路……"

刘伯坚饶有兴趣地问："找到了吗?"

韩："已经找到了一半，另一半，是钱。那时候我想，我一定要挣到两百块钱，挣够马上就走，回去开一家铺子，一辈子就不愁了。"

刘伯坚、刘志丹很喜欢他的直率，进一步启发他："我们革命军人不但要作战勇敢，还要有一个清醒的政治头脑。"

韩点点头："是。咱们国民军联军的革命精神是冯总司令亲自发动起来的，可并不是所有的长官都像总司令一样联俄、联共。"

刘志丹肯定道："对，十个指头本来就不一般齐。你能看到这一点，很好。有更多的人联合在一起，大家都在旧军队里坚持革命的方向，整个军队才能保持高昂的斗志。"接着，他递过几本小册子，说："有时间多看书，搞清楚为谁带兵、为谁打仗，这样才能做个明白人。"

韩："是。我崇拜孙总理，服从冯总司令，我相信国共合作救中国。我不爱说漂亮话，我就是干得比说得好。打北洋军阀、打帝国主义，只要让我上，保证拿得下来。"

刘伯坚认定韩是一个好苗子，让刘志丹发给韩一份"革命军人登记表"，并指定政治部秘书林红和五十六团政治员作为他加入共产党的联系人。

在西安的这段时间里，给韩圭璋留下深刻印象的还有一个人、两件事。

这个人是正在病中的西北军前辈、曾经给冯玉祥当过参谋长的蒋鸿遇。韩圭璋不知道自己是被谁，也不知道为什么会被派去跟蒋鸿遇当那几天的"参谋"。病中这位四十多岁的老头让韩为他抄录一些旧文，韩实在捺不下性子，但看他起草的电报稿，言简意赅，韩又十分佩服，问他怎么才能写得精，他只说了一段趣事："说多了你也记不住，你记一个故事就行。民国初年，几方军阀混战，有一方被一个姓陈的打得半死，向另一方求救兵，参谋长、参谋们还在苦思冥想怎么陈述利害，才能说服对方出兵，他急了，说：'少废话，快写：陈贼打我，你贼不管，我贼若死，你贼不远！'"

事之一，是为争取女权运动而做的那些讲演。新派女子说自己怎么不听父母之命、媒妁之言，怎么和丈夫打架离婚的琐事，最后，就是"打倒贤妻良母"。他不明白，为什么要打倒贤妻良母？没有贤妻良母的家那还能叫家吗？

事之二，是于右任的字。国民军联军进西安之初，卫生环境极差，联军和居民一起掩埋尸体、清理街道，冯总司令和于右任先生也亲力亲为，做些扫地、抬筐、倒垃圾之类的琐事。于先生在为革命大书特书的同时，也给联军写了许多许多注意军纪、讲究卫生的标语，当时就有那钟爱于字又求之不得的人，把他写的"不可随处小便"揭下，裱出"小处不可随便"的条幅，也是很得意的！

西安整训、待命的这一阶段，马鸿逵部的军事素质、政治素质有很大的提高，韩圭璋甚至产生了一种"革命即将成功"的感觉。

1927年4月初，按照武汉国民政府的命令，国民军联军改为国民革命军第二集团军，冯玉祥任总司令，仍以石敬亭为总参谋长，刘伯坚为政治部长。

"四一二"政变

4月12日，国民革命军总司令蒋介石命令国民革命军东路军前敌总指挥白崇禧在上海发动反革命政变，武装占领了共产党领导的上海总工会，打死打伤工人纠察队300多人，史称"四一二"政变。

4月26日，蒋介石在南京另立国民党中央和国民政府，与武汉国民党中央和国民政府相对抗，宁（南京）汉（武汉）正式分裂。冯玉祥在宁汉对立中采取调和态度。

对刚刚发生的这些重大事件，韩圭璋和冯部的大部分中下级军官一样，认为不过是那些南蛮子的事，和自己没多大关系。

"四一二"政变

5月1日，冯玉祥率国民革命军第二集团军东出潼关，分六路入豫，继续北伐。马鸿逵第四军仍然和孙良诚第三军协同作战，敌方是直鲁奉系军阀和依附于他们的地方军阀部队。

出潼关不久，部队行进间，刘志丹策马超越，看到韩圭璋在东进的步兵队伍中，特意下马，两人并肩前行，他告诉韩，蒋介石公开背叛革命，另立中央，国民政府军事委员会通电全国，号召一致完成北伐，肃清蒋介石等叛变分子。在形势变化的时刻，作为革命军人，要坚持革命的立场。韩这才开始意识到事态的严重性，但战事频仍，也没有深思下去。

部队连克张茅镇、观音堂之后，韩圭璋调独立团任骑兵连长。当时的韩圭璋在马部已是小有名气的"捣蛋"连长，勤务轮换自然比别人快。

在5月中旬一次宿营中，韩圭璋的骑兵连驻守在距总司令部五里之外的村中担任外线警卫。韩圭璋以为敌军大败，不可能敢来偷袭，只设了固定哨，还特意交代："叫弟兄们把料加足，卸了鞍子好好睡觉。流动哨就不用设了。"自己刚刚开吃，敌军骑兵突然入袭，待固定哨鸣枪时，敌军已进入韩的警戒区。韩与惊醒持枪出战的士兵一边开枪、一边向栖马场靠拢时，敌军骑兵已从村边疾驰而过；韩随手拉出一匹光背马，跨上冲出村去，集合了随后冲出来的二三十名官兵时，才突然醒悟：敌人奔袭的方向是总司令部！他立即拉出全部人马，吹响冲锋号，从后侧面向敌军穿插猛攻。敌骑势众，但并不恋战，冲来冲去打了不到半个钟头就撤了。敌军远去，韩圭璋才发现自己抓着缰绳马鬃的左手还攥着一条未啃完的鸡腿。

事后，韩圭璋得知：这支敌军骑兵不足一个营，突袭也不过是一次无特定目标的骚扰行动。但由于轻敌，布哨不足，几乎让敌人稀里糊涂地把总司令部给端了，冯总司令亲自下令处分："戴罪立功，撤职留用。"传令的参谋不解，冯笑道："也就是叫这小子长个记性。"韩又被调回去当步兵连长。

此役中的韩圭璋已经给冯玉祥留下了深刻印象，冯著《我所认识的蒋介石》中有这样一段："韩练成在北伐的时候，曾同我在一起共过患难的。"这对于一个在当时只有十九岁的小连长来讲，真是莫大的荣幸！

"清共"风波

5月26日，冯玉祥部攻占洛阳。韩圭璋在钟表行买了一块银壳旧怀表，找银匠把冥币镶在表壳中。自此，这块冥币成了他的护身符，从不离身。

进军郑州途中，白沙激战，营长和两个连长阵亡，韩圭璋升任营长。韩曾去五十六团找吴政治员，但吴因病未随军东进，韩也未来得及办理加入共产党的手续。

继 6 月 10 日汪精卫、冯玉祥"郑州会议"和 6 月 20 日蒋介石、冯玉祥"徐州会议"之后，冯玉祥率领的第二集团军也开始联蒋清党，驱逐公开身份的共产党员。

一天下午，有新兵跑来报告：外面有人说是韩老家来的表兄，要见韩。一见面，却是便衣打扮的刘志丹！

刘志丹握手称道："圭璋，当上营长了？"

韩刚喊出："刘——"随即又改了称呼："二哥，啥时来的？"

刘志丹简要说明了形势的逆转，韩疑惑不解："我不懂，冯总司令一向是联俄、联共的，怎么也会清共呢？"

刘："这就更说明干革命是多么需要坚定的政治信念。我要走了，可是共产主义没有完，国民革命没有完。你没有暴露吧？"

韩不解："暴露？我没有啥可暴露的。"

刘："那就好。咱们第四军，封建军阀的反动势力还是很强的，你也要小心。别忘了，咱是革命军，要永远做革命的人，永远做革命的事。"

韩从行囊中取出一个包，那是他的全部积蓄，约有 150 块大洋，加上国民联军印发的军用券 100 多元，他都拿给刘："二哥，这些钱，也只够开一两个小铺子，你的买卖大，凑合着补贴一点吧。"

两人握手道别，刘："你不要送我。"见韩习惯地要敬礼，刘按住他的右手："我是'你的表哥'，一个老百姓，你怎么能给我敬礼？"韩开始体会到形势的严峻，刘再次强调："你不能送我。"

这是韩最后一次见到刘志丹，从此，他与共产党的组织中断了联系。

在"清党"中，马鸿逵部坚决向右转，红城集训时的一个连长、一个士兵委员会主席因加入共产党被枪毙。团长马歧山对韩呵斥："尕韩，你不要胡日鬼，共产党是破坏革命的，你是不是参加过共产党？"

韩连眼都不眨一下："没有。团长，你也不要看谁都是共产党，镰刀斧头谁没见过？《国际歌》谁没唱过？"

"我就不唱！"马重重地拍了一下桌子，"冯总司令从来就不让唱《国际歌》，马军长最讨厌共产党的那一套，现在清党清共，谁敢再唱共产党的歌，枪毙！"

韩反驳："反正我没有参加过共产党，清不清党，关我屁事！"

由于有冯玉祥担保，韩在清党最凶的阶段有惊无险，还升任五十八团团副。

随后，国民党的政治工作人员大量进入冯部，师政治处长马自重再次指认韩为"共党潜伏分子"，命五十八团政治员孟宪平立案调查，因为孟本不愿意为查无实据的事得罪韩这样在冯总司令视线之内的人，于是，韩很快得以解脱。

冯部主力在豫东、鲁西作战中连克直鲁联军，韩圭璋屡建战功，升任五十九团团长。由于劳累过度和营养不良，韩的视力大大减退。

1927年下半年，在反复争夺战中，冯军逼迫直鲁联军全线溃退至苏鲁境内。

济南惨案

1928年2月底，蒋、冯、阎、桂四大派系议决共同讨伐奉系军阀张作霖及张宗昌、孙传芳所部，南京国民党政府北伐军正式编组：总司令蒋介石，参谋总长何应钦；第一集团军19个军29万人，总司令蒋介石兼；第二集团军25个军31万人，总司令冯玉祥；第三集团军11个军15万人，总司令阎锡山；第四集团军21个军（5月底组成），总司令李宗仁，前敌总指挥白崇禧；海军4个舰队，总司令杨树庄。

4月，蒋介石下达总攻击令：第一、第二、第三集团军分别沿津浦、京汉、正太铁路向奉军、直鲁联军发动进攻。5月1日，蒋介石直接指挥的国民革命军第一集团军大败奉军，攻克济南。

日本政府借口保护侨民，于1928年4月底出兵进逼济南；5月3日，日军向中国军队驻地进攻，蒋介石命令所属各部"约束士兵，不准开枪还击"，致使7000余人被日军缴械，中方谈判代表蔡公时等17人被残杀。5月4日，蒋介石下令部队撤出济南，绕道北伐。

当时，韩圭璋任国民革命军第二集团军第四军步兵五十九团团长，进军济南途中，被紧急通知去军部。第二集团军第一方面军总指挥孙良诚与第四军军长马鸿逵说："作战计划有变，日本人进了济南，我们绕道北伐。"

韩和大部分军官不解："咱西北军从来没有遇到过啃不动的骨头，小日本占了咱的地盘，挡了咱的道，听说还杀了咱的谈判代表，为什么不打？还要绕着走？"

马呵斥道："一集团拉下的屎，你们谁也不要抢，让他自己吃去！"

孙良诚："日本人是和第一集团军冲突，已经引起国际争端。为了北伐的大局，总司令部命令一集团军撤出济南。政府刚刚签了《修改不平等条约》，济南的事，外交解决。我们二集团军就地休整待命，没有命令，谁也不许与日军接战。谁敢抗命，军法不容。"他还特意对韩说道："捣蛋，这可不是踢足球！"

济南惨案

虽然韩圭璋内心深处极希望去和日军作战，去履行革命军驱逐帝国主义的义务，但他返回驻地后，仍然严厉地执行了上级的命令："绕道北伐。谁搞出乱子，杀谁的头！"

5月11日，日军占领济南，奸淫掳掠，无恶不为，史称"济南惨案"。据世界红十字会济南分会查明：在此次惨案中，中国军民死6123人，伤1700余人。

增援白崇禧

第二集团军北渡黄河，韩圭璋调任第四军独立骑兵团团长，奉命拨归前敌总指挥白崇禧指挥。部队调动前，马鸿逵对韩说："独立骑兵团可是咱的老本钱，你刚到任没几天，冯总司令就指名派你去增援第四集团军，你仗要打好，兵也要带好，不能给咱二集团军丢脸，更不能少了咱的人马。还有，第四集团军白总指挥清共的刀子快，你不要胡日鬼，让人家再给你把红帽子扣上，我没法子帮你说话。"

在联合作战期间，韩部仍然沿用冯部的老传统，每天升旗，韩高声领读："烟酒必戒，嫖赌必戒，除去骄惰，除去奢侈，实行勤俭，为党牺牲，国民革命，方能成功。"每天朝会，韩高歌领唱："黑夜过去天破晓，朝日上时人起早，革命旗帜飞扬，看青天白日满地红照耀；黑夜过去天破晓，朝日上时人起早，努力奋斗，精神踊跃，解救全国同胞；努力奋斗，精神踊跃，革命成功了。"

东路军总指挥白崇禧

白崇禧将本部的一团骑兵与韩部合编为骑兵集团，以韩为司令。论资历，韩不如白部骑兵团长，但白的大度和那位团长的涵养，令韩十分钦佩。

两部骑兵配合默契、作风正派、纪律严明。韩部的英勇善战以及韩本人驾驭本部、协调友军的能力，都给白留下了很好的印象。

6月初，国民革命军四个集团军分别占领北京、天津等地。6月20日，南京国民政府宣布"北伐胜利""统一告成"，改北京为"北平"。6月下旬，张学良就任奉天军务督办，宣布停止对国民革命军的一切军事行动。

7月，蒋介石命白崇禧组织各集团军混成军肃清向东北退却的直鲁联军。9月，混成军攻占唐山、滦县。韩指挥的骑兵集团由山海关调往宛平县途中改为骑兵旅，白任命韩为旅长。

国民革命军各集团军总司令在北平祭奠孙中山之后的合影。前排左起：阎锡山、冯玉祥、蒋介石、李宗仁

被北伐军逼迫退至滦河东岸、又被奉军堵截在石门、昌黎一带的直鲁联军，在敌军和昔日友军的夹击中缴械投降，张宗昌逃往大连，依附日本。至此，北伐胜利，全国统一完成。

10月，国民党政府军各集团军编遣时，冯玉祥向白崇禧要求韩圭璋带骑兵团归还建制。归建后，韩所在的马鸿逵的第四军缩编为陆军暂十七师，马鸿逵由军长改任师长，韩改任中校参谋。

缩编后的陆军暂十七师官多位少，韩圭璋第一次感到无事可做。正巧，白崇禧的副官长石化龙代表白邀请他出去走走玩玩，于是他请了假，和石一起去了北平，大开了眼界，他这才明白，世上的新鲜事情还多着呐！

他头一次吃西餐，说店家拿洋芋憷他；头一次吃冰激凌，让BOY把"冷了的稀糊糊"弄热再拿来；听老太监说宫里逸事，才知道太监还能娶小老婆；还买了许多书报杂志，听了名角唱的京戏，看了洋人的电影；最大的收获是配了副眼镜，既可以纠正视力，又可以使自己看起来更像一个真正的学生兵。

在北平，他专门要石化龙带他去看朝阳门，他告诉石，父亲曾作为董福祥部的哨官，庚子年曾在这里迎击过八国联军。

他记得父亲的话："那时候我们甘军孤军作战，监守四门：东便门、朝阳门、崇文门和正阳门。我们蓝盔、白甲，红色大旗盘着金龙！头一天午夜，东便门遭到八国联军炮击，轰击了足足一个时辰，在城门上轰出了一个洞，狗日的冲进来了，是俄国人。我们从城墙的垛口后面射击，一枪一个！打到中午，俄军只攻下了内城的一个角角。天亮时，日军开始攻击朝阳门，我在朝阳门，董宫保从东便门赶来督战，那一声喊：'退者立斩！'哈！炮火打得日军冲不到城墙跟前。"日军集中炮火轰击朝阳门城墙，朝阳门连同它身后的东直门城楼被打成一片火海，那是清军历史上少

东便门

朝阳门

有的激烈炮战，日军敢死队抬着炸药桶一波一波地向城墙靠近，最终炸开朝阳门城墙。破城时，甘军官兵和日军的尸体在朝阳门内外堆积如山。

与八国联军作战时期的董福祥部甘军，是清军武卫军中的后军；中军是八旗军之一部，由直隶总督兼北洋大臣荣禄兼领；前军是聂士成的武毅军；左军是宋毅的毅军；右军是袁世凯的新建陆军。当时的甘军与其他各军编制相同，每军1万官兵。所谓"哨"，是在"营"和"棚"之间的作战单位，"哨官"是"官带""什长"之间的军官。步兵每营3哨，每哨8棚，每棚14人。董福祥部确实是在那时、在那里打败了洋人，但父亲当时只是一个士兵，由于作战英勇，升任什长，俗称"棚头"。甘军随董福祥被贬回甘肃后，部队一律改为巡防营，父亲由什长升任哨官，但部队已经缩编，每哨仍有8棚，每棚却只有9人了。

他还讲了一个从小就听父亲讲的故事：庚子战后，慈禧、光绪西逃，甘军护驾，一天慈禧召见董福祥，董借机大表忠心："老佛爷，臣是个曹操。"一句话吓傻了慈禧左右的所有人！但慈禧并不惊慌，并且夸董："我知道，你是个大大的忠臣。"董回营，得意地给幕僚们炫耀，幕僚大惊，告诉他，曹操是个奸臣！董大怒："还不都是你们这些个驴日的平时给我胡说下的！"——这个"曹操"可能也是董福祥被贬黜的原因之一。

回到山东临清驻地之后，韩圭璋开始认认真真地回忆和思考自己的经历和前途。

他体会到了救驾功臣身份在全集团军的特殊性，也体会到这个身份在马鸿逵部队中的微妙处境。他意识到，除了冯总司令，只有四集团军的白总指挥值得他去效力；而马军长，骨子里还是旧军阀，把所有官兵统统看成是一群大大小小的炮灰，他从内心里产生了离开马另谋他处的念头。数数自己的钱，早已攒够了回家开小铺的资本，但此时的他，早已经不满足于当一个小店主，过那种庸庸碌碌的生活。他无法设想：不当军人，他还能干什么？可在这支看不到前景的部队里，究竟是为谁而战？为谁而死？他想不清楚，也静不下心来。

赏穿黄马褂

从 1928 年 7 月蒋介石在北平提出《军事善后案》《军事整编案》开始，到 1929 年 1 月国民政府在南京召开军队编遣会议，冯、阎、桂系均不满意削减本系军事实力的编遣方案，与蒋失和。

冯玉祥(左)、蒋介石(中)和阎锡山(右)

1929 年 5 月，冯玉祥通电讨蒋，自任"护党救国军西北路总司令"。不料不到一个星期，韩复榘、石友三、杨虎城、马鸿逵等部先后投蒋倒冯，这一形势的逆转，反而迫使冯玉祥于 5 月 27 日通电下野。

马鸿逵部归附蒋后改编为讨逆军十五路军，马升任总指挥，驻守徐州。韩也随部队到了徐州。

对于时局的这种不可预料的畸变，韩圭璋全然没有方向感了。从隶属关系上讲，他所属的部队刚刚投靠了蒋介石；从感情上讲，他最愿意为之效力的冯总司令、白总指挥却联合反蒋。联想到 1928 年 12 月，张学良通电宣布服从国民政府、遵守三民主义、改旗易帜——昔日的敌人变成了盟友；1929 年 7 月，因张学良、蒋介石准备收回中东铁路，苏军进攻满洲里、绥芬河——昔日的革命导师却又成了侵略者。他真是不知道该跟着谁去打谁了，真正体会到了迷茫和苦闷。作为一个政治上尚未成熟的青年，他还没有形成独立的判断力；作为一个中下级军官，他也没有选择的资格，不管他是否心甘情愿，他只能跟随着他的长官，用自己的生命去闯世界。他清醒地知道，除了生命之外，他没有任何本钱。

1930 年初，各个军事派系之间的关系在诡异的变化中终于形成了以阎锡山、冯玉祥为中心的反蒋联盟，中原大战爆发了。蒋介石一面调集四个改编军团部署在津浦—陇海—平汉线上，迎击阎冯主力八个方面军的凶猛攻势；一面在两湖部署，阻击来自广西的张桂联军。

5月底，蒋冯主力鏖战豫东，蒋介石在停靠归德（今商丘）火车站的总司令列车行营亲自指挥。

归德（今商丘）火车站近照

韩圭璋当时任马部六十四师独立团团长，守备归德。独立团共三个营，一个营在城内，团部和其他两个营在城外。

5月31日，冯军郑大章骑兵军一支部队夜袭归德，攻击的重点是飞机场。一开火，就已经打得枪炮声声，火光熊熊。蒋介石的总司令列车行营没挂火车头，停在站内，也被冯军骑兵围住猛打，但巧就巧在冯军万万没

归德古城近照

想到，这辆看来只有一个加强营的兵力押运着的蓝钢皮客车里就坐着他们正兴兵讨伐的敌方总司令蒋介石。

在无法突围的总司令列车行营里，参谋长杨杰摸黑摇着电话，大喊离火车站最近的部队："六十四师独立团？"

韩在团部刚听到："我是总司令部！我是参谋长杨杰！敌军包围总司令列车行营……"线路就中断了。

当时情况不明，韩仔细听着枪炮声，只有马枪、花机关、手榴弹和飞机场燃料的爆炸。他断定，敌方肯定是骑兵！他当即问部下："什么位置打得最热闹？"

部下答："飞机场，还有火车站。"

他紧张地判断着："飞机场和火车站？飞机场上有飞机，火车站是总司令列车行营，可是总司令行营没挂火车头！"韩下意识地想到：这是一个千载难逢的出头的机会！

他猛地下了决心："只救火车站！"随即下令：

一、为救援并接应总司令部转移过来，命团副带三营，集中重机枪全部上城，死守归德，不管什么情况，一定要死死守住！

二、为击溃步战的骑兵，必须打它的栖马场，命二营以排为单位展开，在飞机场和火车站之间找敌军的栖马场，找到后马上打三颗信号弹！韩对二营长再三强调："打栖马场，只要打得响、打得热闹就行，要让围攻火车站的骑兵回得来、跑得掉，如果把他的马打光了，他回过头来跟咱玩命，我杀你的头！"

三、命一营跟他跑步出发，救援总司令！

四、他同时命令团副，马上向师部报告，请求增援！

当部队逼近车站时，韩命令：先围起来，压住慢慢打，等一等再往里冲。见飞机场方向升起三颗信号弹，韩才大声下令："围三阙一！"部队在一营长的指挥下，在飞机场方向拉开一个大空当，其余方面猛攻。

冯军骑兵在韩部火力加入后从空当突围，向飞机场——栖马场方向转移。

韩率部攻入站台，由卫队军官带领进入总司令行营车厢内，他左手反握驳壳枪，向蒋介石敬礼报告："报告总司令，六十四师独立团团长韩圭璋前来报到。敌军骑兵被我团打退，我团两个营已在行营外围警戒，另有一个营在归德城内待命，请总司令指示。"这是他第一次见到蒋介石和杨杰。

蒋介石当时43岁，神色镇定，走上前来，握住韩的手："嗯，好，好，很好，韩圭璋？你很好！"

杨杰命令："韩团长，你带来的部队暂时编入总司令部警卫团，加强外围警戒！同时，马上派人修复电话！"

蒋见正要离去的韩戴着眼镜，问："韩圭璋，你是哪一期的学生？"

韩不知如何作答，杨补充道："总司令问你是军校几期？"

韩突然想起："本来是要去黄埔的，结果就近投考了西北陆军第七师教导队。"

蒋："好，好，可以补充列入黄埔学籍嘛，马上通知军校毕业生调查处。"

蒋当即下了一道手令："六十四师独立团团长韩圭璋，见危受命，忠勇可嘉，特许军校三期毕业，列入学籍，内部通令知晓。"韩不知道这一纸手令对他的一生会带来什么变化，但他对蒋的知遇之恩已经牢记在心了。

这一夜，机场之役，蒋军被俘虏机师、地勤人员50余人，所有12架飞机被炸毁。火车站之役，却让韩在难得的机遇中又一次靠"勤王"之战打出了头！

在参与外围警卫期间，杨曾夸奖韩："归德解围，其势之险，其节之短，非善战者不能用其妙也。"杨指点韩，这一评价出自《孙子·兵势》。韩对杨的博学深感佩服，也突然懂得了在实战时运用兵法要义的重要。

"归德救蒋""赏穿黄马褂"这段史实知之者甚少。韩练成去世之后，郭汝瑰披露了这样的文字：

我未认识韩练成同志之前，早就知道这位大名鼎鼎的"赏穿黄马褂"的黄埔军校第三期学生。

1936年，我任国民政府陆军大学的上校兵学教官，讲授第一次世界大战史。陆军大学教育长杨杰要我兼任特别班第三期的第一次世界大战史教官。他对我说："我们特别班第三期学员，多是有作战经验的军官，他们有的地位较高，如冯玉祥副委员长，还有深得蒋委员长器重的，如'赏穿黄马褂'的韩练成都要到这个班听课。"

我问："'赏穿黄马褂'是怎么一回事？"他说："民国十九年（1930年）中

郭汝瑰1994年7月1日致韩兢信片段

原大战，蒋委员长坚守陇海路郑州—中牟间一段阵地时，司令部设在归德车站，委员长在指挥车上办公。冯玉祥的骑兵师长郑大章奇袭了归德车站。当时车站只有一个警卫营，凭车站抵抗，我当时任总司令部参谋长，知道只有马鸿逵部属的一个团驻在考城县境，离车站较近，我急忙打电话令该团救援。刚打通电话，还未交代清楚任务，电话线又断了。该团团长韩练成判断是叫他赴援，立即出兵。韩练成的队伍一到，敌骑兵就退了。蒋总司令大喜，请韩上车见面。蒋问韩是黄埔军校第几期学生？韩不知该如何回答。我知韩不是黄埔军校学生，就说：'他不是黄埔学生。'蒋于是提笔批：'韩练成准以黄埔第三期登记'。"

当时黄埔学生在军队中颇为吃香，人们就戏呼黄埔学生为"穿黄马褂"。韩练成既被"赏穿黄马褂"，当然就被另眼相待了。他入陆军大学特别班第三期，就是蒋介石特准的。

韩练成去世后，民革甘肃省主委、在中原大战时任马部军官的卢忠良回忆：

……北伐军对直鲁联军大战，令尊率部转战数省，屡立战功。

1930年爆发中原大战，马鸿逵部在蒋介石指挥下，与冯玉祥、阎锡山对垒，在陇海路东段反复拉锯，战斗激烈异常，蒋介石乘票车亲临前线在商丘车站指挥，有一次冯部郑大章骑兵军由豫东直插鲁西，于商丘突破蒋军防线，蒋正在车站指挥，形势危急，大有被俘之虑，时令尊率本营赴援，冒死突入商丘车站，确保了蒋介石的安全，为此蒋对令尊非常赏识，此为令尊

中国国民党革命委员会甘肃省委员会

卢忠良1984年5月2日致韩兢信片段

以后去蒋军任职，并不断受到重用的起因，世人多所不解也。

中原大战后，马部驻山东泰安、兖州一带，我任团长，令尊任我团副团长，在兖州与令堂大人结婚，我们都热烈庆贺，此情此景，事隔多年，回忆尚如昨日也。

由于没有正式在黄埔军校第三期上过学，韩从来不在履历、自传中填写自己是"黄埔三期生"，但在"国军"，尤其是黄埔系将领中，人人都认同韩是黄埔同学。

1930年夏，张、桂联军败退广西；9月中旬，张学良通电拥蒋，10月上旬，东北军入关，占领了平津地区；阎锡山、冯玉祥联袂下野，晋军、西北军分别由张学良和蒋介石改编。这场历时7个月、双方共投入110多万兵力、死伤官兵30余万、波及20余省的新军阀大混战结束了。

中原大战后，马鸿逵的第十一军又一次被缩编，移驻泰安，六十四师独立团撤销，韩圭璋调七十二师任团长、师参谋长。

巧遇张学良

1931年夏，经友人介绍，韩圭璋与山东省立第一女子职业学校教员汪萍（字啸云）结婚。结婚之前，两人的接触并不多，韩深感佩服的是她的父亲：只不过是一个不管什么事的小官，思想却很开通——她和两个姐姐都没裹过小脚，还都上过师范。民国初年，男孩上新学的都不多，能让几个女儿都读书的父亲更是少见！

汪的大姐嫁了一位文职官员；二

1931年时的汪萍

姐的丈夫是保定军校的毕业生，他曾告诉韩："我们保定军官学校，学科是按步、骑、炮、工、辎……这么排下来的，领章分别是红、黄、蓝、白、黑五种颜色，炮科戴蓝领章，编了两个队，称为'炮一队''炮二队'，她们保定女子师范学校学生，全穿蓝裙子。我们军校生开玩笑说：女师是我们军校的'炮三队'。"

韩不解："什么意思？"

二姐夫："说女师是军校的另一个队，是军校学生的'太太预备班'呢。"

二姐说破："说我们女师学生都想嫁给他们呗。"

韩对这样的家庭极满意，他希望文化程度高的妻子可以帮助自己提高文化水平；同时，他又担心，妻子是知识型的女性，会不会像"西安整训"时见到的那些"打倒贤妻良母"的新派女子一样？

婚后，韩请了假，夫妻俩一起去北平，那时极少有人把这种旅行称为"度蜜月"。这一次，确实是韩领着妻子逛北平了。

韩梳背头，西装革履，汪身着朴素的旗袍，两人都戴着眼镜，从打扮上看，很像一对家境富裕的大学生。从喜好上看，更像学生。他们一住定，先去书店。韩买了一大堆书刊，其中有《新思潮》杂志、郭沫若《中国古代社会研究》、梁漱溟办《村治月刊》，他对汪说："中国社会性质、中国革命性质这些问题，我都还没搞清楚，不弄明白，看不准路。"

看见街上标语"拥护训政时期法约"，韩告诉汪：这是中山先生在《建国大纲》中设想的"军政、训政、宪政"三阶段中的第二阶段的开始。

看见东北军的官兵，他告诉汪，军中有句传言："后脑勺子是护照，妈拉巴子是免票。"意思是：东北人从小仰面睡，后脑勺是扁的，你查他护照，他摘下帽子拍拍后脑勺就证明是东北军的；不管坐车、看戏、听相声，你让他买票，他说"妈拉巴子！"吓得老百姓赶紧免他的票。

对韩说的这一切，汪只是笑笑、点点头。

到北平的第二天下午，韩在旅店房间脱外衣，露出了左腋下的手枪，被服务生看到，报告了宪兵。当天晚饭后，韩、汪返回旅店，账房迎上来，紧张地说："二位慢着点，有几位老总在等着您。"

韩诧异，推开房门，却见三个东北军的宪兵已把衣物、书刊翻了个乱，正在大模大样地坐在椅上、床上。

韩、汪对望，莫名其妙，一士官起身："哦？洋学生？洋学生带枪干啥？还不赶快交出来！"

韩说明身份："陆军第七十二师，上校参谋长，韩圭璋。"

士官不信："上校？参谋长？参谋长家的少爷吧？"

韩大怒，掏出手枪拍在桌上："妈的，北平宪兵不就是于学忠的部队嘛，我倒要看看能把老子怎么样？滚出去！叫你们长官来跟我说话！"

士官傻了眼，对手下两兵下令："在门口守着，谁敢出门一步就开枪，我回去报告，我就不信一个学生秧子……"

看着眼前发生的这一切，汪有些吃惊，但并不怕，只是慢慢地拾掇着被翻乱的衣物、书籍。一宪兵赔笑道："长官别见怪，我们奉命搜查，主要是防奸防共，您别误会。"

士官陪一上尉带三四个宪兵到了，上尉说："这位先生，对不起，我们团长请您二位去团部，这圪垯不住了。"

宪兵团部在一大宅，团长是一位30岁上下的上校，十分干练："老弟，对不住，对不住，不知道老弟来北平。这些日子就委屈你住在我这里了，我回头让团副陪老弟和弟妹一起逛逛。"

团副是一位白净面皮的年轻中校，殷勤周到地陪同着。韩让他陪他们去天坛，告诉他，父亲的部队曾在光绪二十六年（1900年）被调入北京勤王，就驻扎在这里。对此，团副甚表钦佩："参谋长府上是？"韩："长安，长安县城。"汪听到韩的答话很吃惊，但没有做出什么反应。

当晚，团副陪同韩夫妇来到大元帅府，参加张学良副总司令办的露天舞会。韩夫妇到时舞会已经开始，似乎各界名流都来了。

交际处一位专员过来陪韩夫妇，专员30多岁，着西装，很有风度。他并不是一个人，他还带着一位燕京大学的"校花"前来陪同。

韩夫妇略会一点舞步，但都不熟悉这种高层交际环境，完全被专员和"校花"调度着，一会儿由他们陪着跳舞，一会儿又被他们陪着和主人、客人交谈。

舞曲间歇中，专员陪韩去见张学良。韩穿西装，对张行注目礼，称："陆军第七十二师参谋长韩圭璋参见副总司令！"张学良未穿外衣，着背带式西装裤，彬彬有礼，风度翩翩，清俊、潇洒当中又有几分军威，真是帅极了！与韩握手后，招过服务生，拿起酒杯对韩示意，韩不懂，接了过去，张一笑，重拿一杯，再次对韩示意，二人碰杯，张礼节性地呷了一口，韩不懂，一饮而尽。

这是韩第一次见到张学良，谈话并不多，也没有什么值得深想的内容，韩只察觉到张微露倦容，后来才知道是因为有毒瘾的原因。

韩由专员陪同第一次见到了被称为"吴铁老"的吴铁城，听专员说，韩才知道民国十七年（1928 年）的东北军易帜，正是由于吴作为蒋介石的代表，去沈阳游说的结果。由专员介绍，韩

陆海空军副总司令张
学良上将

认识了各个派系住在北平的联络代表，见到了张学良的洋顾问端纳，还见到了被众人尊称为"蠖公"的朱启钤，专员说："蠖公是反对袁世凯称帝的名士，曾做过北洋政府的内务总长，如今张学良请他出任北平市长，他坚辞不就，但和副司令过从甚密。"

韩还从专员那里得知，这所帅府原是清朝"铁帽子王"顺承郡王府，民国初年曾由直系某军阀租用，后被奉系用七万两白银从郡王后人手中买下，作为张作霖的大元帅府，是一座有东西跨院、有殿、有廊、有花园的巨大宅院。

此前，韩只见到过冯玉祥、白崇禧、蒋介石这些"革命军"统帅和马鸿逵这样实力不强的世袭军阀，此时，他才知道武装割据了几代的军事统帅——真正的大军阀具备什么样的政治、军事、经济实力。

离开北平时，韩夫妇收到了以张学良的名义送的礼品，并由团副亲自陪同送上火车，连返程的车票都是交际处买的。一上车，汪就问韩："你明明是甘肃固原县人，为什么要说是陕西长安县？"

韩答："当今世上人人嫌贫爱富，长安比固原富得多，如果不是咱的打扮像富家阔少学生，如果不是咱有'上校参谋长'的身份，能'镇'得住那些宪兵，能被人家专员、团副迎来送往吗？"

汪很不以为然："你这么说瞎话累不累？"

韩："自古'兵不厌诈'，军人哪有全说实话的？全说实话的那都是

书呆子。"但韩对妻子倒说了一段实话："我曾经说自己是一个韩姓大族的后人，后来听别人说才知道那人是打家劫舍的土匪出身，我本想给自己脸上贴金，结果抹了屎。"

韩的假期未满，夫妻两人一起特意去泰山普照寺看望冯老总。

冯玉祥首先问的是："几年没见，戴上眼镜了，学问有长进吗？来，说说看，咱爷们是怎么失败的？"

韩虽已任高职，但政治上还不成熟，只从军事方面去思考，左思右想找不出答案。冯并不勉强，让韩"先当个事记住，想明白了再来告诉我"。

当时，冯玉祥第二次下野，在泰山读书

随即问起韩在北平的见闻。韩把宪兵团交际处派人全程陪同，在舞会上见到张学良、朱启钤、吴铁城、端纳及山西、广东、南京各地派驻北平的代表等人的事，扼要讲给冯听。

冯玉祥静静地听完："你想想看，张汉卿他们会不会对你到北平的目的起疑心？"韩不解，冯接着说："不光是张汉卿，其他人，包括吴铁城，都会想到这一层。只不过吴铁城会想得更多，说不定他还以为你是专门去监视他的呢！"

韩这才开了一点窍："先生说得对，我怎么没想到这一层？"

冯："小韩哪，当了上校，娶了媳妇，可不能再愣头青似的一天光捣蛋了，要多用点脑子。北平，是什么地方？现在，是什么日子口？能随便乱跑着玩吗？你以为你个小上校值得张汉卿那么接待你？啊？"

韩大悟：他原以为凭着自己的"上校参谋长"，凭着"长安县的阔少"就能蒙住别人，结果满不是这么回事！细细想起舞会，东北军连一个将军都没出场，更别说上校了。所谓"舞会"，只不过是张学良的一个社交平台，幸亏自己被误认为是秘密派遣的观察员，如果没有被人误解，还不知道是什么结局呢！

即便是亲身经历了高层的社交活动，若没有冯先生这样高层前辈的点拨，他哪能体会到高层政治生活的微妙？回到驻地的韩只对军中同僚泛泛地说了一点新婚旅行的内容，绝口未提舞会遇张、泰山探冯的事。

政训班禁闭

　　1931 年 9 月 18 日，日本关东军寻衅攻击东北军驻地北大营，蒋介石一再电令张学良："应不予抵抗，力避冲突。"东北军忍辱执行不抵抗命令，仓皇撤退。日军在短短 4 个月零 18 天内，使东北三省沦陷，史称"九一八事变"。

　　驻扎在山东的马鸿逵部没有更详细的情报来源，韩圭璋只能从报纸等公众媒体获取信息，他无论如何也想不通，与日本鬼子有杀父之仇的张学良兵精粮足，为什么不战而退？联想到"济南事变"，韩对蒋介石也产生了疑问，总司令对日本人为什么老是一让再让？莫非他早年留学日本，现在就真的恐日、亲日了？

　　年底，有报载广西大学校长马君武博士题为《感时近作》的诗：

> 赵四风流朱五狂，翩翩蝴蝶正当行。
> 温柔乡是英雄冢，哪管东师如沈阳。
> 告急军书夜半来，开场管弦又相催。
> 沈阳已陷休回顾，更抱佳人舞一回。

　　诗中"赵四"是指"赵四小姐"——也就是后来的张学良夫人赵一荻；而"朱五"则是蠖公朱启钤的五女儿朱眉筠。

　　国事正在不宁之中，家事又添不安：韩收到了一封转了大半年的家信。信是父亲写的：前两年大旱，母亲殁了，父亲也大病一场，希望他抽空回家看看。汪变卖了自己的首饰，加上手头所有的现金共凑了 100 多元，给公公寄了回去。

　　作为军人，不能保境安民，为国尽忠；作为人子，不能为父母送终尽孝；部队缩编，自己没职没权的，今天不知明天会去哪里、干什么。韩心里很烦，年纪轻轻，竟然产生了厌世的念头，甚至想出家去当和尚。

这是韩的思想最不稳定的一个阶段。

1932 年 1 月 30 日，国民政府因日军进攻上海，由南京迁往洛阳；3月 2 日，淞沪陷落；迁都洛阳的国民政府任命蒋介石为军事委员会委员长；6 月，蒋介石在庐山召开军事会议，决议在汉口设立"剿共"总部，准备向中国共产党领导的中央革命根据地发动更大规模的军事"围剿"。

1932 年秋，蒋介石在汉口召见马部上校以上军官，在马鸿逵等人陪同下，一一走过马部将校面前，只在马介绍后回礼、握手，并没有特别对谁留意，几乎到了被接见队列的末尾，蒋在韩面前停了步："少云，这个韩圭璋，很好的，应该以旅长提升任用嘛，当参谋？太可惜了。"还当即送给韩一本《革命哲学的重要》，马部将校惊异，马连连点头称是。

那书是蒋介石的新作，由"物有本末，事有始终，知所先后，则近道矣"，说明"要御外侮、平内乱、救中国，一定要先分缓急、再分轻重，结合当前的形势，不安内无以攘外。不剿灭'共匪'，怎么抗日？"

韩随马回到许昌驻地后，马即令韩到南京就读"中央陆军军官学校政训研究班"。"尕韩，委员长说让给你个旅长当，我也这么想呀，可咱没实缺，没办法。我看你还爱弄个啥政治，不如去南京、中央军校，到政训研究班，好好学学政治去，回来再给咱搞政治，咋样？"

韩诧异，但服从道："是。军长命令干啥就干啥。"

马派了一个副官，和他一起把怀孕的妻子送回济南娘家，又护送他去南京。韩对马军长此举，虽不解，却也十分感激。

到了南京，韩被安排在中央陆军军官学校政训研究班第一期学习。不料，军校政治部主任兼政训班主任刘健群在韩进校的第三天就找韩单独谈话："说说你参加共产党的过程。"

韩实话实说："我从来就没有参加过共产党。不信，你可以问马军长嘛。"

一个政工干部明说了："马军长？你们马军长把你送到军校来，就是让我们来剃你的头，你还想什么美事？你还以为有谁能护着你？"

这是韩万万没有想到的！他知道马鸿逵见不得冯玉祥、蒋介石对他的特别器重，但他万万没想到自己提着脑袋追随了多年的军长会用这样阴毒的手段来对待他。那个政工还说："你放老实点！今天不交代清楚你参加共产党的事，你就别想站着走出这个门去！"

韩反而定下了心："我倒要看看，你能把我怎么放平了弄出去。"

刘大怒："我就不信我治不了你！"

韩："你咋治不了我？就怕你治死了我，你还拿不出证据来，后面有比你牛逼的人问你要人，到时候你交不了差！"

刘："你好好想想，我不再多说。"刘对旁边的几个人说："先关禁闭。"再对韩威胁道："你一天不说实话，一天别出来；一个月不说实话，一个月别出来；一年不说实话，一年别想出来。"

韩发了毒誓："咱们都是军人，谁说假话，谁挨枪子儿！行了吧？"

刘："你发誓赌咒没用，发再毒的誓也没用。老实交代，坦白自新，才是正路。"

韩索性亮出了底牌："我要见校长！"

刘一愣，众人不解。刘迟疑了一下，但还是下了决心："关禁闭！"

韩知道，他决不能被人戴上"红帽子"，认了"红帽子"是要杀头的。他拒不交代任何与共产党有关的事，却不停地给兼任军校校长的蒋介石写报告申诉，但总是被刘健群和他的手下压着发不出去。

刘健群不是黄埔学生，原来只是何应钦的秘书（何应钦曾任黄埔军校战术总教官），因上书蒋介石、参与成立"中华复兴社"，被任命为政训班主任。他只知道韩是马鸿逵部送来的"共党嫌疑分子"，却不知韩和蒋介石的特殊关系。

禁闭室里有违反军纪的，有违反校规的，有被宪兵从妓院里提溜回来的，一般坐几天禁闭就都放了。只有韩，一关就是3个月，在政训班禁闭室度过了1933年元旦。

进入黄埔系

春节前，蒋介石视察军校，在教育长和一群军官陪同下走到操场边，被韩看到，他在禁闭室大喊："校长！校长！归德六十四师独立团团长韩圭璋报告校长！归德六十四师独立团团长韩圭璋报告校长！"

蒋很诧异："韩圭璋？韩圭璋在哪里？"随即命令部下："带他来见我。"

此时，韩头发长而乱，胡子拉碴，虽未戴领章、肩章，风纪扣却扣得很严实，向蒋报告："学生韩圭璋报告校长。"

蒋直视着韩："你违反了哪一项校规？"

韩："学生没有违反任何校规。"

蒋："那你为什么坐禁闭？"

韩一指刘健群："你问他。"

刘趋前对蒋附耳低语，蒋目不转睛地看着刘："有证据吗？"

韩："他没有任何证据，就说我是共产党，从去年9月份起，一直把我关到现在，我给校长打报告，他们扣住不送！"

刘再次趋前对蒋附耳低语，蒋猛一转脸："强辩！他在陇海线救援总司令行营的时候，你在哪里？你们都在哪里？什么共产党潜伏分子？还不马上解除禁闭！"群从愕然。

解除禁闭后，韩去见蒋，蒋很关心地问韩："你先回家去休息几天，你太太是在许昌还是在南京？"

韩："在济南，住在娘家。"

蒋批了一张便笺："你去'剿总'拿点安家的费用，把太太接到南京来，先休息几天，我会任用你的。"还告诉韩："马少云那里，你就不要再回去了，过些天发表（任命）他做宁夏省主席，他带你们第十一军一起调防。"

1933年3月，黄埔一期生、陕西籍将领关麟征率陆军第二十五师在北平以北古北口长城一带迎击日军第八

关麟征二十五师增援古北口长城

039

蒋介石（左）、关麟征（右）

师团，"长城抗战"的胜利极大地鼓舞了全国人民的斗志。

韩在兴奋之中求见蒋介石，要求去关部参战，这时韩才得知，关是在接到蒋介石停止前进的命令之后，仍然坚持率部进军而获胜的。蒋固然很欣赏关、韩等人的勇敢善战，也相信他们的忠心，但对他们"不懂政治"的求战举动并不满意。在5月的"塘沽协定"之后，韩真正体会到了，蒋介石"攘外必先安内"的政策是绝对不会改变的。

不久，蒋介石手谕江苏省主席陈果夫："学生韩练成，着以行政督察专员兼保安司令尽先任用。"在这一纸手谕里，蒋介石按照韩的愿望：用回了韩的本名——韩练成。从此，韩完全脱离了西北军，按杨杰的说法，先是被"赏穿黄马褂"，此时是正式进入了黄埔系，历任江苏省保安干部训练团主任、省保安处副处长、独立十一旅旅长、镇江警备司令等职，1935年春晋升少将。

在不同岗位之间的频繁调动中，韩逐渐形成了职业军人的任职习惯。

其间，有一件事给韩留下了深刻的印象。就任镇江警备司令之初，财务科长拿着账册来辞职。韩不解，经解释，他才懂得，每一任司令都会在任期内收到社会各界尤其是商会的"进贡"。因此，每一位司令到任都自带或重新任命财务科长来为自己掌管小金库。他本来就看不上这种为官敛财的方式，也没有自己的账房先生，于是很不在意地留用了前任财务科长，其他人都很诧异。离任时，韩连看都没看就把那一笔"私房钱"归了公，此举更令人

1935年时的韩练成上校

不解，财务科长更是一肚子怨气：跟了这个不懂规矩的司令，白忙乎了几个月，一分外快没捞着，还丢了饭碗。

在这两年多的时间里，韩结识了许多黄埔系、CC系的少壮派人士。后来担任中统局局长的叶秀峰，就是在这期间认识的。

韩夫妇1933年初得子光中，1934年秋得子光华，叶家的老太太对韩的夫人和小孩更是喜欢得不得了！她经常请韩夫人来家打小牌，还常常亲自下厨烧狮子头给她们吃。

地方经济的富庶，社会文化的丰富，仕途的一路顺风，家庭生活的幸福，等等，并没有使得韩练成贪图享受、腐化堕落，

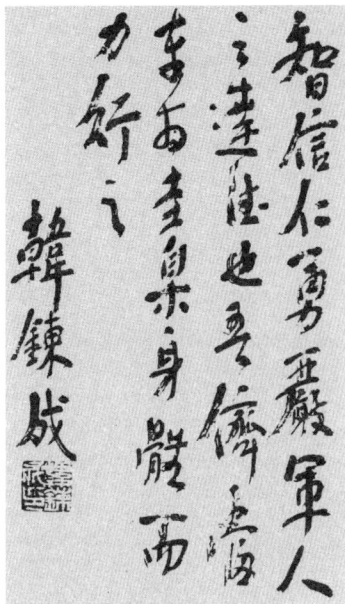

韩练成1935年题词

他更希望有一个用武之地让他去报效祖国、报答校长对他的知遇之恩，但他不赞同校长的"剿共"政策。

他对共产党发表的《为中国工农红军北上抗日宣言》，对国母宋庆龄和何香凝、李达等人共同发起1800人签名发表的《中国人民对日作战基本纲领》持积极拥护的态度。他认为：共产党和别的派系都不一样，他们有思想、有主义，又有军队，即便没了地盘，也绝不是那么容易被剿灭的。与其大动干戈去"剿"，真不如去"抚"，把他们收编了，集中兵力、物力、财力去打日本，不是更好嘛！

对他的观点，叶秀峰评价："练成兄，你要不是委员长直接介绍给果夫先生的爱将，就凭你这一通宏论，不是共产党也是赤化分子啊！"

韩练成还曾专门去海安拜访过韩国钧（字紫石）老先生。紫老曾任江苏省省长，时已辞职养老著书，正在编写中的《海安丛刻》是一部内容极为丰富庞杂、涉及各方面知识的地方文史丛书，集宋、元、明、清16家著述，共23种67册。

紫老住宅正厅抱柱楹联为清代状元、协办大学士翁同龢手迹——"千

秋古史乃家法，紫袍玉带真天人”，韩练成过目不忘。紫老对这位西北来的“本家”后辈军人也颇为看中，临别时赠与黄杨一盆，其枝干回龙折蟠，一寸三弯，韩练成十分珍爱。

陆军大学

1935年秋，韩练成由蒋介石特批，进入陆军大学特别班第三期。当时，陆大设正则班、特别班、兵学研究院等教学单位。蒋介石兼任校长，实际负责人是韩在中原大战中结识的军中前辈、教育长杨杰。

杨杰，字耿光，云南人，曾就读于保定北洋陆军学堂、日本陆军士官学校，在日本陆军大学毕业时名列“军刀组”第一名，由日本天皇亲手赐刀。

杨的办学宗旨是：使高级指挥官及幕僚人员成为“智能兼备之士”。培养学员的目的是：“为养成优秀将校与幕僚，以备国家干城之用，不特党国命脉所寄，而民族兴之与其负”，要求学员在学习中一定要完成“救国之签识，御外侮之本能”。

杨的内务管理采用了外国陆大的方式，学员带职入校，生活完全自理，偕带眷属的学员，

陆大教育长杨杰

都自租民房，只按课程表到校上课，校门不设哨兵，学员出入自由。韩练成进校的时候，同时在校的各期学员总数有600多人，除统一佩戴“陆大”领章之外，由于规定军服自备，来自各个不同部队的学员服装各异，蔚为大观。

特别班第三期共有129名学员，韩练成认识不少熟人，职位最高的是冯玉祥（1935年11月，冯下山赴南京；12月，任军事委员会副委员长），

有北伐时期的友军长官孙良诚，还有友军好友、白崇禧的副官长石化龙。

韩和冯编在同班，教官上课前，先向冯行礼："报告副委员长，今天的科目是……请指示。"下课时照样，"报告副委员长，讲课完毕。"每当这时，冯必起立回礼，尊师敬教，令人敬佩。

战史，是陆大的重要课程。杨杰常说，战史是战术之母。熟读战史，不仅可以推敲战争双方的妙算谋议、战略决策，师法过去名将用兵；还可以找出一些战例，以证明战术原则，加深对原则的理解。他在教学中广引世界上各著名战例，又反对东施效颦，墨守前人阵法，他说："我国如此趋势之下，非有一出自心裁之战术，必不能自适其生存。"他反对纸上谈兵，很重视对学员的实战训练。陆大每年的春秋两季的现地战术作业，他大都亲自参加指导，演习中他轮流到各战术班视察演习情况，然后亲作讲评。

陆大对战史的课程安排比较多，杨杰亲自讲北伐战史；本国教官、德国教官讲拿破仑战史、日俄战史、普奥战史、普法战史及第一次世界大战史，都各有独到之处，很受欢迎。

本国兵学教官以教授师、军级战术为主。德国教官担任的战术教学，从团、旅战术一直到师、军、集团军、大军战术。其战术思想基本体现在德国《军队指挥》一书中，他们比较注意战略战术上的态势、地形影响及时间、空间关系（远、近、险、易、广、狭），强调集中优势兵力（飞机、坦克、大炮），彻底进攻，速战速决，并注意利用制空权和高速度进攻的原则。应用战术，无论图上还是现地作业，都是方法灵活、临机应变，不受预先构想限制，常常令学员"即题"（根据作业中发展）作业。因受教官人数限制，德籍教官指导的战术，全期分两个大组进行，为区别与本国教官所指导的战术作业，当时习惯称之为"小战术"。他们有时也把一个教官所授的学习班区分红、蓝两军，进行图上或现地对抗作业，方法活泼生动，学员们很受启发。

白俄教官的战略学取材苏军条令，不仅介绍了战略、战役和战术概念，而且其谍报勤务内容丰富，对于如何获取情报、传送情报、反谍、防谍都有很大的参考价值。

韩练成印象较深的还有蒋百里（字方震）主讲的国防论课程，如国防经济学、最近世界之国防趋势、从历史上解释国防经济学之基本原则等。

杨杰、郭汝瑰陆大十期参谋旅行

　　陆大第十期毕业生、研究院研究员郭汝瑰担任特三期兵学教官，由杨杰介绍与韩练成相识，两人很快就成了朋友，他们对陆大课程有一个共同的感觉，即对中国武学典籍的教学安排不足。

　　1936年5月，国民党中央执行委员会主席胡汉民（字展堂）脑出血病逝，蒋介石借机分化两广（粤、桂系）实力派。6月，陈济棠、李宗仁、白崇禧在广州通电反蒋抗日，组成军事委员会，另立军政府，发兵9个师北上抗日，史称"两广事变"。蒋介石一面急派两个军南下湖南阻截，一面用重金收买。7月，粤军第一军、粤系空军先后投蒋，国民政府任命余汉谋为广东绥靖主任，陈济棠被迫下野。9月，蒋桂双方达成妥协，桂系保留三个军的编制，李宗仁任广西绥靖主任，白崇禧任军事委员会常委。"两广事变"结束。

　　事变中，石化龙经常与韩分析形势，石认为："当今天下，论德行、论智谋，德公、健公应属第一，可总是敌不过老蒋的权术。这么多年，老蒋一而再、再而三地改编、缩编各派各系的部队，我们广西就只有这三个军嘛，他还要减我们一个军的编制，如果我们不是以抗日救国为名、以另立军政府和他分庭抗礼，他能让步吗？"

韩分析道："委员长并不是因你另立军政府而让步。对他来讲，他要的是军力上的绝对优势。广东四个军，广西三个军，如果各留一两个军保境，再各抽一两个军合兵北上，那对他来讲是一个什么形势？现在，他已经用广东绥靖主任兼第四路军总司令的职位拉住余汉谋，逼走了陈济棠。广西虽然保住了三个军的编制，可桂系部队仍然没有离开广西，这对他已经没有威胁了。他并不需要你去打日本，就像他不接受共产党东进抗日一样，他对日本步步进逼的对策是希望'各友邦之政治协调'。如果两广仍然拧成一股绳的话，他是绝不会同意德公保留三个军的。"

1936年12月12日，国民政府西北"剿匪"副总司令张学良、第十七路军总指挥杨虎城联合实行"兵谏"，在西安扣押了蒋介石，史称"西安事变"。

西安事变爆发后，陆大停课，杨杰要求教员、学员推测事变走向，推演事变对策。韩练成的分析是："兵者，以武为植，以文为种。"这次事变是因政治而起，必须由政治途径解决。

从事变主体看，张学良、杨虎城是哭谏、苦谏未果，才发动兵谏的。张、杨通电的"八项主张"表明，这次事变不是争权、争利、争地盘的兵变，而是忠心卫国的兵谏；不到万不得已，张、杨是不会伤害蒋介石的。

从国内抗日派的共同需求来看，逼蒋抗日是主流，只要委员长同意联合抗日，事变就有可能和平解决。

从大局看，国民党中央执行委员会是按蒋介石、汪精卫、胡汉民、冯玉祥顺序排的，正、副主席是胡和蒋，胡脑出血死了；中央政治委员会的正、副主席是汪和蒋；如果蒋再不幸，当然要轮到汪主政。汪的亲日立场不改变，抗日绝无指望！

因此，韩练成认为最妥当的做法是，委员长应该主动表态联合抗日，中央应该立即停止何应钦"讨逆军"前去进剿"张杨叛军"，不要逼"东北虎""西北狼"做出过激行动。

韩与许多师生的对策不同，但与杨杰不谋而合，杨对策中的上策也是由蒋主动，和平解决。

12月17日，中共中央派周恩来、秦邦宪、叶剑英等人到西安，当晚与张学良，翌日与杨虎城商谈和平解决西安事变问题。23日，宋子文、宋美龄代表蒋介石与张、杨谈判，中共代表周恩来参加。24日，达成包括停止内战、联合抗日等内容在内的六项协议。25日下午，张、杨释放蒋介石，张学良亲自陪蒋经由洛阳飞回南京。西安事变得以和平解决。

但韩没有预想到结果，发动事变的张、杨二人在"和平解决"后分别被处置，两军迅速被分解；而蒋介石得到了最大的实惠。韩体会到，自己只分析到了事变的大势，没有更仔细地从各个利益集团的角度分析后果，如果张、杨二人考虑到后果，并从容地接受这一厄运，其忠、其勇，也绝不亚于战死疆场！

在此之前，由于归德救蒋，杨杰对韩的评价已是"一个有战术头脑的勇将"，此时，他对韩更是刮目相看，他认为韩已经成为"一个有战略眼光的将才"，于是他推荐韩去德国深造。

这一阶段，韩恶补德文。德文课学员原本日渐稀少，韩索性在课外请德籍女教官逛夫子庙、喝茶、练习口语，请她去家里教韩夫妇和孩子们吃西餐，听海顿、巴赫、贝多芬的音乐；韩夫人也教她烧中国菜，做包子、饺子、狮子头等。

德国人治学严谨，行止有度，不仅男教官，就连只教德文的女教官也是如此，韩在课内外学到的不只是语言，行为、举止也有很大的改变，甚至多年以后，许多国军将领认为韩肯定是去德国深造过的军官。

初识周恩来

1937年7月7日，日本中国驻屯军第四旅团一部向北平西南卢沟桥附近的中国军队发起进攻，中国驻军第二十九军一部奋起抵抗，史称"卢沟桥事变"。全国性抗日战争爆发了。不少陆大同学提前返回原部队参加抗战。

7月中旬，韩练成参加庐山军官训练团集训，第一次亲耳听到了蒋介石准备抗战的方针，心情振奋。8月上旬返回南京后，韩立即被新任国民

第二十九军在卢沟桥抵抗日军

日军通过卢沟桥

党军事委员会副参谋总长白崇禧邀去做彻夜长谈，韩表示愿意去抗战前线。白告诉韩："德公在桂林，不满 1 个月，就征编了 40 个团的兵力，会有你带兵的机会。"第二天，白推荐韩做第五战区司令长官李宗仁的高

级参谋，并指派为李、白与各方联络的军事代表。韩当即提前离校，直至 1938 年 10 月，和特三期同学一起从迁址长沙的陆大毕业。这些学员中，以后担任军以上职务的还有李振、李良荣、汪匣锋、沈久成、孙良诚、梁华盛、张维玺、鲁崇义、赵文焕、苏祖馨、唐永良、梁冠英等。

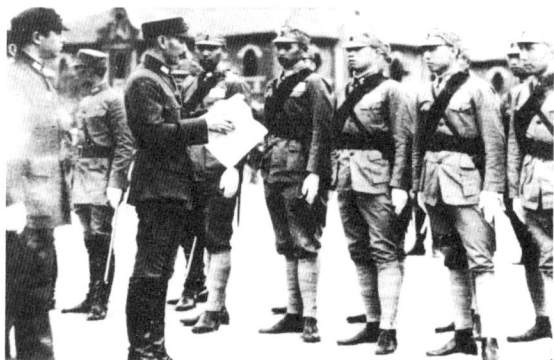

蒋介石在庐山军官训练团

8 月中旬，韩练成陪同白崇禧会晤了到南京参加国民政府最高国防会议的周恩来、叶剑英及冯玉祥等。

他第一次见到周恩来

副参谋总长白崇禧

第五战区司令李宗仁

时，白向周介绍韩："他在北伐时是我们东路军的骑兵集团司令，跟我一直打到了山海关。"韩对周敬礼尊称"周老师"。周当时只认为韩是在桂系任职的黄埔生。

国防会议期间，右起：朱德、周恩来、黄琪翔、郭秀仪、叶剑英、张群

周谈话的重点是《国共合作宣言》："蒋委员长还是对我党有成见，从2月谈到8月，谈了5次了，他连我们起草的《国共合作宣言》中'同国民党获得谅解而共赴国难'的提法都不接受。"

白告诉周："'八一三'正巧打在国防会议期间，贵军的改编已经定了，马上改编为国民革命军第八路军。贵军提出充任战略支队，并在总的战略方针下执行独立自主的游击战争，这个原则中央可以采纳。"

周、白、叶三人思路清晰、言简意赅，绝无一字一句多余，韩十分钦佩。

会面后，白问韩的看法，韩未加思索，脱口而出："如果共产党都是这样的人，倒是和德公和你很般配的。"见白未置可否，淡淡一笑，韩才想起"四一二"政变和马鸿逵的话："第四集团军白总指挥清共的刀子快。"又暗暗对新的国共合作添了几分小心。

红军改编为国民革命军第八路军

经过国共两党代表六次正式谈判，国民党中央通讯社终于在9月22日发表了7月15日由周恩来提交的《中国共产党为公布国共合作宣言》。9月23日，蒋介石发表《对中国共产党宣言的谈话》，指出团结御侮的必要，认为"此次中国共产党发表之宣言，

即为民族意识胜过一切之例证"，事实上承认了中国共产党在全国的合法地位。这标志着以国共两党合作为基础的抗日民族统一战线正式形成。

9月下旬，日军占领大同。9月23—24日，八路军一一五师在师长林彪、副师长聂荣臻的率领下，冒雨设伏于平型关东北公路右侧高地；25日凌晨，日军第五师团第二十一旅团一部携大批辎重进入伏击圈，八路军突然开火并发起冲击，歼灭日军1000余人，击毁汽车100余辆，缴获大量武器和军用物品，取得"七七事变"以来华北战场第一次歼灭战的大胜利，史称"平型关大捷"。

韩和不少主战派的看法相近，八路军一共才编了三个师4万多人，如果全国全军都能这样全力作战，这仗就好打了。从国力、军力来看，我们中国弱得太多太多，只能动员全民抗战，坚持三年五载，等到国际干预，就会有转机。

11月12日，上海陷落。20日，国民政府宣布迁都重庆，部分军政机关迁往武汉等地办公。12月13日，日军侵占南京，开始了灭绝人性的大屠杀，中国军民30多万人被残杀，史称"南京大屠杀"。

当时外电报道的南京大屠杀

整军遭黑枪

1938 年初，侵占南京的日军北渡长江，侵占济南的日军南渡黄河，共 8 个师团 5 个旅团约 24 万人，以徐州为目标，南北对进。

津浦路一线大战在即，五战区司令长官李宗仁任命韩练成担任第八十九军（军长韩德勤）——七师（师长李守维）副师长兼三五一旅旅长，李告诉韩："这支部队是保安队改编的，战斗力很差，你要尽快整训。"

韩练成深知，自己是没有基本部队的职业军人，但他希望能有机会训练出一支有战斗力的部队。他常对自己说，真正的兵权在手，并不在于你被发表了一个师或旅的主官，而在于你究竟和部队一起经历了多少次磨炼，没有战场磨炼的部队只能靠训练，在训练中提高部队素质。你要及时掌握你的威信在部队当中，在各级指挥员、各个战士的心里究竟占据多少分量；每级指挥员、每个战士对你的命令的执行当中，有几分自觉、几分服从、几分信任，还是有几分抗拒。不经常用训练这种方式和部队接触，不在训练中和部队建立信任、建立感情，到了真要拉出去作战的时候，怕就指挥不动了。他最希望能在一支国家化而不是属于地方甚至属于个人的军队中担任指挥职务，同时，他也清醒地知道，自己现在带的这支部队积习难改，只有"乱军用重典"。他对自己有信心，只要他不贪不懒不怕死，他就能把它训练出来，拉上前线！

但三五一旅的实际状况让韩大吃一惊：大军官吃空额，小军官喝兵血，当官的个个细皮白肉油光水滑；当兵的面带菜色，满街乱逛，活像一群街痞。韩练成对此极不满意："这个三五一旅呀，真是个豆腐军：当兵的，是豆腐渣；当官的，是嫩豆腐。真不知道这支部队是怎么带出来的！"

到任不久，韩没有顾忌军长韩德勤、师长李守维的裙带关系，也不理睬部下的提醒，马上就着手开始整顿。整训同时，他才径直向军长发出报告："职自到任——七师副师长兼三五一旅旅长，已经月余。自察本部军官战术意识模糊，士兵战斗技能低下，后勤管理混乱，全旅革命精神不振。眼看部队出兵抗战在即，职乞准予依《战时军律》及《战时军律施行条例》，对本部实施严肃整顿。"

因整军直接触动了韩德勤、李守维的私利，韩被李指使部下进行暗杀，幸亏行刺的是个"嫩豆腐"，韩看他边眨眼边开枪，"牙长的一点点距离"，面对面的三四枪只有一枪打中了韩的左臂，还没伤着骨头。

白崇禧闻讯接韩到武汉养伤，白点拨道："整军没错，但你'强将凌帅'，已是犯了兵家大忌。庸帅、贪帅在明处斗不过你，不暗杀你怎么保住自己的地盘？"韩伤愈后，被李、白调出八十九军，继续以五战区高参的名义协助白崇禧工作，当时白的外甥海竞强（上校）跟随在白左右，石化龙也在五战区任兵站总监，韩在五战区和桂系军中已经有了一些人缘。

3月中旬，由韩联络、安排，白崇禧请周恩来、叶剑英等人商讨津浦路作战方案。当时正在临沂战役中，李宗仁以庞炳勋第三军团（仅5个步兵团）坚守待援，同时调张自忠五十九军内外夹击，重创日军：敌坂垣师团坂本支队败退莒县，反被我庞、张两部包围。敌矶谷师团正在南下，李宗仁命川军邓锡侯第二十二集团军第四十一、第四十五两个军由郑州前往邹县——滕县一带堵截。

周恩来时任军事委员会政治部副部长（部长陈诚），他在会上说："从临沂战况看，主要是因李长官指挥有方。如果滕县一带还能有部队及时增援，估计也会取得好的战果。"

白回应道："军委已经抽调了汤恩伯第二十军团两个军、孙连仲第二集团军三个师去增援。"

叶分析说："这还要看川军二十二集团军能顶多久。"

白回答："军委拨发了新枪五百支，五战区也从库存中拨出了大批子弹和迫击炮，二十二集团军士气旺盛。"

政治部副部长周恩来

周建议："津浦线南段，由李品仙第十一、廖磊第二十一两集团军在我新四军第四支队配合下，以运动战为主、游击战为辅，在淮河流域牵制日军，阻止其北上；徐州以北，仍以主力采取阵地战与运动战结合的方针守点打援。徐州一带拖住日军越多，时间越长，对保卫武汉，争取持久抗战，就越有利。"

白对叶："贵军晋察冀部在平汉线保定—新乐段游击歼敌，战术有效，对牵制华北日军起了不小的作用。贵军需要补给，可以直接向军委报。"

白还告诉周、叶："韩练成刚刚发表了第十六集团军一七〇师副师长兼五〇八旅旅长，马上就回广西去给我们看家，还是我们的联络代表。如果贵军在广西有什么事情，请不必客气。德公在，我在，找我们；我们不在，找他。"

与周、叶会见之后，白崇禧随蒋介石到徐州并留在五战区协助李宗仁策划作战。韩练成则赶往广西赴任。

3月22日，日军第十师团兵至台儿庄，被沿运河布防的孙连仲部强力阻击，激战及旬。李宗仁发动40万优势兵力，命汤恩伯部攻日军第十师团侧背，命第五十五军断其退路，第五十九军阻击日军第五师团增援部队。4月3日发起总攻，至4月7日，歼灭日军精锐部队近2万人。史称"台儿庄大捷"。

韩到任第十六集团军（总司令夏威）一七〇师（师长黎行恕）副师长兼五〇八旅旅长时，正值"台儿庄大捷"，不少部下认为："台儿庄一战，扭转了整个战局。如果由德公统御全军，抗战胜利指日可待！这是鬼子的最后一仗、最后挣扎，我们等着德公得胜班师吧。"

韩不赞成："天下没有一战定乾坤的事。不管德公、健公在外面指挥别的部队打得多么好，我们看家的老基本还是不能掉以轻心，部队要加紧整训。目前我们的作战能力并不强。"

众人不以为然，但无人反驳。

日军重新部署，大举进攻。5月19日，徐州失守。6月9日，蒋介石下令炸开花园口黄河大堤，虽然暂时阻止了日军西进，却使苏豫皖三省3000多平方公里国土变成一片汪洋，数十万人被淹死，1000多万人流离失所。

韩对部下说："蒋委员长的决心是：'我们这次抗战是以广大的土地来和敌人决胜负，是以众多的人口来和敌人决生死。我们就是要以长久的时间来固守广大的空间，要以广大的空间来延长抗战的时间，来消耗敌人的实力，争取最后的胜利。'这其实就是我们德公、健公在和周恩来、叶剑英会面之后，确立的'游击战和正规战配合，积小胜为大胜，以空间换时间'的战略指导思想。大家要做打持久战、消耗战的准备，要靠自己救自己，不能再对任何外国、外人抱幻想了。"

11月下旬，蒋介石召开南岳军事会议，决定取消西安、广西、重庆各行营，另设桂林、天水两行营，以白崇禧、程潜任主任，指挥南北两个战场。

昆仑关战役

韩练成去五战区前，夫人汪萍和孩子们由白崇禧派专人护送去了广西，一直受着李、白二人的夫人的照顾。韩到广西之后，一家人又团聚了。考虑到部队时常调动，韩把家安在荔浦。

1939年秋，和妈妈住的光中（6岁）、光华（不到5岁）因为吃了不新鲜的水果，又耽搁了治疗，一天之内双双夭折。

这两个孩子聪明绝顶，虽然没有上学，却已认得很多字，他

1939年汪萍（右）和光中（左）、光华（中）

们的死对韩夫妇打击很大，汪深感对不起韩："作为军人，你守住了国土；作为母亲，我没保住孩子……"汪甚至产生了自尽的念头，但为了使即将出征的丈夫能有一个相对平静的心境，她强忍着痛苦的回忆，坚强地活了下来。

为切断桂越国际交通线，日军集结陆军4个师团及海军陆战队、航空

兵，于1939年11月15日在钦州湾登陆，24日攻占南宁后分兵南下攻占龙州、镇南关，北上进攻高峰隘、昆仑关。12月初，先后攻占高峰隘、昆仑关。

12月中旬，白崇禧指挥桂林行营发起反攻，其部署是：中路，第三十八集团军（总司令徐庭瑶）第五军（军长杜聿明）之新编二十二师（师长邱清泉）居中，第二〇〇师（师长戴安澜）从东，荣誉第一师（师长郑洞国）从西，主攻昆仑关；东路，第二十六集团军（总司令蔡廷锴）第六十四军（军长邓龙光）之新十九师（师长黄固）、一七五师（师长冯璜）、第六十六军（军长陈骥）截击邕钦路；西路，第十六集团军（总司令夏威）之一三一师（师长贺维珍）、一三五师（师长苏祖馨）、一七〇师（师长黎行恕）、一八八师（师长魏镇）攻击高峰隘，防邕宾路。

12月17日，总攻开始，中国军队15万人参战。

战前，一七〇师将校的看法不一：其一，这是健公给我们的机会。中路，让有装甲车的中央军去攻，不管是夺回昆仑关，还是纠缠在一起，我们都有机会直插南宁。其二，高峰隘还在日军手里，以我集团军4个师的兵力拿下高峰隘都成问题，怎么直下南宁？健公是让我们

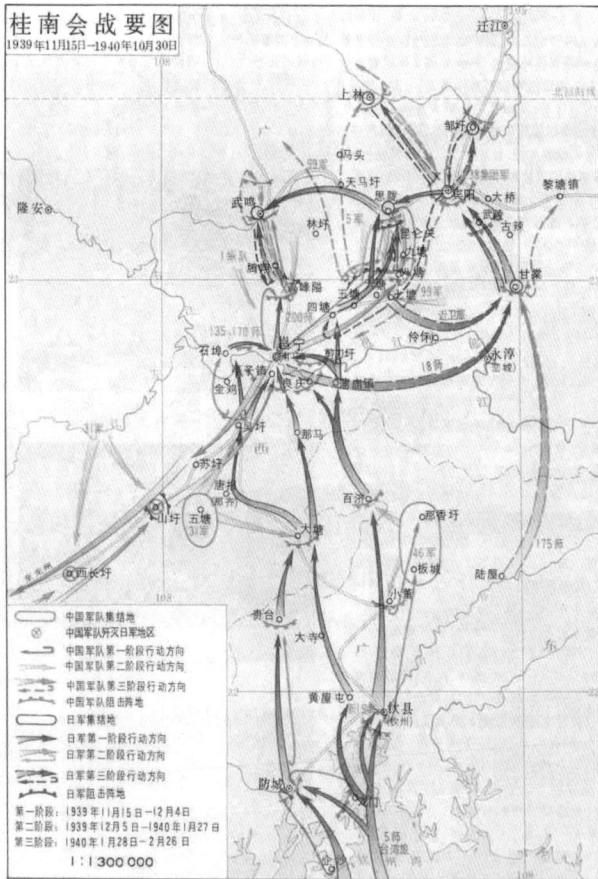

桂南战役图

暂避锋芒。

师长黎行恕（中将）制止部下："先不要乱猜长官意图。副师长，你有什么看法？"

副师长韩练成直切主题："我们西路，看起来只是一个侧翼，但是没有侧防就不成阵地，舍压制就不能进攻。我们既是主攻方向的侧防

白崇禧部署桂南战役

和压制部队，又有可能根据战场变化成为一个新的主攻方向。能不能反攻南宁，要看我军有没有总预备队补进来，还要看日军由南宁、钦州湾两个方面派来的增援部队能不能被我军截住——这是总攻开始以后的变数。目前，在我们一七〇师进击的方向，有个无名高地，是一争地①，必须先拿下来。"

黎同意韩的判断和作战方案——由韩亲率一个团，在总攻一开始就突上无名高地。日军不太密集的炮弹落在高地及高地附近，下方一七〇师主力在行进中，韩命参谋向师长报告：西线暂无战事，部队可以继续开进。

攀登中，韩大声问身边的官兵："弟兄们，我们占领这个高地的第一个目的是什么？"官兵们回答："无侧防不成阵地，舍压制不能进攻！"

韩继续大声问身边的官兵："弟兄们，我们占领这个高地的第二个目的是什么？"官兵们回答："进攻高峰隘，打回南宁去！"

这是韩带兵、用兵的一贯做法：凡是在战前可以让部下知道的、了解的作战意图，尽可能让部下牢记。

日军炮火逐渐密集，官兵们奋勇攀上高地，加紧筑建工事。

韩大声命令："守住高地！掩护主力通过！"韩问团长："敌人向我发

---

①争地：见《孙子九地第十一》："我得亦利，彼得亦利者，为争地……争地则无攻。"对"争地"的作战原则是：应先敌占领，如敌已占领，就不能强攻。

射密集炮火，有几种可能？”

团长：“应该有两种：其一，以我阵地为主攻方向，步兵马上发起冲锋；其二，压制我部出击……”

韩：“你怎么办？”

团长：“命令部队注意隐蔽，加紧构筑工事，步兵不上来，决不轻易开枪还击。”

韩：“这是你的部队，你自己指挥吧！注意节约弹药，节省体力，随时准备助攻。”

这是韩用军官的一贯做法：凡是可以让部下主官自己做主的，尽可能让他自主指挥。

此役，韩被炮弹碎片击中左腿，皮肉小伤。在医院养伤时，夏衍曾派记者高汾来采访，不久，共产党主办的《救亡日报》刊出专稿《访带花归来的韩副师长》。

12 月 31 日，白崇禧指挥第五军、第四十四军一部攻克昆仑关，暂时恢复桂越交通线。是役，毙伤日军 4000 余人，我方伤亡 1.4 万人，尤其是第五军荣誉第一师，在四四一高地打了 10天，

本報特寫

訪帶花歸來的韓副師長

韓副師長練成，方才從南路帶了花回來，當我們知道了他現在桂林××醫院醫療的消息，我們便決定了去慰問他，表示千萬分之一的桂林市民對于前線英勇戰士的關懷。

懷着滿腔的熱情，幾次約定了日子，但是終以要人的警報沒有去致敬的機會，昨天下午，幸喜沒有警報，記者帶了一束在桂林不易多得的鮮花和少量的水菓，趕到韓副師長的病床前面，稍致慰問的敬禮。一間並不寬敞的病室並沒有減少我們英勇將士的凜然的氣概，韓副師長在創傷中也顯得十分神采，健康的笑容依舊掛在他嘴邊，從他眉宇裏吐露的英勇作戰的神情，他的傷勢並不很重，在左腿上部中了一顆砲彈。據醫生說，在這個星期內傷口就可以痊癒了，新中國的進步是驚人的，一個中國的現代將領已經是不同于前一個時代了，他在戰地拚了全身的血肉指揮士兵與敵人作戰，但是一有機會他就潛心研究學術，韓副師長正是這許多革命軍人的一個，他曾經在華北某大學卒業，曾參加過國民革命的北伐，曾經負過四次光榮的傷，幾年來他揮動着槍桿和筆桿創下了很光榮的奮鬥的歷史，現在他又負下了更光榮的創傷靜悄悄的躺在病室內，在他枕頭邊擺放了幾冊社會科學和名人傳記的書籍，同時還有一本稿子，即使他回復到文人的生活，從他眼鏡裏露出學生時代酷愛書本的目光，他正預備寫些關於南路戰役的文章，我們大家希望韓副師長多多休養，別太操心，但是他微笑的說：「像我這樣小小的創傷原不算一回事，各位的慰勞的盛意使我覺得慚愧……」

室內有些寂黑，韓副師長開始報告他的受傷的經過。他是在二十日上午九時在四塘被砲彈打傷的「好險啊！那時站在我左右側的六個弟兄全部給砲彈毀了，留下就是我一個……幸兒我是穿的皮衣和呢襯，所以彈子沒有穿進骨頭裏，當時，我並不覺到疼痛，我還是站在原來的陣地，繼續[illegible]陣線，到下午我才由兩個弟兄把我換了送到醫院療養……」「我們的部隊的任務是在嚴密的截斷敵人的糧秣軍火，增援的部隊，主要的就是切斷敵人在南甯與八塘間的聯繫，使敵人在八塘以北完全陷於孤立的地位，我們曾一下子燒燬了敵人的運子彈的卡車二十餘輛。」接着說：「八塘是[illegible]路上最重要的隘口，敵人說守八塘，[illegible]

[illegible]敵人是[illegible]收了仰攻的[illegible]勢，這於他是絕對不利的，尤其是我們在七，六，五，四各塘均佈置了部隊，[illegible]南甯與八塘間的聯絡，同時因為公路破壞得[illegible]，敵人僅能以兩輛小坦克車轉運[illegible]，（在二十日才開始發現坦克車），所以八塘的敵人[illegible]絕路。」

[illegible]公路，以便他部隊的補給，因之我們急需加緊公路的破壞，因之在前方，修[illegible]破壞公路，展開了很熱烈的鬥爭。他用飛機[illegible]趕修公路，我們則發動民衆加[illegible]，致公路是被我們破壞得很[illegible]的，我們[illegible]的自動參加工作，在四塘附近有一個村莊裏的女人也拿了鋤頭出來，參了挖掘公路，他們懂得敵人的殘暴，我跟一個女人談話[illegible]日本鬼子的道理，後來知道她[illegible]在敵人佔領[illegible]生。還有許多在敵人佔領[illegible]，當敵人來得多時，就大家躲進山裏去，[illegible]敵人沒有法子[illegible]了破壞公路。同時因為民衆多曾受過武裝的訓練，所以很英勇，聽說現在南甯[illegible]，已深入敵後工作，在這兒可以見到[illegible]的功效，」[illegible]我們知道除了[illegible]上所[illegible]有少數的匪徒[illegible]在南[illegible]外，南路的民衆[illegible]打他們本位的工作，增加敵人作戰的種種困難了。

天色漸漸晚了，韓副師長的談興還是很濃。最後他對南路戰事下了這樣的結論：「估計敵人在南甯以北至高峯坳這一地域的兵力，約有一師團光景。這一次我們大舉反攻，當然勝利是十分有把握的，我們具備了幾個有利的條件，最主要的我們的士氣是這樣振奮，個個多有殺敵人的決心，其次就是敵人後方補給線已被我切斷，這對敵人是個很大的不利，再則我們的政治民衆動員工作多有了相當把握。至於他進兵南甯後，又突然向龍州[illegible]南關進援，我估計他僅是在外交上有所作用，我們看到這是敵人的恫嚇，每當他在處理遠東問題上遇到一個疔疤時，他一定得向與這問題有關聯的帝國主義一個討價還價，在這方面他好像很有一手的。」是的，我們屢次看到敵人所使用這種卑劣的手腕，同時我們知道敵在日前佔領龍州後又立即撤兵，顯然他已無力再向緊南，百色那一面進犯，倘是造成一個便於他實行裝着撤政復的形勢。祇要我們整個南路戰局順利，當然敵人狂妄陰謀是易于粉碎的。

天色黑了，來拜訪這位負傷將士的客人還正陸續的踏門拜來，我們感到不安打擾他這樣久，[illegible]作消消的長談，他還希望我們時常[illegible]，我們[illegible]的告了別。（汾）

1939 年 12 月 30 日《救亡日报》

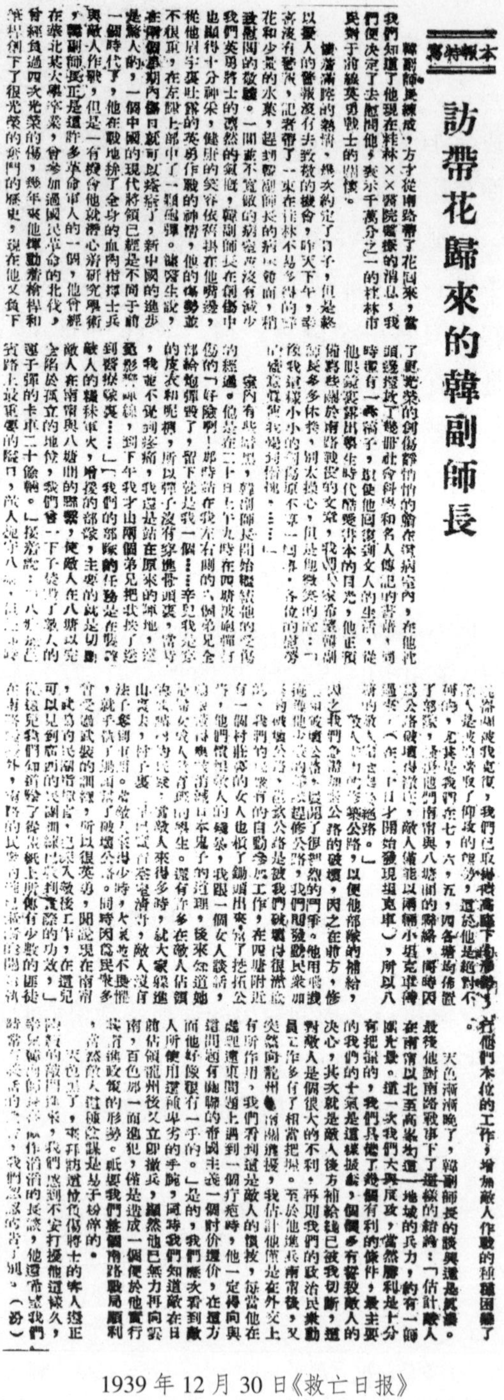

只剩下 700 名将士。由于没有增援部队继续投入，我军停止向南宁推进。

在一七〇师的战役总结中，将校们也是各有各的看法，有得意者认为，还是咱们侧翼好，仗也打了，伤亡还小……有反驳者认为，你这是二十六和三十八集团军的说法！他们就说健公保存实力，把我们十六集团军放在侧翼，打风流仗。

黎行恕当即反驳："胡说！我们夏威集团布防周密，由南宁来的日军五个师团两个联队被一三一师、一八八师围在邕龙路段狠打！我们一七〇师由副师长'先处战地而待敌，敌不得与我战者，乖其所之也'①。"

韩赞同："师长指挥有方。咱们正是应了《孙子·虚实》的'致人而不致于人'，我想日军也有高人，才会在我无名高地前犹疑、却步……"

一上校报告："这里有一份缴来的日军情报，对我方各部主官都有报告：一七〇师，师长黎某某，广西阳朔人，保定军校九期，陆军大学十期……副师长韩某某，陕西人，陆军大学特别班第三期，冯玉祥旧部，人称'小老虎'。"

黎、韩相视大笑，韩："情报不准确：第一，我是甘肃固原人，不是陕西人；第二，我在西北军哪有'小老虎'这么好听的外号？那时人称'捣蛋'！不过，这日本鬼子还是精得很，咱们能把他们的每个旅团长的底细摸清楚吗？我倒想知道在我们正面的日军主将是什么背景。在五战区的时候，德公曾经对我说过：他的情报又快又准，日军每有行动，德公都能知之一二。就从这一点说，我们四战区、桂林行营对战局的判断，比不上五战区。"

对于这一战的后果，韩的预测是："我军恢复桂越交通线，日军必不甘心，但他下一步怎样动作，我方完全不了解。如果他马上增兵反扑，而我方又没有援军及时补进来，目前对我方有利的态势很可能马上逆转。"

1940 年 1 月下旬，日军 2 个旅团及 1 个骑兵联队由龙门港登陆增援。2 月初，叶肇第三十七集团军擅自撤退，苦守昆仑关的孤军被迫退出，昆仑关再次陷落。

---

①见《孙子·虚实》。

蒋介石的"特支费"

1940年春，蒋介石到柳州召开军事会议，陈诚、白崇禧、张治中、张发奎、李济深及桂林行营、各集团军总司令、各军军长、各师师长等共100多人参加。

桂林行营参谋长林蔚报告作战经过。蒋做总结："昆仑关战役，前一段打得好，后一段打得太乱。"

会中，白崇禧自称指挥失当，应负战败责任，陈诚也自称监军不利，二人自请降为二级上将。白崇禧调回重庆；第三十七集团军总司令叶肇、一三五师师长苏祖馨等被查处；蔡廷锴第二十六、叶肇第三十七、徐庭瑶第三十八共三个集团军撤销。桂林行营撤销，四战区移防柳州，广西战事改由四战区长官张发奎负责指挥。

会后，蒋介石单独召见刚刚升任一七〇师师长的韩练成："李德邻、白健生能信任你，让你带他们的部队，很难得。"

韩郑重回答："带兵、打仗，是我的本分，我跟谁都会尽职尽责的。"

蒋肯定道："练成，你能在桂系站稳脚跟当师长，很不容易呀。你要把部队牢牢地抓在自己手里！"随即批了几个字，交代身边侍从

韩练成到任一七〇师师长

参谋："你陪韩师长去，从特支费中提些现金，拿去给太太补贴家用。"

韩原以为也不过千把块钱，谁知道竟有5万元！事后韩才知道，蒋笼络有价值的师长，一般多用4万~5万元；如果对军长，就是15万~20万元了。

然而，韩的夫人汪萍对这笔巨款完全没有感觉："我哪用得了那么多呀？"她想："要是不打仗，办个学校还用得着，现在怎么用啊？"

韩："你不想买点什么？买房子？买地？买点金银首饰珠宝玉器？"

汪："我可不想当土老财。"

韩："咱可什么都没有啊。"

汪："咱本来就什么都没有嘛。"她认为："这钱，还是你带在身边，万一有个什么大事要用，你也方便。留在我这里，躲警报我都来不及拿。"

这笔特支费，原本是蒋介石为在桂系插下一根大钉子的小投资，拿在韩练成手里，真的派了大用场。

韩练成常请黎行恕和自己的部下一起联名宴请十六集团军及各方头面人物，黎是每求必应："喝酒、吃饭，也是政治嘛。"

当时的桂林，是西南抗日的大后方，是武汉撤退后各界人士集中的地方，大批爱国人士云集桂林，八路军桂林办事处主任李克农也曾是韩的座上客。

别人请客，花雕已是阔绰，韩却每席必用法国白兰地、英国威士忌，烟也必用茄力克、"三个五"之类的。不知底的桂系人士认为韩是冯玉祥旧部，此举一定是为冯做联络；知底细的则认为韩是白崇禧在北伐时期就拉过来的亲信，又是李、白的联络代表，一定是为桂系笼络人心；但没人想到，韩的钱居然是从蒋介石那里来的！

在韩的频繁社交活动中，甚少见到汪萍的身影。原因有二：其一，儿子夭亡不久，汪的心情不好，难以支撑"欢宴"的场面；其二，汪不会说假话，往往难以应对太太们的殷勤发问。

韩对桂系的太太们解释："我的太太曾经是个医生。孩子们是吃了不干净的东西病死的。自此以后，她的心情一直没转过来，对自己这个连自己孩子都救不了的医生的过去，也极不愿意提起。所以，拜托各位大嫂：以后当她的面，一不要问她的往事，二不要提到孩子。"

营救刘宗宽

1939年5月初，日军海军航空兵63架飞机先后向重庆投下近300枚炸弹，其中120枚燃烧弹，毁我房屋2000余间，死伤我同胞5000余人。

蒋介石、宋美龄夫妇于空袭次日亲临灾区视察、安抚，并征集全市公私车辆（包括自己的座车）疏散群众。韩闻知后深为感动。

1940年3月初，韩练成作为第十六集团军副参谋长参加了在重庆召开的全国参谋长会议，与第十八集团军参谋长叶剑英座位相连，两人相谈甚欢。但当时的韩并没有向叶表明自己的政治倾向，只是在互通情报时，比对其他"友军"更多、更详细一些。

宋氏三姐妹在被日军空袭后的重庆灾区

1940年3月底，汪精卫在南京成立伪政府，并将国民党投敌部队改编为"和平救国军"，分布于浙江、江苏、安徽、河南、山东等敌占区。看到敌我之间有了比较明确的分界线，韩认为抗战的阵营应该可以进一步联合，大有作为的时机到了。

1940年底，何应钦、白崇禧以国民政府军事委员会正、副参谋总长名义发出"皓电"：命令华中的八路军、新四军在1个月内全部开赴黄河以北。面对即将到来的第二次反共高潮，朱德、彭德怀、叶挺、项英发回"佳电"：拒绝把八路军、新四军全部北移黄河，但为了抗战大局，同意把新四军移至长江以北。

1941年1月，新四军9000人向长江以北转移时，突然被包括桂系主力在内的7个师8万余人的部队包围、袭击，经过8天激战，新四军大部分士兵战死，军长叶挺及1000余人被俘，仅2000余人分散突围。史称"皖南事变"。

此事件，对韩练成的刺激极大。虽然他知道"四一二"政变有白崇禧一份，也深深记得马鸿逵的话，"白总司令清共的刀子快"，但他还是极不愿意看到，在抗战的关键时期，他追随的健公积极参与内战，并残忍到如此阴毒的地步。

1941年1月20日，桂林八路军办事处撤销，李克农返回延安。

1941 年 6 月 5 日夜，日军飞机夜袭重庆，三批日机共 20 余架在市区上空盘旋轰炸达 3 个小时，大批居民仓促涌入大隧道内，较场口隧道避难人数超过容量的 1 倍以上，防护人员又紧锁洞门，造成万余人受伤，1100余人窒息死亡的"大隧道惨案"。此案与 1938 年花园口决堤、长沙大火并称抗战期间的"三大惨案"。

那段时间，韩练成正在重庆，为解救西北军友人、黄埔同学刘宗宽而奔走。

在冯玉祥著《我所认识的蒋介石》一书第三十六章"随便杀人的蒋介石"中，记录了这样一段文字：

我在重庆特园康庄住着，一天，有一个师长韩练成来见我。韩练成在北伐的时候，曾同我在一起共过患难的。他是国民军的干部学生，又是陆军大学毕业的，最近他又调到复兴关，特别来受高级训练（韩练成时任第十六集团军副参谋长，调复兴关国防研究院做研究员是 1942 年的事）。他住在白崇禧将军的公馆里。这次见我之后就哭起来，愈哭愈厉害。他说："随便杀人，真是暗无天日。"我对韩练成说："什么事，你对我说一说。"韩说："我有个同学，是陕西人，黄埔毕业，又在陆大毕业，当师长，驻在潼关附近。被特务告密了，说他贪污，把这位刘师长和刘的参谋长并一位保长都从陕西押解到重庆来了。组织了军事裁判委员会，秦德纯是审判长，勉强着定了罪，刘师长六年监禁；参谋长五年监禁；保长三年监禁。公事一到蒋介石手里，蒋马上画了一道黑线，批的是一律枪决。这样一个好好的军官，就随随便便给枪决了，国家还有法律没有？"说着，韩练成大哭起来，他哭得非常的沉痛。我对韩练成说："我听明白了，让我找蒋介石去说，他要杀刘师长他们三人，请先把我姓冯的杀掉，不然他就不能这样办。"韩一听我的话就不哭了，他说他去对白崇禧说，看白有什么办法。过了两个钟头，韩回来说，他已经向白崇禧说过，白说冯先生不要去，白先去碰一碰，不成，冯先生再去。我说很好。在这时候，我拿起笔来写了四扇屏，是汉隶端楷，第一扇写的是汉文帝出城过一道大桥，桥底出来一个人，把汉文帝的马惊着了。卫士们把那个人抓住，送给最高法官张释之，汉文帝要张释之杀那由桥底出来的人。张对汉文帝说："法律上不能杀他，只是徒刑。"汉文帝说："他若把我的马弄惊摔死我怎么办？非杀他不可！"张释之说："若皇帝要杀那个人，你就在他从桥下一出来的时候，叫卫士把他杀掉，那还可以。若是交在法官手里，就不能不按着国法去办。一个国家不能一喜欢就叫他活，一恼怒就叫他死；若那样还成什么国家呢？"汉文帝说："很好，我听你的话。"第二扇我写的是，有人偷了汉高帝庙门上的铜环子，被人拿住了。汉文帝叫张释之去灭他三族，张释之说："不可，国家的法律，对于这一类的罪只是斩决，不能灭族。"汉文帝大怒说："我为子孙的，连父母的庙都不能保存；今天把人拿住了，交给你来治罪，你反倒这样办起来，那我还能做皇帝吗？"张释之说："若偷了一个铜环就该灭族，在长陵上挖一抔土，该当如何呢？"汉文帝半天无话说；等了一会说："你等我见了白太后再定。"见了太后，说明此意，白太后说："张释之是也。"汉文帝对张释之说："准你依法去办理。"第三扇写的是，唐朝李世民办选举，后来知道有些人是贿选的，李世民大怒，就交给最高法官戴胄，并且叫戴胄把贿选的人一律斩决。戴胄说："只可处徒刑，不能处斩刑。"李世民一听戴胄驳回他的话就恼了，他说："我亲笔下的手谕都不算数，我真的没有脸面做皇帝。做好人都是你们做法官的事，做恶人的都是我做皇帝的事，你想想我还有什么脸再见人？"戴胄说："这样办法不但有脸面，并且是更光荣。"李世民问："什么理由？"戴胄说："刚一听见说选举是贿选的，不由得就恼怒了，拿起笔来就画一律斩决；回来一看，知道手谕和法律不一致，马上取消手谕，尊重法律。这样国王不但不丢脸，反而更觉得光荣。"李世民站起来握住戴胄的手说："我有你这样的法官，我一生也不会做错事了。"第四扇是明朝的一段故事，意思与上边三个扇相仿。因为我都照有相片，不必在这里多说了。我用红纸包了一大包，把这四扇屏送给蒋介石。上面写着："五月端阳的礼物。"第二天开国民党的常务会议，有一位姓陈的对我说："你写了四条屏给蒋介石是不？"我说："你怎么知道？"陈说："蒋读了那四条屏之后说：'除了冯先生给我写这之外，再没有人给我说。'"当天晚上蒋介石找我去谈话，说到刘师长被枪决的事情。我说："你一喜欢就叫人活，一不高兴就杀人；这样，我们不能在这里，让你胡来吧？"蒋说："这件事，实在是我不对，我一定要改办法。"

刘宗宽也有一段文字：

> 韩练成曾在蒋介石亲批"枪决"时，万一救不到我，而我被枪决后，他就决定携眷陪同我爱人崔东亚前往延安，投身共产党，为我报仇……他在不得已的情况下，到冯玉祥处痛哭流涕，得到冯玉祥将军的同情和不平，挺身出来营救我，才使我免于一死，而得有今日。我在狱中时，他曾多次去探望我，保我以外出养病为名而获释。保人鹿仲麟、郭寄峤也是他找的。

1941年7月，刘被保外就医，韩夫妇陪刘夫妇同去谢冯，时值暑天，冯便装短褂，只对刘稍加勉慰，就转换了话题，问韩："日军越逼越近，空袭也越来越频繁，'六五惨案'校场口大隧道死伤民众万人哪！重庆人心惶惶。你来判断一下：还会有再次迁都的可能吗？"

冯玉祥问的是当时重庆纷纷扬扬传播的"迁都天水"之议，韩答："目前看来还没有，从长远看也不可能有。迁都天水，是委员长被日本人逼到最后、不得已而为之的选择；

刘宗宽1984年致韩兢信片段

冯玉祥副委员长

况且，还要采取亲苏和共的路线，这也是委员长不情愿的。所以，在去年德意日结盟以后，德国对我国劝降，日本诱降，英美拉，苏联援助，委员长牛了。好像世界各国非以中国马首是瞻不可！他认为对日作战可以喘口气了，就抓住时机，以新四军抗命为由——皖南事变！结果搞得亲者痛、仇者快，国内外、英美苏都有意见。可日本人却偏偏不给委员长面子：一个豫南战役，这才把他又逼回到抗日方面来。现在苏德交战，日军北进派抬头，也可能对华南战场减轻一些压力。我想，只要委员长决心抗战，第九、第六、第五战区各部严格按《拱卫陪都作战计划》的部署作战，西南、重庆还是守得住的。"

冯点点头说："唔，说得通，看来你这些年没白混日子。"又再次提起旧话题："再说说，咱爷们是怎么失败的？"

韩："说到失败，先生只是在政治生涯中受到了挫折，先生并没有失败……"

冯："你这是怕我难堪，拣好听的说。"

韩："我是不愿伤先生的心。打北伐，没有先生的管束和教导，我这捣蛋，知道个啥？'四一二'清共以后，没有先生的保护，我这颗脑袋早让人当红帽子摘了，哪有今天？但是如果现在就说先生已经失败，为时尚早。说说先生与委员长和其他派系的不同，倒是我经常想着的。"

冯微微点头，韩："先生做大军统帅、做大官，却没有官架子，爱兵如子，造福地方，弟兄们喜欢，老百姓喜欢，本应是好事，可弟兄们听谁的？老百姓听谁？听命于那些不大不小的官。那些官，即便是当兵、当老百姓出身，可做了官就变成官了。官要什么？要钱、要权、要享受，这些，都是先生身体力行去革除的时弊，先生手下的文官、武将在先生面前毕恭毕敬，转脸飞扬跋扈、花天酒地，这是官的本性。一旦有过钱、有过权、有过享受，是再也无法改变的了！先生这里要革除的，在别的派系是大家明抢明要的。好，最能满足这一切的，是中央，是委员长，咱西北军的主力就是这样失散的嘛！委员长除了不给地盘、不给编制、不给装备这几条以外，什么都可以给。要说败，先生只是败在'人欲'二字上。"

冯笑了："这倒是头一回听说。"

韩补充道："我当面听委员长说过，只要有人要钱要官，他就有办法。可他拿先生却奈何不得，就是因为先生有高尚人格，无低俗'人欲'。"

冯苦笑道："但我已经被他架空了，在六战区、军委会，我都成了摆设。怎么不是败？只不过留了个虚大架子而已。——和其他派系比呢？"

韩分析说："原本对委员长最具威胁的当属汪精卫，在他降日以后虽已遭全民唾弃，可是目前，他的老部下何敬之（应钦）、张向华（发奎）仍然握有实权，他们到底会跟谁走还在两说；晋军阎长官一直攥着自己的部队，守着自己的地盘，但他对中央、对委员长从来都无力单独构成威胁；目前最稳的还是桂系，几次与委员长交手，打打合合，不仅没丢了什么，李、白两公还都实权在握。"

冯："咱们说了这么半天，可说的全是内斗呵。"

韩："先生点评得准。如果咱们中国人不内斗，日本人是不敢轻易打进来的。"

冯："你看这抗战还得打多久？"

韩："四年来，我们抗击的日军陆军总兵力已达 35 个师团，接近日本全国 51 个陆军师团的七成①，单按中国战场看，是得拖下去了。但又有了国际因素，看德意日三国的国力能打多久，苏联能不能挺住，有没有反攻的可能，美国何时参战，我想各国各方再熬五年就都熬不下去了。"

冯："好。我就看你这五年准不准。"

韩："先生的看法呢？"

冯："我看用不了五年。那么，抗战以后呢？"

韩："我不希望是在大片国土沦丧的局势下停战。如果那样，恐怕还

---

①这些数据在《抗战时期重庆的军事》第 163 页、《中国抗日战争与第二次世界大战系年要录——统计荟萃》第 477 页、陈诚《八年抗战经过概要》表 9 等文献中都有记载。

要为收复失地，卧薪尝胆，再开战端。"

冯："如果抗战胜利，你估计还会有内战吗？"

韩："我想不该有吧？"

冯："如果有呢？"

韩略一沉思："那大概应该是中央、两广、共产党这三家，纷争天下。"

冯笑了："真是那样，我站哪边？你站哪边？"

韩没有直接回答："无论是先生，是委员长，还是李长官、白副总长，都是我的老长官，你们之间再打，我跟谁打谁都不是，我肯定要卸甲远遁了！"

冯哈哈大笑："想不到当年的'捣蛋'，如今真的已经'练成'了！"

韩："先生不是骂我吧？"

冯郑重地说："哪里？眼下，像你这样敢在我面前直言的老人儿，已经找不到几个了。这个'人欲'，倒是我多年从未重视过的，可它，在敌、我、友三方力量的变化之间，确实起了大作用。好，谢谢你小子，给我上了一课。"

韩："先生夸奖。今天被先生这么一考，看，全身都湿透了。"众人大笑。

冯很关心地问韩的夫人汪萍："小孩子们好吗？"

汪落泪答道："全怪我，没能带好他们，已经全都没有了。"

冯摇摇头："你这个人哪，怎么就当不好个妈妈呢？"

韩连忙说："老总，她已经尽力了，别再责怪她了。再说，她现在又有身孕了。"

冯连连点头："这就好，这就好。"

秘见周恩来

1942年2月，韩练成双喜临门：一、升任第十六集团军参谋长、晋升中将军衔；二、得女怀柳。此前，韩担任过中央军校第六分校（桂林）的教育长，那一期相当于军校第十六期。

不久，国防研究院成立，蒋介石指名调韩练成入第一期做研究员。

国防研究院位于重庆复兴关中央训练团内，蒋介石兼任院长，陈仪任主任。院内设建军研究委员会、国防科学研究委员会，分别研究"国军整理与建设之筹划事项、有关国军整建各项研究专题之拟议与审定事项、有关国军整建方案之审定与建议实施事项、国防基本人才之培育选拔事项、国防作战整备事项"及"国防工业建设事项、国防科学技术改进事项、有关国防工程事项、重要发明与著述之审定事项、有关国防科学各项研究专题之提拟与审查事项、国防教育之提倡与普及事项"等。

进入国防研究院以后，韩练成一边潜心研究，一边筹划秘密联络共产党。

当时，马鸿逵的第十七集团军驻重庆办事处主任周士观是韩练成的老朋友、好朋友。周1893年出生于清末一位道尹之家，1920年代曾就读于美国威斯康星大学攻读化学，1930年代回国，与韩练成结识于北平，是韩学习上层生活习惯的启蒙老师；韩夫妇的跳舞，就是周手把手教会的。因周排行老六，时称"六爷"，韩也随着周圈子内的友人称周为"六哥"，周和圈内朋友则称韩为"七哥"，直到1984年，两位老人先后离世，一直互相这样称呼，外人误认为他们是拜把子的兄弟，其实不然。

1942年5月上旬，韩登门拜访周士观："我想请六哥帮个忙？"

周以为是和马鸿逵部有关，韩直言不讳："不，我对他们早就没兴趣了。我是想请六哥替我安排一次和周恩来单独见面的机会。"

周："他和你常见，又是师生关系、上下级，我在你俩中间，不合适吧？"

韩："我是多次和他见面，而且都是作为李德邻、白健生的代表。我来重庆去见委员长时，他也还让我仍然保持与李、白、冯老总、周恩来、叶剑英等各方面的良好关系。但这一次，我是想单独见，完全单独的。"

周："你通过八路军办事处不是更直接吗？"

韩："通过你，不是可以不留痕迹嘛。"

周："我？"

韩微微一笑："你女婿于伶，是共产党吧？"

周吃了一惊，但不再多问。

于伶是周士观女儿伯理的丈夫，时年 35 岁，是"国防戏剧"的大手笔。他在 1941 年以前以"国防"为主题创作的剧目有《汉奸的子孙》《夜光杯》《浮尸》《女子公寓》《夜上海》《丰收》《太平年》《一袋米》等。韩练成虽然没看过他的戏，但常常看他和夏衍等左翼作家的文字作品，因此断定他是共产党人。

韩认为，启用这一条可靠的朋友、翁婿渠道，比任何一条现有的、公开的途径都不留痕迹。历史证明他的判断是正确的。多年来，几乎没有人说得准他是经过什么渠道、什么时候、什么地点秘密和周恩来会面，并确定同志关系的。

同年 6 月上旬某日傍晚，在重庆某居民区于伶的住所，身着便装的周恩来见到了同样着便装的韩练成："韩参谋长，又见面了！"

韩："周老师好！老师的胳臂还没有好利索？"

周抬抬手："已经没有什么大碍了。"周的右臂 1939 年夏因坠马骨折后，已经不能伸直了。

韩："今天用这种方式来见老师，不是代表李长官和白副总长，完全是我自己的意愿。"周静静地听着，韩接着说："从军以来，我在西北给冯老总解过围、二次北伐跟白副总长打过硬仗、中原大战救过蒋委员长，他们几位不和，可都拿我当自己人，以我现在的军衔、职务，在军中也算比上不足比下有余了。但是我仍然有一种苦闷、压抑、孤独的感觉，我在重庆、桂林、任何军中，都很难看到革命的气息。国难深重，中央和地方却在明争暗斗，说是共同抗日，我看对委员长、何总长来讲，反共比抗日更重要！可惜的是，就连白副总长，也并不始终坚持一致对外的立场。我一直想，只要团结抗日，又有国际援助，抗战怎

周恩来、邓颖超 1940 年在重庆八路军办事处

也不会打得这么窝囊！"周点点头，韩继续说："去年年底，珍珠港一战，看起好像是日本人控制了太平洋，但这正是它走下坡路的开始……"

周："怎么讲?"

韩："两面作战本是大忌，囿于此，日军北进派与南进派各执已见，争论不休。"

周："随着东条内阁的上台，争论已经不重要，日寇不是已经开始两面作战了吗?"

韩："老师说得是。正因如此，它的军力国力就支持不了多久！豫南、鄂北两役，国军小胜；中条山战役，国军伤亡虽重，亦重创日军；第二次、第三次长沙会战，共毙伤日军5万余众！委员长不是没有看到这一点，但他还是抗战反共并重——黄桥之战、皖南事变之类的武装冲突一再发生。只不过在英美苏开始全面合作的形势下，国共关系才略有缓和。"

周："你认为国共两党之间，会有更进一步的真诚合作吗?"

韩摇摇头："从委员长对冯老总、对两广的态度上看，都不可能真诚合作，更何况和共产党?"

周笑了："你对委员长倒是有一个清醒的认识。"

韩："委员长对我有知遇之恩，我本不应做对不起他的事，但他热衷于内战，这是我无论如何不愿忠心效力的。现在的形势，是一场全世界各国各方都在两面作战的大混战，可贵的是共产党：只坚持抗战这一个方向。民国二十九年（1940年）8—12月，八路军"百团大战"，毙伤日军2万余人、伪军5000余人，俘日军280余人、伪军1.8万余人。国防研究院的统计数据中显示，共产党的军队包括地方游击队也不过只有50万人，却抗击着日军21个师团35万人和62万伪军，这是侵华日军的60%和90%以上的伪军啊[1]。"

周："你的见解很精辟。"

韩："今天来见老师，就是想对老师表明心迹，我赞成共产党的立场。我看得清楚，战后必打内战。与其那时无所适从，不如现在，趁国共关系

---

[1]见《中国军事史大事记》第755页、《解放日报》1943年8月24日《国共两党抗战成绩比较》《中国共产党抗击的全部伪军概况》。

暂时缓和的时机，到延安去。”

听他说到这里，周缓缓站起身：“谢谢你对我党的信任。但是，抗战不是一个党、一个派的事，要靠全国各党、各派、各界民众团结起来，共同对敌。延安、共产党，固然是坚持抗战的中坚力量；但在重庆、桂林、全国的各个战区和各个战场，也都需要像你这样忠心卫国的战将啊。你在这里，无论是参与战场指挥，还是研究国防战略，只要永远保持北伐的革命精神，一样能够为国为民做出贡献嘛。况且，蒋委员长和我党之间的谈判正在恢复当中，尽管我本人非常赞赏你的见解，也非常理解你做出这样的选择绝非一时冲动，但是我仍然不赞成你去延安。你想，在这个时候你去了延安，蒋委员长和李、白两公不是要怪我，怪我周恩来挖他们的墙脚吗？”

韩站起身：“我说的都是肺腑之言。”

周：“我完全理解你的心情，你对《救亡日报》、对桂林八路军办事处的帮助，我们都一直记在心上。”

韩：“看来老师是不愿接受我了？”

周：“也请韩参谋长以大局为重！”

韩有些失望：“既然老师说到这个份上，我也就只好忍耐下去。但请老师放心，凡是对抗战、对国家、对民族有利的事我都会继续做下去的，需要我做什么，只管吩咐。”

见他要告辞，周敲了敲板墙，一个便装青年悄然出现在门边，见周示意，又悄然离去，周：“等一等，让他们看看外面环境你再走。”

韩：“谢谢老师。”

周突然凝神，似乎在努力回忆什么：“韩参谋长，你是桂系将领，刚才你说在西北军为焕公（冯玉祥）解围，是怎么回事？”

韩笑了：“我本来就是焕公的老基本嘛！”

周：“那么，‘四一二’政变前后，你在哪里？”

韩：“在西北军呀！”

周：“那——有一位，也姓韩，叫韩圭璋的人，你认识吗？”

韩大惊：“韩圭璋？！”一时语塞。

周见状，急切地追问：“嗯？”

韩："我就是韩圭璋啊！"

便装青年无声地出现在门边，周并未转身，只轻轻摆了摆手，那青年又无声退出。

韩："你怎么知道'韩圭璋'的？"

周伸出双手紧紧握住韩的手："练成同志！刘志丹同志早就说起过你。"

韩："刘主任？他现在好吗？"

周："他牺牲已经6年了。"

两人紧紧握着手，流下泪来。周拉韩再次坐下，韩简要叙述了和刘志丹分手以后的情况。周："哦，你的经历很丰富啊。你的组织关系呢？"

韩："'四一二'以前，在豫东白沙打了一场恶仗之后，我去找刘主任给我指定的入党联系人，是五十六团一个姓吴的政治员，这人我不熟悉，名字，也一时记不起来了，听说他因病没能随军东进，清共以后，就再也没见过他。"

周："难怪志丹同志也说不清。"

韩无可奈何地说："那时我没来得及加入党的组织，现在……"

周打断他的话头："现在，是你主动来找党！这些年，你已经取得了国民党最高统治集团和好几个不同派系的信任，你还仍然能来找党！练成同志，欢迎你归队呀！"

韩："有老师这句话，我想我跟共产党走这条路还是走对了。"

周点点头，略一沉思："刚才我说过：你在这里能起更大的作用，对友军韩参谋长是这样，对韩练成同志就更希望是这样。目前，党中央在国统区的工作实行'长期埋伏、积蓄力量、等待时机'的方针，你留在这里，就不要再和党的其他组织、其他同志建立横的联系了。我一直要求大家，善于使上层工作和下层工作相配合，公开工作和秘密工作相配合，公开宣传和秘密宣传相配合，党外联系和党内联系相配合——但配合不是暴露。对你这样特殊身份的同志来讲：生存就是胜利。"

韩认真地思索着。

周："可惜克农回延安了①——你们不是一直有联系吗？"

①1941年1月20日，桂林八路军办事处撤销，李克农返回延安。

韩笑了："我们是友军嘛。"

周："听克农讲，你对夏衍、范长江他们也很照顾？"

韩："他们在广西，在我的地盘办报、搞文化，我总得尽地主之谊吧。"

周："不过，从今以后你要少一些和他们接触。"见韩不解，周提醒道："他们的工作是宣传大众，是党的公开活动；你，身居要津，又能得到蒋、冯、李、白这些派系的信任，就要争取在战役、战略的层面上为党起作用，许多事要靠你独立去做，完全独立地去做。有时候，一支铅笔可以胜过百万大军哪。但是，'谋，成于密，败于泄'，你要马上中断所有横的联系。"

韩："我明白了。"

周："我会尽快派人和你联系的，你和克农怎么称呼？"

韩："正式场合我叫他李处长、李主任；私下里，我叫他蛮兄①。"

韩："我们约定，他是'桂林的李经理、蛮先生'，他也随着士观的口气叫我'七哥'。"

周恩来本来就被人称为"七哥"，他笑了："你也叫七哥？真巧了。我的人来，会说是'胡公'派来找七哥的。"

从此，韩与党的同志确定了关系，开始了在周恩来直接领导下的秘密工作。韩严格遵照周恩来的指示，从整体战略高度、以人民解放事业的大战略为目标，直接参与制定或影响国民党的既定战略。除了周或周本人指定的王若飞、董必武、李克农、潘汉年之外，绝不接触党的地下组织及党领导下的各种武装力量。

韩的夫人汪萍从这个时期开始，全力支持韩练成，多次从经济、物资、住宿、交通等方面帮助李克农、潘汉年和他们介绍来寻求帮助的同志、朋友，被李克农誉为"后勤部长"。

在五战区时，开始跟随韩的副官邢松全是一个进步青年，对韩忠心不二，韩很信任他，与"胡公"手下人的接头、联络都交他一个人办理。凡是"桂林的李经理、蛮先生"请韩协助的事，也全是由他出面处理的。

在国防研究院的一年多时间里，韩练成撰写过《动员学》《论国防教育》

---

①李克农，字曼梓，韩戏称李"蛮子"，再往下变成"蛮兄"了。

周恩来子侄周秉德（前右二）、周秉宜（前左一）、周秉华（前右一）、周秉和（后左三）周秉建（后左二）2008年在北京和韩兢（前左二）、孔汀宁（后右三）、韩蓄璠（后右二）一起

等论文，逐步形成了多军兵种合成作战、军训、军制等国防战略层面上的思维体系。

此间，和陆军大学时的教官郭汝瑰、原东北军的吕文贞交往甚密。郭、吕生活清苦，韩却有大把经费，经常请他们和夫人一起到第十六集团军重庆办事处的招待所搭伙吃饭。用韩的话说："我那里是三山五岳，群贤济济，谈笑有鸿儒，往来有大兵。"

吕曾留学日本，又精通俄文，在三人的一次深谈中，吕曾提出战后盟友问题："我主张以苏为主，美英次之。"

韩："战后盟友？倒是个好题目，不过以苏为主？会不会让人感到你亲苏、亲共啊？"

吕："学术探讨有什么亲谁不亲谁的？"

郭："我看亲共也比亲日好，孙科孙大公子有个提案说，战后，日本准将以上军官，全部处死，彻底解除日本的工业武装，我就赞成！"

韩："孙院长的这个提法是不是太绝对了一些？敌人是敌人，我们军人总还是讲忠恕之道的。再说，日本的武士道……"

吕："武士道？你以为日本的武士道精神，就是咱们老祖宗讲的武德？"

韩不解："唔？有什么不同？"

吕："太不同啦！日本的武士道并不讲忠、恕，为了取胜，他们可以在兵器上施毒，胜者可以随意处置败者，败者可以毫无尊严地屈从胜者。九一八事变、七七事变，我都是亲身经历者，发展到今天，日军的作战早已不是政治行为的延续，而是对交战国一切生灵的屠杀！"

郭："盟友的问题，不管战时战后，亲不亲共，暂且不谈；亲苏亲美，可以作为策略；但是亲日，万万不能！"

韩："两位是谈学术还是谈政治立场？"

吕："如果不能广开言路，怎么研究国防问题？"

韩："可这里毕竟是国民政府办的研究院嘛。"

郭对吕："我说你秀才造反，你却说我大秀才，这下你看，还有大大秀才在这里吧？"

韩："学术研究和秀才造反有什么关系？"

吕："汝瑰兄提议，以咱们三人为主，搞个小组，从研究入手，发展到可以作一些有意义的事情。"

郭："你干不干？"

在郭、吕的注视中，韩："那要看我对于自己的身份的定位了。"

吕："定什么位？"

韩："如果我的身份未定，我无法决定我干什么、不干什么。"

吕："不妨直言。"

韩："目前，我们大家名为研究员，但我们今后的去向到底是做学者、做幕僚，还是做主官？谁都说不准。"

吕："不管做什么，事总得有人干吧？"

郭："练成兄的想法有道理，继续讲。"

韩："如果今后我做学者，我必然要选择一个极热门或极冷僻的课题，创建一种学说，直至发展成为一个由我独创的学派；如果做幕僚，我必须根据我的主官的意愿，辅助他实现他的目标；如果做主官，我会投入55%

精力，把本职以内的权限做到极大值，用其余 45% 的精力储备晋升上一级主官的能力和能量。目前，我只是为这三种可能的前景做储备。对这个政治性敏感而又需要更广泛专业知识的课题，尚觉力不从心。"

吕："这么说，你不干？"

郭："干不干再议，我想听听练成兄对自己今后身份的预期？"

韩："我只有'预'测，没有'期'望。虽然我住过陆大、国防研究院，我想我还是没有做学者的可能，毕竟行伍出身嘛，功力不足；但是，做幕僚、做主官倒是稳的。"

郭："那，我们的课题呢？"

韩："我说，咱是本分的军人，政治那一块，我看咱少掺和。再说，搞这种粉不粉、绿不绿的小团体，两位老兄：要掉脑袋的！"

侍从室高参

1943 年 5 月，韩练成从国防研究院毕业，被蒋介石调入国民党军事委员会委员长侍从室担任高级参谋，韩同时也担任参谋总长办公室参谋组长。对于这次调动，韩完全没有预感，也完全没有准备。在他以往的思维体系中，从来都没有进入"大内"的感觉。

侍从室不设主任，设三个处，俗称侍一处、侍二处、侍三处，三个处的主任直接对蒋介石负责。当时的侍一处主任是韩在第十六集团军时认识的桂林行营参谋长林蔚（上将）、副主任兼侍卫长是黄埔一期生俞济时（中将），侍二处主任是陈布雷，侍三处主任是韩在江苏时认识的陈果夫。

侍一处主掌军事，侍二处掌政治、党务，侍三处掌人事；处以下各设三个组，依次称侍一组、侍二组……侍九组。其中，以主管军事参谋业务的侍二组和主管政治、党务的侍四组综管军政机要，是侍从室的核心。

韩在侍从室侍二组、总长办公室两处都有单独的办公室，当时的参谋总长是何应钦，他对韩不近不远，工作内容也不多，韩在侍从室的时间反而比在总长办公室长。

由于中原大战救蒋有功、军衔较高，又在参谋总长办公室担任参谋组长等因素，韩在侍从室内的地位比一般的参谋要高一些，也被人称为"组长"。

蒋曾亲自介绍蒋经国、蒋纬国与韩认识，他们称韩为"师兄"，韩自然而然地成为蒋介石的亲信将领，和俞济时等人之间互相直呼"字"而不加职位：韩称俞"良桢"或"良桢兄"，俞称韩"练成"或"练成兄"。

韩的工作范围不涉及外交，但与美国将军史迪威、陈纳德和苏联武官崔可夫等外军将领也有过交往。

在联络方面，蒋要韩继续保持与白崇禧、冯玉祥、周恩来等人的联系。因此，韩到任不久，便得以公开到八路军办事处拜望周恩来："我是奉委员长之命，拜拜四方，联络联络感情。"

周笑了："我说你，怎么大摇大摆地来了？"

当时是 5 月底，韩："共产国际解散，对国内形势有没有不利影响？"

周："不会有太大影响。共产国际执委会主席团是考虑到各国的不同情况，需要各国共产党独立处理各自国家的问题，提出了解散共产国际的建议，党中央已经表示同意。因为很久以来，中国共产党一直是独立自主地根据中国的国情决定党的方针、政策，只不过又要面对一次新的反共高潮就是了，你也要提高警惕。"

韩："我会注意的。老师请焕公、德公出面处理迎救、保护阮爱国先生（胡志明）的工作已经安排了。还有什么事要办，以我现在的身份，比原来更方便一些。"

周："小事不找你。我准备离开重庆一段时间，回延安去，如果有急事的话，董老会派人跟你联系的。"

除了日常事务之外，韩练成在侍从室参与了《全军整训制度》《陆军各部队改进大纲规定》的制定及《拱卫陪都作战计划》的补充修订。

整训的依据是《国防军整理总方案》《整训制度》《改进大纲》。从1939年1月开始实施，至1940年12月底，已整编并整训98个军共255个师。按照最新编制，每一个军装备步骑枪7900支、轻机枪516挺、重机枪162

挺、迫击炮 68 门、战车炮 12 门、野山炮 36 门，比日军一个师团的装备标准还要略高一些。日军师团步骑枪 7686 支、轻机枪 294 挺、重机枪 100 挺、步兵炮 24 门、联队炮 16 门、野山炮 36 门。到 1944 年底，完成整理的陆军共有 124 个军、354 个师、31 个旅、112 个团、15 个营。

整编、整训的目的是"改善官兵生活、健全兵役行政、加强装备训练、统一领导指挥、增强作战力量"，韩对强国、强军不遗余力，在此类工作中投入的心力较大。

在整训中，蒋介石对个别部队高级军官徇私舞弊、中级指挥员战斗意志松懈、士兵纪律败坏等等腐败现象重责不贷，时有黄埔、陆大的校友撞上了枪口，求韩为之缓颊，韩虽管得了军务、军制，管不了军法，但仍尽力协助，因之，在大批黄埔将领中也建立起了牢固的关系。

在侍从室一年期间，韩印象最深的、与蒋介石夫妇有关的有两件事。

其一，在 1943 年 11 月 23 日开罗会议之后的某一天，蒋介石叫人把韩练成喊来，侍卫长俞济时站在一旁。桌上摆着蒋介石、罗斯福、丘吉尔、宋美龄的近照。

蒋从桌上拿起一份"呈阅"件，扔过来："练成，这个件，是你鉴呈的吧？只要他不去南京，老老实实地待在重庆，做点生意、赌赌钱、吃吃花酒有什么关系？对你，对你们，我要求你们忠诚、廉

蒋介石、罗斯福、丘吉尔、宋美龄在开罗会议期间

洁、有能力；对这些人，我只要他们服从，清廉不清廉，有没有能力，没有什么关系的。统计局报来的这些情况，知道就是了，查处什么？随他去，啊？"蒋说的是一个有声望的老军阀。

韩："是。校长，我明白了。"

蒋又扔过另一件："这一件，也是你鉴呈的？既然你认为没有什么道

理，为什么还要送来让我看？"

韩拿起翻了翻："这个考察组是何总长派到英国去的，考察报告是何总长关照过的一定要送委员长看的……"

蒋："敬之（何应钦）怎么搞的？派这些个没脑筋的人，去考察什么？"

韩："我早就说过嘛，拉一群牛去英国、去欧洲、去哪儿，转一圈回来，不还是一群牛？"

俞笑了起来："你呀！"

蒋也忍不住笑了："你这样目中无人，是从哪里学来的？拿去拿去，以后不要送这些东西来了。"

韩随俞出门，俞："一群牛？亏你想得出来！"

韩："我还没说一群猪呢。"

两人大笑中，俞："也就只有你……以后注意点，别太狂了。"

其二，也在那年冬天，是一个上午。韩练成正在自己的单人办公室内拟办文件，一中山装侍卫官轻声走进："韩高参，夫人请您来一下。"

韩不解，但马上跟出。

宋美龄已站在大门口："马上跟我出去参加一个会议。"说完扭身就要出门。

韩略一思索："平时跟夫人的参谋呢？"平时总是一位空军上校跟随宋美龄。

蒋介石和宋美龄

宋很不耐烦："他们都不在，不然我找你干什么？"

韩仍站在原地："是，夫人。不过，学生是跟校长的，校长还在办公，学生不能离开左右。"急令侍二组一位上校参谋陪夫人外出。

次日中午，韩陪蒋吃午饭，蒋似笑非笑地问："你怎么敢顶撞夫人呢？"

韩答："学生没有顶撞夫人，只不过昨天……"

蒋一摆手："好了好了，不用多说

了。夫人也并没有怪罪你。你在桂系当师长、集团军参谋长，狂一些、傲一些，没有关系。你是我的学生仔嘛，太谦恭了反而失身份；可在中央不行，别人会以你们的态度来揣测我的态度，礼仪、仪表，都很重要。这些，还用我说吗?"

1944 年 4 月中旬至 8 月中旬，平汉线、粤汉线先后被日军控制。

1944 年 7 月，不满两岁的女儿怀柳因病在重庆夭亡。这个胖嘟嘟的小姑娘，曾经被父母昵称为"美丽的小鸟"，谁知道，她还没能长到小哥哥那么大，居然也和两个哥哥一样，静静地飞到另一个世界去了。

7 月底，韩练成调出侍从室，升任第十六集团军副总司令兼参谋长，他把妻子留在重庆，又一次在丧子的悲痛中返回广西前线。

1944 年的汪萍、怀柳

广西，是韩练成夫妇永远不能摆脱的伤心之地!

桂柳会战

1944 年 8 月 26 日，日军成立第六方面军，由冈村宁次任司令官。29 日，以第十一军 6 个师团又 1 个混成旅，由衡阳沿铁路向湘桂边界推进。9 月 6 日，以第二十三军 2 个师又 1 个独立混成旅，由广东清远等地沿西江向广西梧州进攻，另一个独立混成旅由广东遂溪向广西容县进攻。10 日，第六方面军以打通桂越（南）公路为目标，以第十一军、第二十三军、第二飞行团（飞机约 150 架）和第二遣华舰队一部，共约 16 万人，在南方军一部配合下，向桂林、柳州进攻。

8月24日，国民政府军事委员会颁发《桂柳作战指导》，第四战区司令长官张发奎将所部及第七、第九战区转隶部队，即九个军、两个桂绥纵队、空军一部（飞机217架），共约20万人，在黔桂湘边区总司令部的三个军支持下，以分区防御抗击日军。

9月中旬，中国战区参谋长、美国陆军上将史迪威由重庆来到桂林，在第四战区司令部，与司令长官张发奎（上将）、夏威（四战区副司令长官兼第十六集团军总司令，上将）、韩练成、黎行恕等一起研究作战方案。

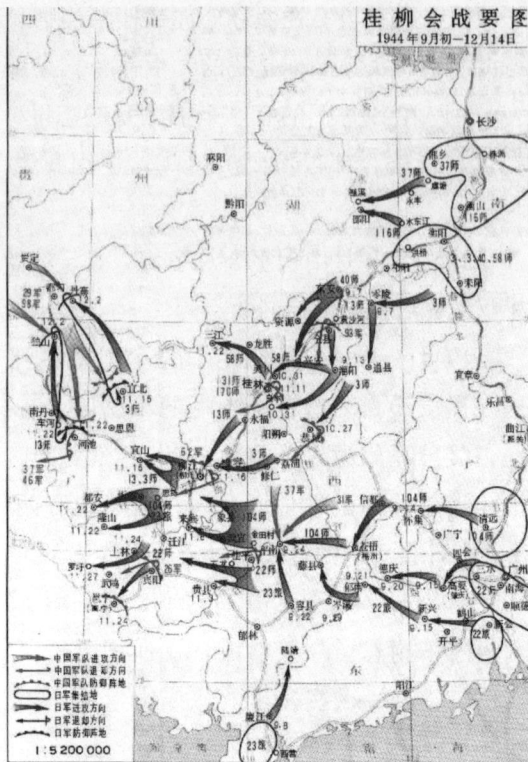

桂柳战役图

满脸皱纹的史迪威已61岁，身着军常服，对既定的"专守防卫"计划很不满意："如果外围部队仅仅是'为了减少不必要的损失'而撤离，那么，我敢肯定，桂林一定会像长沙和衡阳一样变成自己给自己设的老鼠夹子。我认为坚持桂林阵地防御的同时，还应该组织机动部队实施外围作战。"

"专守防卫"是国民政府军事委员会《桂柳作战指导》的既定方案。由第十六集团军为主力坚守桂柳3个月待援。但桂系的主帅、军委副参谋总长白崇禧和四战区副总司令夏威另有"机动作战"案。

张发奎没有直接回应："十六集团军的第二个方案和你的想法很相似。"

史转向韩："韩参谋长，你们也有这样的看法？"

韩："这是夏总司令提出的方案之一。"

史对夏、韩："我会向大元帅（指蒋）提出我的建议，同时也希望你们能把有攻击力的部队安排在外围机动作战。"

张："我们会按照委员长的命令部署的。"

会后，夏威问韩："你对史迪威怎么看？"

韩："是个好军人。但是他那个秉性，做主官可以，做参谋长不行。"

夏："听说罗斯福要老蒋任命他做中国战区总司令？"

史迪威在中国战场

韩："我看委员长一定会拒绝。"

夏："他敢得罪美国人？"

韩："为了他的权力，他敢。反倒是罗斯福，甚至包括丘吉尔、斯大林，在这个时候都不会得罪他。"

夏："你把你们的校长估计得太高了吧？"

韩："不，这是现实。这些大国，只要是想和一个统一的中国合作，靠中国拖住日本鬼子，就不会抛弃委员长；如果要瓜分中国，那才会——先干掉他！"

夏："英美？有可能。但是，那苏联，它不会扶植共产党吗？"

韩："我看苏联不会在乎国共两党谁掌权。反倒是中共，他们也是中国人，毛泽东、朱德、周恩来心里要的也是全中国，他们也不会听命于洋人。老总你想，假设哪个大国，拿分裂国土做条件让咱们反蒋，李、白两公和你，干吗？"

夏："有道理。我们说得离了题，和史迪威比，你觉得陈纳德怎么样？"

韩："各有所长。史迪威是典型的军人，是将才，手下用的也都是精兵，那几个助理、参谋，不是中国通就是日本通。史迪威这个人也有气魄，连共产党的部队他都愿意接纳，还坚持要美方平行援助中国所有派系的军队，让委员长平等对待八路军、新四军……"

夏："你是说，罗斯福给老蒋派来了一个亲共的美国将军？"

韩摇摇头："他绝不是亲共，他只是一名宣了誓、要维护美国利益的美国军官，他的所作所为，都是以美国的根本利益为前提的。陈纳德和他相比，就很难说，江湖气很重。他的航空队也和他一样，胆子大，技术好，不怕死，可那种劲头不是由责任、纪律养成的，倒像是一种追求刺激的冒险，有点像美国西部牛仔？或者干脆就是美国的空中牛仔——我还说不准。不过煦公，平心而论，日军'一号作战'，在地面上占了便宜；在空中，它顶多是和咱打了个平手，苏联空军、美国空军、咱自己的空军，作用是明显的，如果咱们这次内线外线、地上空中，协同得好，机动作战，打3个月应该没问题。"

夏："机动作战固然有利，要看部队有没有攻击能力；专守防卫稳妥一些，可也得靠足够的弹药和坚固的工事；对这两种方案所依仗的军力，其实我都没有十分的把握，就看军委怎么定吧。"

10月中旬，史迪威再次来到柳州，和白崇禧、张发奎等将领研究桂柳作战的部署。

史对白、张说："大元帅采纳了我的机动作战方案。但是很遗憾，我很快就要调回美国，这次战役的结果我看不到了。"

对于即将开打的桂林防守战，第四战区众将意见不一，白崇禧、夏威主张机动作战，由韩制订作战方案；由于史迪威、白崇禧的坚持，张发奎没有提出反对；而多数被赋予"防守"任务的将领很不满。

西江方面军总司令邓龙光（中将）："我的正面是日军第二十三军独立混成旅团，压力很大，我自己不组织反攻，不夺回蒙圩、桂平，谁帮我？"

第十六集团军副总司令兼桂林城防司令韦云淞（中将）对夏威大发牢骚："四个师守桂林都没把握，夏老总啊，你们还跟这美国佬一起搞什么机动作战？能机动的都跑掉了，只给我两个师，怎么守？妈的，打死算了。"

韦说的"四个师"是专守防卫案：以桂系第三十一、四十六军的第一三一（师长阚维雍）、一七〇（师长许高阳）、一七五（师长甘成城是夏威的姨甥）、一八八（师长海竞强是白崇禧的外甥）四个师防守桂林；"两个师"是机动作战案：调一七五、一八八两师外围作战，留一三一、一七

○师配属一个炮兵团、一个高炮营守备。

主张机动作战的韩在战役一开始就进入了第九十三军作战第一线，该军原军长陈牧农（黄埔一期）因临阵脱逃刚刚被枪决，由第十六集团军副总司令甘丽初（中将，黄埔一期）兼任军长，甘向韩电话求援："全军阵地被日军炮火打得抬不起头来，士气低落。"韩知这支部队重新组建不久，作战能力低下，马上带着六七个随员（其一美军上尉）直奔桂林以北90公里大溶江。在第九十三军堑壕里的急进中，日军炮火袭来，硝烟中一随员中弹，美军上尉也滚落在坑道中。韩命一随员留下，把他们两个都送回去，自己率其余随员在炮火中继续前行。

钻进第九十三军指挥所碉堡时，甘丽初迎上："参谋长来了！"

韩指着一上尉："这是和盟军侦察机联络的通讯参谋，叫你的炮兵参谋来，让他们去指挥炮火压制吧！"

甘："美军的联络参谋呢？"

韩："那个小伙子怕炮，我叫人把他送回去了。"

国军炮火在美军侦察机的指引下调整，日军炮阵地遭到了准确轰击，步兵的火力点也被准确的炮火一一摧毁，日军由攻击转为隐蔽、退却。

虽然第九十三军战场上取得了一定时段的主动权，其他机动作战的部队却没有得到多少战果。

战前，韩坚信：无论是"专守防卫"还是"机动作战"，只要全力作战，一定会坚持打到3个月，即便不胜也不会让日军占太大的便宜。但在实战中，韩痛心地看到他崇

中国人民政治协商会议广西壮族自治区委员会稿纸

韩兢同志：

大函诵悉。我和先令尊相识，大概是1943年，他以国民党16集团军参谋长兼该军教导训练班教育长，此训下级军官和班长，地点在宜山县。桂林防守我未参加，大溶江附近防御战之国民党93军，得到练成兄协助，使美军飞机向日军炮兵投弹轰炸起了作用，这是事实，但非亲见。尚复不一，兼祝新年快乐！

冯璜于南宁

$12 \times 15 = 180$　　　第　页

1992年1月17日

桂系将领冯璜1992年致韩兢信

083

敬的健公并没有真的把自己精锐的第十六集团军投入作战,一七五、一八八两个实力较强的部队并没有勇猛地去"机动作战",而是像友军所说,"机动"得避实就虚,"机动"到不战而退。韩深深体会到,最高统帅和战场指挥官在战役部署中为"保存本部实力"而斗法,对全局、对士气的腐蚀甚至比敌方的坦克、大炮更具杀伤力。

1944 年 11 月,桂林、柳州陷落。至 12 月中旬,由柳州、北海、越南三面进攻的日军会合思乐,完成了打通大陆交通线的战略任务。

升任军长

1945 年 2 月,蒋介石乘"桂柳会战"失利、追究责任之机,下令撤销了第四战区、第十六集团军(桂系)、第三十五集团军、第三十一军(桂系)、第三十七军番号,撤换了包括夏威在内 11 名将级军官的职务。

春节期间,吕文贞夫妇俩带子女来韩宅(重庆)拜访,当时吕正在侍从室任参谋(少将)。

吕:"去年一年,豫中、长衡、桂柳次次会战次次失利,委员长要对指挥机构、部队建制做大的调整,编成 106 个军共 319 个师,另加 22 个独立旅①。第十六集团军撤销,对你来讲,并不是坏事。"

韩知道,自己曾在陆军官校六分校(桂林分校)第十六期当过教育长,现已内定新疆九分校教育长,估计春节之后就该到任了。

侍从室高参吕文贞

①重庆《中央日报》1945 年 3 月 1 日公布。

吕却说出了一个秘密："你快有当军长的机会了。"

韩："愿闻其详。"

吕："就在前几天，我去委员长办公室，他正在写什么。还没等我向他做汇报，夫人来了。我刚要退出，夫人好像不经意看到委员长写的内容，又仔细看了看，指指：'韩练成？韩练成能当军长？那么粗野的，能当军长？'我慢了一步，多听了几句。委员长说：'能，怎么不能？他有脑筋，又忠心，怎么粗野？粗野又算什么？哦，他顶撞过你，我已经训诫过他了嘛。再说，他连你都敢顶，这样忠心的人不用？我用谁？'"

那一天，吕还谈到了一些涉及共产党的"大内"机密："史迪威被撤回之前，曾有美军观察组去延安、晋察冀、晋绥几个共产党根据地考察，组长是包瑞德上校。考察报告是给他们美方高层的，仅从给我们的简本来看，且不说内容，光凭感觉，那些美国人全被共产党给洗了脑，全赤化了。"

韩："美军观察组的主要观点是什么？"

吕："他们一字不落地用了叶剑英在1944年6月22日延安中外记者招待会的数据：中共领导的武装力量抗击了侵华日军的64%和伪军的95%，在敌后创建了共有1亿人口的15个抗日民主根据地。这就等于告诉罗斯福和美国国内的决策者们，在中国战场上，共产党是一支

叶剑英（中）和美军观察组

不能假装看不见的抗日力量！委员长对他们这种'公正态度'真是烦透了！不把他们赶走，委员长咽不下这口气呀！"

几天后，蒋介石在办公室召见韩练成、宋希濂（中将），蒋："你们两位，都是我的学生仔。前几天决定的任命要做一些调整。"他指指韩："新疆九分校，你就不要去了，改由荫国（宋希濂的字）担任九分校教育

长。你尽快把去新疆的计划交给荫国接手。准备一下，马上再回广西去。"

韩、宋起立："是，校长。"

蒋："第四十六军，是桂系主力之一，李、白抓得很紧。我已经同意扩编，并且补充装备给它，还本来准备派甘丽初去当军长，他们不表态，前几天突然另外提出两个人选，一个是冯璜，另一个就是你。"指韩，"要我考虑。李德邻、白健生，哼，还想拥兵自重？我要你，去四十六军，当军长！练成啊，你要给我把这个军牢牢抓在手里！"

次日，韩去拜望白崇禧，白："老蒋再精，还是没能得手！他别以为凡是广西人我就能放心，他提出的那个甘丽初，早就向他靠过去了！我们让你来当四十六军军长，你回去给我们看好家，只要这四个军的军长都是自己人，我们就有本钱和他斗！"

韩深知，从此他将在蒋、桂两系之间走钢丝了。

当时的桂系，有第七军，军部位于安徽六安，军长徐启明，辖第一七一（驻安徽巢县）、一七二（驻安徽合肥）、一七三师（驻安徽六安）；第四十八军，军部位于安徽岳西，军长苏祖馨，辖第一三八（驻安徽金寨）、一七六师（驻安徽桐城）；第八十四军，军部位于湖北罗田，军长张光玮，辖第一七四（驻湖北平湖）、一八九师（驻河南经扶）；这三个军隶属于第十战区的第二十一集团军，总司令由战区司令长官李品仙兼任。

韩练成将要去的第四十六军，军部位于广西玉林，原军长黎行恕调离，参谋长杨赞谟（少将），副参谋长郭鉴淮（少将）；辖一七五师，师长甘成城（少将），驻广西玉林；一八八师，师长海竞强（少将），驻广西玉林；新十九师，师长蒋雄（少将），驻广西都安。

1945 年 3 月，第四十六军编入第二方面军（司令官张发奎，副司令官夏威、邓龙光）。韩还没有接到正式任命，由于白崇禧的催促，韩提前到任，即命参谋长、各师师长全力整训；命参谋长妥善安置伤残将士，对阵亡将士逐一造册祭奠、抚恤家属；命副参谋长抓紧在省内组织兵源；自己则直奔昆明，向陆军总司令何应钦要编制、要装备。

总司令何应钦（上将）："扩编？扩编计划里没有四十六军；美军装备，暂时也还不能配备给四十六军。你的军长还没有发表，何必代人作嫁？在编制问题上，委员长坚持在改编中缩编，我是主扩派。你这个委员长的好学生，怎么反而跟我走？"

韩："总司令的'扩'和委员长的'缩'，光看表面、看现象，好像是对立的；实质却一样，都是为了精兵强军。我来请求总司令扩编四十六军，就是要在我的手里掌握着一支真正有战力的钢军！"

求何未果，韩转向重庆上清寺德安里——侍从室第一处第二组，侍从参谋吕文贞："何总长对桂系一直有戒心，我看他不会同意四十六军扩编，装备倒会少给一些。"

韩："这我不担心，我会直接向委员长要。"

吕提醒："你在委员长面前别太冲了——雅尔塔会议之后，驻英国军事代表团传回来的情报[1]称：英美苏秘密签订了有关中国的一个协约，委员长近来心情很坏。"

韩不解："不是涉及我们的协议吗？委员长怎么会不知道？"

吕："如果涉及我国主权呢？"

韩："有这种可能？"

吕："据说是有关外蒙古现状、苏联在东北的利益、租用旅大军港等。"

韩："情报可靠吗？"

吕："但愿是误传。想不到盟国也会这样对待我们！甚至苏联，都对我们有领土要求！总不能又是一个新的不平等条约吧？"

想起当年在国防研究院，韩、郭、吕三人讨论"战后盟友"时，大家对社会主义苏联的信任，看到今日帝国主义列强（包括苏联在内）对我国的欺辱，韩、吕深感"国弱无外交"。

虽然如此，他们对前途并不悲观，他们知道，现在已是抗战的第八个年头，战争仍在进行，社会一般民众生活已艰苦之极，但军民上下一心，没有出现厌战思潮，社会秩序也大体稳定。在全国军民心里，只有一个"抗战到底"的想法，不管"到底"的路有多难、有多远，也要走下去。

全国军民凭着"抗战必胜，建国必成"的伟大期望，激励着贫弱的中国人无穷的潜力、无比的忍耐，强韧坚定的民族性格发挥到最高峰。

美军已在西南太平洋向日本逐岛进击，已逼近日本本土；国军已经完

---

①这个情报是桂永清、郭汝瑰直接向蒋介石报告的。

成第一批新军整训，第二批 36 个师，正待整训。日军达到了"攻势顶点"，而我们也到了"战略攻防转换线"。

1945 年 4 月，日本第二十军自湖南宝庆（邵阳）西进，企图夺取我芷江的空军基地。这是日军的最后一次攻势会战，遭遇到了比它战斗力强大的国军，日军惨败。

吕文贞和另一位河北籍的侍从参谋刘本厚已经被蒋介石内定派往一个新的、远在敌人占领区之内的河北、热河、山东的"反攻战区"——第十一战区。以河北籍名将孙连仲为战区司令长官，吕为副参谋长兼作战处长（没有参谋长），刘为军务处长，预定配五个军，攻略华北三省，收复失地。

1945 年 4 月，日军为在东北、华北抗击苏军、美军，准备把华南的部队向北方集中，何应钦命第二、第三方面军乘日军撤离湘桂沿线兵力之际，发起桂柳追击战。

5 月 25 日，韩在职上得到任命，率第四十六军反攻。5 月 30 日，攻克宾阳。6 月 1 日，攻克迁江。6 月 29 日，与第二十九军配合攻克柳州。6 月 30 日，第二方面军兵分两路：第六十四军打龙州、凭祥，第四十六军打廉江、雷州半岛。7 月以后，连续攻克镇南关、雷州半岛，打下廉江，士气大振。

当时的第四十六军，和所有的桂系部队一样，高唱着同一首军歌：

韩练成（左一）指挥第四十六军反攻

谁能捍卫我国家？唯我广西国军。谁能复兴我民族？唯我广西国军。我们有强壮的身体，我们有热烈的肝胆，我们要保护民众四万万，我们要巩固国防守边关。我们不会咬文嚼字，我们只会流血流汗。我们不会哀求讨好，我们只会苦干硬干。流血流汗才是英雄，苦干硬干才是好汉。快奋起，同志们莫长吁短叹，救亡救乱，任重如山。快努力，同志们莫偷闲苟安，强国强种，唯我广西国军！

在军歌声中的一次行进中，韩一时技痒，非要试着开军直战车队配备不久的英国造维克斯水陆两栖坦克过河不可，该车种 1933 年从英国购入第一批，车重 3.5 吨，乘员 2 人，7.9 毫米机枪一挺。配属第四十六军的这 10 辆，刚刚到手就坏了一辆。

有部下极力反对："军长，您连汽车都开不好，开什么坦克啊？"

韩不听，军直战车队长（上校）："有我和军长一起，放心吧。"

第一辆下水，顺利渡河。韩在第二辆坦克内驾车，战车队长把头探出在炮塔外指挥，坦克慢慢地下了水，突然，炮头一低，战车队长大喊："坏了！"话音未落，连车带人已沉下水里，没了踪迹。

岸边大乱，已有士兵、卫士脱衣、不脱衣地跳进河里。

韩被灌进车内的浑水蒙蔽了视线，伸手乱摸，被人拉起，拉出炮塔，拉出水面。又一辆坦克就这么报销了，新十九师师长蒋雄责怪战车队长："不是你说的没问题？差一点要了军长的命！"

韩："算了算了，文甫兄（蒋雄的字），算我的不是。幸亏他手快，把我拉了上来，不然我让这样非战斗减了员，死了不算，死得还很难看。"

收复海南岛

1945 年 8 月 15 日，日本天皇裕仁以广播《终战诏书》的形式，宣布无条件投降。

根据 1973 年日本政府公布的战时数字显示，日军侵华以及太平洋战争，共动员 730 万兵力，死亡官兵 230 万人、海外平民死 30 万人、本土平民约 50 万人死亡，伤者不计其数。向中国投降的日军有 128 万人，其中 105 万是日本"中国派遣军"，其余为驻台湾、香港及印支北部的日军。缴交的主要武器包括：步枪约 68.6 万支、机枪 2.98 万挺、大炮 1.25 万门、战车 383 辆、各种飞机 1068 架、炸弹 6000 吨、主要舰艇 1400 艘，共计 5.46 万吨。

在中国战场的八年抗战中，中国军队在正面战场歼灭日军 53 万人，在敌后战场歼灭日军 52.6 万人。

而中国，则付出了 2100 万军民死亡的惨痛代价！

1945 年 8 月 28 日，毛泽东、周恩来、王若飞由张治中、赫尔利陪同，从延安飞抵重庆。29 日，国共两党代表开始和谈。

韩练成在心底希望双方能谈出一个和平建国的好开端，但他同时又有一种明确的预感：内战不可避免。他已经为自己设定了唯一的方向：尽一切可能，减少或降低内战给人民造成的损害。

按照盟军最高统帅部关于受降区的规定，中国战区除东三省由苏军受降外，共划分为 15 个受降区，韩练成的部队隶属第二方面军，受降主官张发奎，受降广州、

张发奎

香港、雷州半岛及海南岛地区，日军投降代表田中久一。

1945 年 9 月下旬，韩练成率部渡过琼州海峡，以国军第四十六军军长身份兼任海南岛防卫司令官、"行政院"接收委员会主任委员等职，集海南党政军权于一身，接受日军投降。

去海南之前，韩练成接到了来自三个方面的指示：

一、蒋介石："你去海南，一是受降，二是'剿共'。你在那里，不仅仅是一军之长，还是当地的最高行政长官，要多动脑筋。三分军事，七分政治，一切要靠你独断处理。也让我看看你，有没有做封疆大吏的本事。"

二、张发奎："要趁共产党还没来得及把琼崖游击队的存在提到和谈的议事日程之前，就用狮子搏兔的力量，在一夜之间，把它消灭在这个孤岛上！"

三、周恩来的亲笔信："现在只能运用你个人的影响和你手中的权力，在无损大计的前提下，尽可能保护琼崖党组织的安全，并使游击队不受损失或少受损失。注意！从实际出发，能做多少，做多少，由你酌定。"

传信的副官邢松全（少校）报告："胡公手下说，琼崖游击队有一个从延安来的，叫庄田的人，如果找到他，您就可以明说和胡公的关系。"

从立场上讲，蒋介石和张发奎是同一的，但张只是一个地方长官，关心的也只是局部的、单一方向的事务，比如"剿共"；而蒋却不同，他注重的是战后中国的大势，在韩顺势率领桂系部队接收海南的时刻，他想得更远，他希望韩练成能够有独立统御海南的能力，这样，看来是桂系占领的地区，统治权却直接掌握在他自己手里。

韩十分清醒地知道，如果他按照张发奎的命令去"剿共"，按照蒋介石的指示去学做封疆大吏，他一定会向国民党的统治高层迈进一大步。但此时的他，已经心怀异志，他不仅不想继续往上爬，甚至连一丝犹豫都没有，毅然决定执行周恩来的指示。

在他的选择中，已经牢固地建立起理想取向的思维模式，完全放弃了利益取向。然而，究竟要怎样做，才能两全呢？他心中有数：只要做好"受降"这一出戏，"剿共"方面的漏洞可以用"三分军事，七分政治"去搪塞。

顺利受降

对于受降，韩遇到的阻力不大。

侵华战争时期的日本海军，分为"外战部队"和"内战部队"。"外战部队"是游弋于外海作战的舰艇部队，含第一至第九舰队、第一至第十四航空舰队和支那方面、中部太平洋方面等6个方面舰队，共39个作战单位；"内战部队"驻守在港口和岛屿，含横须贺、吴、佐世保、舞鹤、大凑、镇海、旅顺、海南、马公、高雄、大阪11个警备府和竹敷要港部，共12个作战单位。

侵占海南的日军部队是日本海军海南警备府，指挥官是警备府司令长官伍贺启次郎海军中将。据传，伍贺是东乡平八郎海军大将的旁系后代，生于1889年4月10日，世袭"功三级"，毕业于日本海军官校第三十八期、海军大学二十期，历任参

1939年2月，日军侵占海南岛

谋、舰长、舰政本部第二部长等职；1939年2—4月，以支那方面舰队T作战部队司令官、第一基地队司令官身份参与"南昌作战"；1942年5月晋升海军中将；1944年11月被任命为海南警备府司令长官。

海南警备府原属支那方面舰队（司令长官是近藤信竹海军大将，辖第二遣华舰队、海南警备府两部）。1941年4月10日，海南日军指挥机关升格为海南警备府，其隶属关系脱离支那方面舰队，直属日军大本营，仍是

日本海军的内战部队之一。

日本投降后，在 9 月 10 日南京投降仪式的第二天，侵华日军各部队的指挥机关统一改为联络机构，负责解决战后问题。海南警备府司令部也同时改为"海南岛日本海军联络部"。

当时的海南警备府所属部队及机构有：海南警备府第二五四海军航空队、横须贺镇守府第四特别陆战队、舞鹤镇守府第一特别陆战队、佐世保镇守府第八特别陆战队、第十五警备队、第十六警备队、海南海军特务部、海南海军军需部、海南海军经理部、海南警备府临时军法会议、海南海军设施部、海南海军刑务所、海南海军运输部、第七海军军用邮政所、第八海军军用邮政所、海南海军医院、海南海军工作部 17 个单位。投降以后，陆续向琼州集中营集中的日本海军人员共有 43583 名。

简单地说，"受降、遣返"的目标是"人"，"接收"的目标是"物"。韩练成对在受降和接收过程中看到降敌的人和物，感触极深。

对敌方主官伍贺启次郎，韩一共接触过三四次。第一次是正式的受降仪式，伍贺签署投降文件、缴出象征指挥权的军刀，时间短暂；其余两三次都是伍贺"求见"，时间相对长一点。从伍贺口中，韩得知日本对海南的一贯态度，不管仗打到什么程度，即便是打败，也绝不会退出台湾和海南，而伍贺本人，极有可能成为第一任海南总督。伍贺的文化素养，给韩留下深刻印象，但他举止言谈中夸张的谦卑，又使韩想起吕文贞所说"战败的武士道"。

日军交出的军用物资更让韩心头一震。无论是枪炮、弹药，还是车船、营房、码头、仓库、被服，无一不是整整齐齐、干干净净，随时可以使用，就连旧枪都是擦净、上油、十支一捆，甚至旧的军用皮鞋也都经洗刷、缝补、十双一捆。

在这些"人"和"物"所隐藏和表现出的精神中，韩又明确地感到日军心中的"不服"。他郑重地告诫部下："看到了吧？这就是真正的敌人！人降心不降。"

军品之外的物资，本应由行政院派员接收，但敌伪产业处理局的人似乎只看见芝麻，忘了西瓜：见了鬼子酱油、鬼子酒当宝贝，把日本开发海南—南海的资料从库里拉出来堆在露天。

　　早在日军占领海南之前，日本已经利用各种机会对海南岛的矿产资源进行调查，并多方窃取海南有关资料。在入侵以前就出版印刷了许多海南岛资源材料。日本军部也掌握着海南岛的详细资料。占据海南之后，开始采取战时经济开发政策，其主要的执行和管理机构海南警备府特务部经济局，动员日本军部、海南海军特务部、台湾总督府、台湾帝大、东京帝大等各大学研究机构和参与岛内开发的各株式会社，纷纷派员，勘察各种资源。编写的矿产资源分布资料包含了金矿、银矿、铜矿、铁矿、锡矿、铅矿亚铅矿、硅石矿、石灰石矿、水晶石矿等各种矿藏的储量、品位以及详细到村级的分布地点。在占据海南的 6 年中，日本各大开发株式会社先后投入总额 6 亿日元的资本，兴建港口、铁路、公路、有线通信，掠夺性地开采并运回了 278 万吨铁矿石、93 吨水晶矿石、958 吨钨酸钙矿石；森林资源 5.3 万立方米林木中，被日寇采伐使用了 1.3 万立方米。

　　第四十六军有一个编制外的黄中岳上校，是从美国回来自愿参加抗战的机电工程师，与韩在四战区时认识，韩任军长之后主动跟来第四十六军，任职副官长，人称黄博士。是他首先发现大批资料被放置露天、日晒雨淋，他收拢了有十六七箱还算成册成套的资料，自告奋勇向韩要了 3 辆卡车和 1 个班的兵，亲自送到南京，交给行政院。也不知道他的苦心是否真的会得到南京那些"接收大员"的重视。

　　在黄博士的卡车上，还带去了伍贺收集的许多蝴蝶标本，是韩交代一定要送博物院的。

　　由于黄博士的启发，韩特别留意日寇留下的痕迹，他曾多次乘坐伍贺的那一架双座"三菱"水上侦察机飞到四处看看，面对日本对海南掠夺性开发的现状，他也不断地提醒自己，日本军国主义的侵略从精神上、经济上都给我们造成了无法抹去的巨大伤害，但是日本民族的许多优点却是我们应该正视和学习的。

　　11 月，开始遣返战俘；1946 年 4 月，全部遣返日本。伍贺启次郎被遣返日本后，曾在横滨被拘留了四五个月，1951 年 4 月 8 日病死。

　　1946 年 3 月，开始遣侨，日本侨民 5800 人，到 1949 年 4 月完成遣返。

保护琼纵

　　1945 年 10 月 10 日，国共重庆谈判达成协议。双方代表签署了《政府与中共代表会谈纪要》，史称"双十协定"。但是，在关于国民大会、军队国家化、解放区地方政权及停止武装冲突等问题上并未达成协议。

　　要在"剿共"中保护共产党领导的琼纵，韩练成面临两大难题。

　　其一，当时正是"三人小组"和平调处时期，在国内外政治形势的压力下，蒋介石还不能公然以武力去消灭共产党领导的抗日武装力量。但海南是一孤岛，琼崖党组织及共产党领导的琼崖纵队还没有被提到"三人小组"的议程上来。张发奎抓住这个机会，一方面在舆论界发表言论，不承认岛上有共产党；另一方面密令韩

1945 年，重庆，前排左起：赫尔利、蒋介石、毛泽东，后排左一：蒋经国

练成第四十六军加紧布置，在 1 个月内消灭琼纵！这是张发奎要抓的时间差。

　　其二，韩练成只知道琼纵的负责人叫冯白驹和一个从中央派来的长征干部庄田，但无法联系。

　　韩练成也有自己的时间差：他暂时借用张发奎"海南没有共产党"的说法，以"行政院特派海南区接收协调委员会主席""海南区受降司令官"的名义，强令广东省政府海口办事处主任蔡劲军（黄埔二期）把从日军手中劫到的琼纵被俘人员和资料交海口警备司令部处理（警备司令时为第四十六军副师长巢威），第一程序进行"甄别"，区分"共产党嫌疑分

子"和普通的抗日群众；但韩又在第二程序根据"三分军事，七分政治"的原则，把他们一律释放，并全部发放路费。在释放这批人员时，韩从中挑选了一个可能是县一级的干部，亲自和他谈话，亲手交他一封给冯白驹的公开信。信的主要内容是说：抗战已经打完了，要和平建国，必须恢复秩序，请贵方派人到海口来，商谈贵部所属游击队的改编问题。韩要他转告冯白驹，不要过分重视这封信的表面措辞，而是认真考虑派人出来的实际意义。但那位干部文化水平不高，语言也不通，是否能理解，韩心里没底。

冯白驹（琼崖纵队司令员）和琼纵其他领导人都认为韩是在使用"反革命的两手"，冯揣测："我们必须派人去谈判，如果不派人去，我们在政治上就会吃亏，好像他国民党要和平，我们不要和平；我们派人，去谈判！不是谈改编！我们决不接受他的改编！我们一定要派人去和他谈判，最好再能召开一个记者招待会，宣传自己，揭露敌人！"

1991年韩兢看望史丹

11月初，琼纵派出琼崖抗日公学校长史丹与韩谈判，韩以为那封转交给冯白驹的信起了作用。

在公开场合，当着第四十六军的部下，韩说："史校长，我不是要跟你们谈判。摆在贵军面前的有两条路：一是接受整编，不管是不是共产党，统统编入我四十六军序列；二是共产党要按'双十协定'的精神办，由贵党中央正式提出琼崖游击队是共产党领导的部队，那样，贵军的前途将由贵党中央决定。二者必择其一。请史校长回去，与贵方高层仔细研究我的建议，尽快答复。"

晚上，韩的住所，仅韩、史二人，韩："你们可以向党中央发电报问韩练成是什么人？"

韩提醒史丹："现在的形势不同于日据时期，国共两党已经开始谈判了嘛。我把汉奸詹松年的部队解决了，海南其他各路国军部队也都得看我的眼色行事。你想，你们是隐蔽力量、休整部队、等待时机好呢？还是破坏几段电话线，摸几个岗哨，把国军引去打你好呢？"

韩还告诉史："琼纵需要用哪个港口和外面联系、补给，都可以提供方便。"

韩认为：史丹来了，就已经和琼纵接上线了。

在等待琼纵回应的时段，韩开始单方面采取行动，掩护琼纵。

首先，限制蔡劲军指挥的海南岛保安团的扩编。张发奎、罗卓英要韩把当时只有一个团的三个县保安队扩编成三个团，并用缴获的日军武器充实它。韩用种种借口，拖延不办。

其次，解决詹松年的伪军。詹部官兵 1706 人，步枪 982 支，是日据时期的海南伪临时政府警察部队。郑介民（黄埔二期）曾告诉韩练成，詹是他的人，陈诚已同意把这支部队改编成一个独立旅，暂时编入第四十六军战斗序列，作为对琼纵进攻的先头部队。韩练成借"整编部队"之名，命令："海南伪临时政府警察所部队，詹松年及上校以上军官，立即扣押讯办；其余官佐，暂行扣押；全体士兵待命备编！[①]"一天之内就把这支伪军部队全部缴了械，处死了詹松年，并在当天遣散了该部。

当时，蒋介石在重庆召开重要军事会议，驻华美军总司令魏德迈做秘密报告，会议制订了对共产党的《全盘战争作战计划》，要求"在三个月至半年消灭共军"。韩的此两项举措被蔡劲军、郑介民报到蒋介石那里，蒋要韩到重庆说明情况。

韩带着情绪对蒋说："校长，我们抗战出生入死的时候，詹松年汉奸部队助纣为虐，我杀他目的有二：其一，以平国人之恨；其二，立威海南，叫人不要以为在我之外，还有别人能掌生杀大权。"

蒋："这第一点，没有必要搞得那么夸张；第二点，倒是我很需要你做的。"

蒋只斥责韩"擅权行事"，命"下不为例！"作罢。

关于在海南的"剿共"事宜，韩的说法是："海南的共产党本来就没

---

①据海南档案馆资料。

有几个人，困在山里多少年出不来，值得大军围剿？我是想用'抚'的方式把他们全收编了，我就不信我管不了他们。"

蒋同意韩自己拿主意、自己决断，但要韩做出个样子来看。

韩知道这一关过去了："谢谢校长信任。"

有了蒋的默许，韩更敢于放手去做了。但韩绝没有想到的是，琼纵的电台在 1941 年树德乡山田村

韩练成小憩

战斗中丢失，已经多年无法与中央联系，冯白驹分析史丹带回的情况时仍然不理解韩的用意："光听他说的，好像还有一点点和平谈判的迹象。不过，他也可能是在耍两面派，我们不能被国民党的和平烟幕所迷惑，不能信他一面之词！"他决定："下一次谈判，还是由史校长代表我们去，只能试探试探，要求他给我们一些实际行动，考验考验他，看他是真是假。"

琼纵的伏击

1946 年 1 月，韩练成提前在地方报纸公布了自己的视察行程，只带一个医生、六个随员乘小火车由三亚到石禄视察铁矿。新十九师师长蒋雄反对："我说老总，你的谱摆得有点大了吧？去哪就去哪，还要事先登报，莫非还要让人摆队欢迎不成吗？"

韩："海南已经是咱的天下了，咱走到哪里，就要让哪里看得到——

太平无事。"

蒋："这一带一直有共军小股游击队在活动。"

韩："冯白驹正在和咱们谈判嘛，他们的部队知道是我来了，摆队相迎都是有可能的，怎么还会打我呢？不要自己吓唬自己啦，没事的。"

不料，他们竟在途中遭到琼纵一支小部队的伏击，火车被打翻，韩被压在车厢下面，腰骨扭伤，被蒋雄派来随后掩护的装甲部队救出，随员一死三伤。这次伏击，不仅打乱了韩的精心部署，也挑起了国民党反动派的进剿。

偏偏就在韩被伏击回到驻地次日，史丹第二次来了，有部下说："崩了算了，反正没人知道。"

韩厉声喝止："胡说！马上带他来！"

史和随员进屋，韩半坐起身："你们决定用哪种方式和我合作呀？"

部下："已经打到军长头上了，还怎么合作？"

韩制止："你们几位先出去一下，我和史先生单独谈谈。"

众人退出，韩："你在这个时候来不是太危险了吗？"

史："我出发的时候并不知道有部队袭击你。"

韩："你是中共琼崖特委的代表，我相信你。可你们的部队到底听谁的指挥？他们怎么能擅自行动呢？"

史只是摇头叹气，韩："你们和党中央联系上了吗？"

史似有难言之隐："我们，正在联系。"

韩："再耽误下去对贵方就会更加不利！请你转告冯白驹，我自己一个人，什么人都不带，也不带枪，要他也自己一个人，也不带人带枪，在那大附近的和舍市外的公路边，由我们两个人直接见面。时间由他定，越快越好。"

当晚，韩命人马上送史回去，并强调："一定要保证他们的安全！"

不几天，蒋介石急电召韩去南京参加全军整编会议，在广州飞往南京的军机内，张发奎："看看我们的军人政治家，打日本崽的时候还像个军人，打共产党的时候，就说什么政治不政治了？我让你一上岛就去灭了他，你要和他啰唆。怎么样？脊梁骨都快让人家打断了，还说什么？"

韩淡淡一笑："说明我的政治修养太差。"

张："你也该休息休息、养养伤了。"

韩："谢谢老总关心。其实我在海南一样可以休息。"

张摆摆手："休息一下也好嘛——你让海竞强代理军长了?"

韩："是。"

张："海竞强的资历差得远，仅凭他是白健生的外甥这一条，当师长是可以的，当军长还是不够格啊。"

韩："四十六军是德公、健公的老基本，军长如果由桂系出任容易服众。"

李宗仁

张笑了："桂系? 你算桂系，算黄埔系，还是算西北系? 为什么让你当?"

韩也笑了："也可能我哪一系都不算，捡了一个大漏?"

张："真看不透你。不过，当年，我若是早早跟了老蒋，今天就不会有何应钦; 我要是跟了毛泽东，就没有朱德; 可我偏偏跟了那个汪精卫。"

韩："老总说哪里话? 汪精卫那是汉奸哪! 老总指挥我们打日本，哪能拿他跟老总相提并论?"

1946 年的汪萍、韩蓉

张："抗战归抗战，政治归政治。我们两广跟老蒋，多少年来打打合合，总还是两张皮。但老蒋对我说过这样一句话: '你反我是你的事，我用你是我的事。'这，才是政治。"张没有下命令地命令: "你会后先留在南京养伤吧。我把徐景唐、甘丽初派去海口了，蔡劲军也在那里，什么'共匪'的大部队小部队游击队? 哼哼，恐怕三个月以内，海南就没有'共匪'了。"

韩："老总，'三人小组'和'军调处'已经开始协调了。"

张："他们谈的去谈，我们打的照打。两只手都要硬啊。"

1946年2月中旬的整编会议中自始至终贯穿着全面内战的精神。会议期间，蒋曾单独召见过韩一次，韩知道，在蒋的心里，他只是一个称职的军人，而不是一个成熟的政治家，没有独掌一方军政大权的能力。

会后，韩在家养伤。这个新家位于南京傅厚岗，有两个独立的院子，各有一座独立的小楼，正在整理、维修中。

现在的南京"傅厚岗宾馆"就是在韩宅原址改建的，左侧的傅厚岗28-1号是李宗仁官邸

韩买这个宅子有特殊用意，旁边就是李宗仁的官邸。

1945年11月底，汪萍在重庆生下一个女儿，为了使孩子得以存活，韩夫妇采取了民间的做法，给她取了一个极为平常的小名"妹妹"，大名"蓉"，寓意柔弱的小草，希望老天能容。在南京期间，韩几乎每天都要用很多时间和妻子一起逗弄这个唯一的女儿。

2月底，韩返回海口，徐景唐、甘丽初、蔡劲军三个中将及杨、海、甘、蒋、巢等将校向韩介绍这一个月来的"剿共"进展。

韩兢 1994 年拍摄的南京李宗仁官邸，一个大院，三座小楼

甘丽初："'共匪'指挥部原本缩在白沙牙叉一带，现在已经被我们逼进山里去了。"他得意地环视四周："以你的钢军为主力，编成 17 个强

韩兢（左二）2008 年和冯白驹的女儿冯尔超（右一）、冯尔敏（左一），右二是陈正人之子陈瑞生

力突击营，分两个攻击波，向心进攻，目前第一攻击波9个营正在进行。韩军长，你那一箭之仇，让我们替你讨回来吧。"

韩淡淡一笑："日如兄（甘丽初的字）杀鸡用牛刀，当然威了。我这让蚊子咬一口就躺下了的军长，恐怕早该让贤了吧？"

见众人不便对答，转向海竞强："竞强兄，你说呢？"

海："军长说哪里去了？"

韩："我不是说着玩，我在南京参加了第二次复员整军会议。本月18日，通过了新的《整军案》，你们几位，明天去参加广州行营的整编会议，就是落实这个方案。四十六军要缩编成整编师，还不知道有几个萝卜几个坑呢。25日，'三人小组'又达成了《关于军队整编及统编中共部队为国军之基本方案》。'剿共'的事，就先放一放吧。"

在韩重掌第四十六军帅印后，马上终止了对琼纵的进剿。但是，对于琼纵来讲，"第四十六军对我们的进攻，其战争的残酷性，超过了民国十七年蔡廷锴、民国二十一年陈汉光的进攻，也超过了民国三十二年日寇的'蚕食'战争。[1]"

蒋桂斗法

1946年5月5日，国民政府由重庆"还都"南京。内战的序幕已经拉开。

在张发奎主持下的广州行营调整了海南的领导结构，5月上旬，下达命令："奉国民政府军事委员会委员长广州行营令，派徐景唐为国民政府军事委员会委员长广州行营琼崖党政军联合办公署主任，韩练成、蔡劲军、曾三省为副主任，并颁发关防官章各一颗。"

6月26日，蒋介石在内战部署基本就绪后，即令郑州绥靖公署主任刘

---

[1]《冯白驹回忆录》。

峙向中原解放区发起进攻，发动了全面内战。蒋介石投入了全部正规军的80%，即193个旅158万余人的兵力进攻解放区，其部署是：以58个旅46万余人进攻华东解放区（包括山东、华中解放区），以8个整编师又2个旅22万余人进攻中原解放区，以28个师25万余人进攻晋冀鲁豫解放区，以38个旅26万余人进攻晋察冀、晋绥解放区，以19个师15.5万余人进攻陕甘宁解放区，以16个师16万余人抢占东北，以9个师7.5万余人进攻广东各游击区和海南岛解放区。①

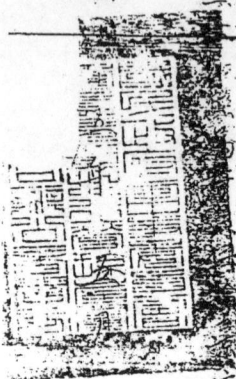

广州行营令

其间，第四十六军已整编为整编第四十六师，下属的3个师也都整编为整编旅，每个整编旅从3个团裁撤为2个团。整一七五旅旅长甘成城少将，辖五二三团（团长周宇上校）、五二四团（团长夏越上校）；整一八八旅旅长海竞强少将，辖五六二团（团长阳光上校）、五六三团（团长韦照心上校）；新十九旅旅长蒋雄少将，辖五十五团（团长卢玉衡上校）、五十六团（团长夏富光上校）。

---

① 《中华民国史·事件人物录》第399页，军事科学院战史部王淼生研究员更正。

8月中旬，广州行营再次发布命令："琼崖党政军联合办公署着于8月底撤销，9月1日起，所有琼岛'剿匪清乡'善后事宜及保安5个总队，统由蔡劲军兼司令接理指挥，限8月底前部署完毕，并限6个月完成全部清剿任务。"

9月上旬，韩练成因"剿共"不利，受到通报处分："国民政府主席广州行辕辖区所属各部本年度元至七月份剿匪战绩。查：有整四十六师师长韩练成剿匪不力，应予申斥；整六十三师师长张瑞贵功过各半，准予免处；整六十四师师长黄国梁、第一三一旅旅长张显岐、第一五九旅旅长刘绍武、粤保安一团团长吕雨源及其所属剿匪用命卓著，应予传令嘉奖。"

琼崖党政军联合办公署代电

1946年10月上旬，整编第四十六师奉命调离海南，蒋介石电召韩练成到南京。

蒋见韩的时间安排在次日下午。上午，韩先去黄埔路"国防部"见白崇禧（"国防部长"，一级上将），韩："健公的意思是调四十六军？回广西？"

白："不，我想四十六军应该放到京沪线。"

韩："你不是一直说，抗战结束，内战开始，我们一定要给自己留点种子吗？"

白："现在是到了要动老本的时候了。"

韩："第七军、第四十八军投进大别山，已经和共军交上火了。"

白："对，如果把四十六军也调过来，我们广西的三个军都靠在宁沪一带，不是更好吗？"

韩："我还是不明白。"

白十分自信地笑了："别急，会有你的用武之时。"

韩："我看不如让竞强兄来当这个整编师长，我去学生军训委员会给你当副主任。"

白："你说哪里话？委员长能同意吗？再说，在委员长和德公、我们之间，你——？"

韩知道，桂系又要和蒋介石斗法了。

广东省政府代电

下午，韩在长江路"国民政府"主席办公室参见蒋介石："校长安康！"

蒋："练成，辛苦了！坐，坐。太太、孩子都好吗？"

韩："谢谢校长关心，都好。"

蒋："你的部队调出来，海南方面有问题吗？"

韩："有蔡劲军在那里负责清剿，还能有问题？"

蒋："你不要在意通报批评的事，张向华（张发奎）几次建议，让甘丽初接替你当军长，我就没有同意嘛。"

韩："谢谢校长信任。"

蒋："同样都是岛，陈公侠（陈仪）接收台湾，就比你做得好。看来你还是缺少历练，不能独掌一方天地呵。海南就留给两广的人去经营吧，我不在乎那一两个岛，你还是出来带兵打仗吧。已经见过白健生了吗？"

韩："是，校长。我部调出海南，白部长的意思是放在宁沪线负责铁路警备，策应江北作战。"

蒋："白健生的想法有点意思，但是我还没有最后定。你有什么想法？"

韩："我服从校长的命令。"

蒋很满意，拍了拍脑门："好，好。"

晚上，在大悲巷雍园，白崇禧公馆。白崇禧、夏威、韩练成等围坐，一阵沉默之后，夏："老蒋没说四十六军的去向？"

韩点点头，夏："卧榻之侧，岂容他人安睡。老蒋和他身边那些人，像陈辞修他们，能让我们的三个军靠在一起、又离南京这么近吗？"

又一阵沉默之后，白："八仙过海，各显神通，斗斗法吧。练成，陈总长那里你什么时去？"

韩："已经约了，明天上午。"

次日上午，在黄埔路，"国防部"总长办公室，陈诚（参谋总长，二级上将）："整编第四十六师驻防宁沪铁路，你看怎么样？"

韩："总长决定驻在哪儿就驻在哪儿，我服从命令。"

陈："整四十六师副师长一职，请练成兄不要继续坚持举荐海竞强，还是由'国防部'派员出任好一些。"

陈 诚

韩："总长的意思我明白，但这是委员长和白部长之间的事，我不便参与意见。"

陈："部队调动前有什么要准备的？"

韩："我连目的地都搞不清楚，用什么船，海上走几天，在哪儿登陆，我都不知道。眼看天就凉了，我那个整编师可都是广西兵呀！我身为一军之长，总长总该有个明确指示吧？"

陈："韩师长不必多虑，委员长还没有决定，我们做下属的，恭听帅令就是。"

韩知道，斗法才刚刚开始。韩分析，白崇禧设想安排整编第四十六师在上海吴淞口登陆，名义上是负责警备宁沪线、策应江北、保卫南京，实质却是将和大别山区的桂系整编第七、第四十八师（原第七、第四十八军）联合行动，在有利时机，对蒋逼宫。但韩也预料到：蒋介石一定早就另有打算。

返回海口以后，韩接到调动命令，对杨、海、甘、蒋、郭等将校做出具体安排："我军这次调动，非同一般，叫唤了几个月，现在终于可以动了。最终目的地虽然还不明确，但蒋委员长、白部长、陈总长都很重视。联勤总部、海军，都保证全力配合，第一目的地是上海，作战物资的补给工作，在上海完成。郭副参谋长负责前进指挥所，和三个师的参谋长、军直炮兵部队长、战车部队长和联勤总部、海运处代表一起，共同拟订海运计划。基本方针是：全军四个运输梯队，第一梯队一八八师，第二梯队一七五师，第三梯队军直部队，第四梯队新十九师。海上运输和家属、伤病员安置等一切事宜，由杨参谋长统一指挥。"

整四十六师从海口调出

10月下旬，部队已在调动中，蒋再次召韩到南京，蒋："练成，你的部队全都调出来了？"

韩："到吴淞口都六天了，陈总长至今也没告诉我驻扎地点。"

蒋："我从来就没想把四十六军放在江南—宁沪一带。目前，华东是我们与共军决战的最佳战场，我准备在山东打个大仗，一举消灭共军华东主力！整个战局会有很大变化。今天下午的军事会议你参加，会上会有详细部署。四十六军要马上开往青岛，你要在和共军主力部队的交战中打出战绩来。不然，一支桂系部队有什么资格叫'钢军'？"

韩当天列席了由蒋主持的有白崇禧、陈诚等人参加的最高级军事会议，了解了蒋全面内战的战略计划，西北、山东两战场的战略部署，以及蒋美之间的关系。

会后，在吴淞口待命的整编第四十六师得到补给，向青岛开进，直接投入内战。这样，白崇禧的计划落空。

当晚，韩命副官邢松全："一切情况都清楚了，你马上设法通知胡公手下，我要尽快和胡公见面。"

韩同时对妻子汪萍交代："这场内战我是避不开了，你也要做好准备，在远处乡下买一两个不起眼的小房子，必要的时候你们好去躲躲。"

秘见董必武

当时（1946年），周恩来率领的中共代表团正在南京、上海两地，应第三方面人士的请求，为停止内战，与国民党做最后的谈判。

两天后，邢松全报告："胡公在上海，但已很难见面了。他手下回话，可以去上海，找董老。"

韩练成的部队正在吴淞口待命，韩当时就去了上海。

11月6日傍晚，邢亲自开插着中将军衔旗的韩的座车，把董必武和随员接到白崇禧在上海北四川路的公馆。

董（棉袍）："这里是白健生的公馆吧？我看门口站的是广西的宪兵嘛。"

韩（西装）："白健生现在正在南京，我请董老到这里来应该是最安全的。"

董笑了："灯下黑。"

韩递上一张写满提要的纸："董老，请边

当年的白崇禧公馆，如今是解放军411医院的一个诊所

109

听边看。"他简单阐明了白、蒋斗法的结果，报告了最高作战会议的内容，"蒋的战略意图是：我部投入山东战场，是参与会歼贵方华中主力的决战，由陈辞修直接指挥，战役计划正在制订中，预计投入兵力在 21~24 个军或整编师。美国援助方面：6 月协定，美方提供 5000 万美元军用物资；7 月，美国赠送 271 艘舰艇，派遣 300 名顾问，并在南京设海军顾问处；8 月，美国又提供 8.5 亿美元战争剩余物资；等等。"他向董请示："我希望了解的是，党中央希望我做些什么？"

1946 年的董必武

董："中央认为，蒋介石全面内战的决心已定，我们为了达到和平建国的目的，必须首先打破蒋介石的全面进攻。中央曾在 6 月份做出了一个估计，蒋介石准备大打，大打之后，6 个月可见分晓。如果我方大胜，才有和谈的基础，我军必须战胜蒋军进攻，争取和平前途。因此，恩来让我同你商量，是在战场上相机率部起义，还是长期隐蔽，由你自行决定。他让我向你转达的最后一句话还是，生存就是胜利。"

按照韩对桂系部队、对整四十六师几个旅长的了解，他认为任何一支成建制的部队（哪怕是团、营）都不会有战场起义的可能。

韩："按现在局势，我已经被推上战场，不可能长期隐蔽了。但，能不能率部起义，还要看条件。如果和山东华中部队的主帅接上线，倒是可以一试！"

董："那么，我们通知中央，由中央再通知陈毅同志派人和你联系，怎么样？"

韩："这样最好不过。用什么名义联络？"

董略一思索："就用这个名字吧。"他在一张便笺上写下了"洪为济"三个字。

韩拿起，看了看，烧着："记住了。"

董："练成同志，多保重。"两人握手道别。

关于这次会面,《董必武年谱》《董必武传》都有记载。

可停战的阴谋,中共代表团说明,提出国大代表名单,并不能保证停战,必须实行政协决议和停战协定;中共绝不以国大名单交换停战。次日,民盟也向国民党宣布,"中共不交国大代表名单,我们也不交名单。"

十一月一日　和周恩来致电中共中央,报告在皖海线及徐州附近国民党军队中开展工作的情况,建议刘伯承、邓小平、陈毅、张云逸加强同这些部队的联系。

十一月四日　向记者发表重要谈话,指出:(一)中共以诚意渴望和平,对于恢复和谈并无何意见;(二)中共对政府先提出国大代表名单,然后始下停战令一点认为无考虑必要;(三)南京所传中共邀请马歇尔、司徒雷登大使调停一事,绝非事实。

晚,为催促行总拨款、拨粮,以进行黄河复堤工程,离南京到上海,在马思南路107号向来访记者发表谈话,说此次来沪以解放区救济总会主席身份与联总、行总洽谈黄河堵口等问题。随即于六日到联总、行总当局进行交涉,未获结果。

十一月六日　中共中央致电方方、尹林平并周恩来、董必武、刘晓、吴玉章,指示南方各省党组织根据情况采取两种不同的方针:一、凡有可能建立公开游击根据地的应即建立。二、凡条件尚未成熟的地区,采取隐蔽待机的方针。后一种情况目前尚多数,但目标仍是积极发动公开游击战争,建立游击根据地。而不是不管条件是否成熟,一概采取长期隐蔽方针。

△ 在上海停留期间,与桂系四十六军军长韩练成在白崇禧公馆谈话(当时白崇禧在南京)。韩练成当时照着国民党当局命令,正率四六军从南南阳调山东莱芜一线。他遵照周恩来的指示,专程从南京赶到上海,找董必武请示当前山东局的行动方针。董必武向韩练成分析当前形势,指出蒋介石悍然撕毁停战协定和政协协

议,大举进攻解放区,新的全面内战已经爆发。向韩练成传达了中共中央关于坚决粉碎国民党反动派军事进攻的指示,交代了任务以及与华南野战军联系的办法。八日,电告陈毅、张云逸、黎玉、韩练成已从华南调山东,不愿内战,请派人与之联系。韩率部到山东莱芜一线后,在一九四七年二月莱芜战役中举行起义,华东野战军顺利全歼围困国民党军共七个整旅(七万六千人),震动很大。陈毅曾赞誉"莱芜战役第一功,应是恩来同志和董老。"

十一月九日　致函宋庆龄,转告延安已收到中国福利基金会今年上半年陆续寄送的救济物资,因而使解放区伤病员得到医治并恢复健康,儿童也得到了救济。对此,表示深切感谢。

△ 从上海返南京。

十一月十日　和周恩来同孙科、吴铁城、邵力子、王世杰、莫德惠、胡霖、曾琦、陈启天、张君劢、雷震举行非正式综合小组会议,讨论国大等问题。

十一月十一日　中共代表团发言人根据周恩来、董必武的授权,发表书面谈话:蒋介石决定国大延期三天,中共不予重视。国大开会日期及延期三天,都是国民党片面决定的,都是违反政协决议的。国民党如果还是尊重政协协议的诚意,那就不是延期,而是停开一党包办的国大。

十一月十二日　得知第三方面某些人起民社党张君劢、青年党李璜的活动,给蒋介石写信,准备要交出"国大"的名单的情况后,和周恩来、邓颖超出席第三方面人士会议。周恩来严正指出:二十多天追随诸位先生之后,一切都是为了实现政协决议及停战协定。现在国民党要分化中共与第三方,用心是把中共隔开。现在有人要跳火坑,进"国大",我们虽能谅解各位的苦衷,但我们也必须坚持政协决议。希望有一天仍能为和平民主奋斗。事后,章

《董必武年谱》片段

1946年11月16日,在南京梅园新村,中共代表团举行的最后一次记者招待会上,周恩来指着《国民党军队进攻解放区形势图》中代表解放区边界的蓝线说:"我们一直是在自己区域实行自卫。但假如'政府'继续进攻,特别是进攻中共和解放区的中心延安,那就逼得我们从蓝线里打出来,那就是全国变动的局面。"韩从公开的报道中看到这条消息,思绪万

韩兢、孔汀宁2008年和董必武的女儿(右二)董良翚、女婿张利理(左一)

千，彻夜未眠。

1946 年的周恩来

联络华野

11 月底至 12 月初，整编第四十六师各部陆续海运到达青岛军港，韩及杨、海、甘、蒋等将校和全军上下已经换了灰色棉冬装，大家对战事都不乐观，杨："鲁南会战是陈辞修做总指挥，我对他，总不是很有信心。"

甘："如果由健公指挥，胜算会大得多。"

海："健公虽然官居'国防部长'，但夹在老蒋和陈辞修之间，也是有心无力。他没想到会把我们一下子派这么远，十三不靠啊。我们能停在江南就好了，离健公近一点，彼此间也有个照应。"

蒋："除非我们打赢，否则，我们就永远离不开山东。"

韩："山东是国军全面进攻的主战场，共军一样会拿出主力来拼的，各位不要掉以轻心。"

12 月中旬，韩接到战报，整编第六十九师和整十一师一部三个半旅约2.4 万人在宿北被共军歼灭，整六十九师师长戴之奇阵亡。韩知道戴之奇是陆大第九期学员，抗战后期曾任第十八军副军长、远征军第二〇一师师长，他和他的部队都很能打。

韩问部下：“宿北对方共军是哪一部分？”

答：“具体不清楚，据说是陈毅的主力，有叫‘纵队’的部队，也有叫‘师’的部队。”

当时在山东战场的解放军还没有统一整编，部队有“新四军兼山东军区”“华中军区”“山东野战军”“华中野战军”等番号。叫“纵队”的一般是山东野战军的部队，叫“师”的是华中野战军的部队，但不管什么军区、什么野战军，司令员都是陈毅。

韩极不满意：“老是这样，敌情不明，怎么打仗？赶快搞清楚，我要知道咱们的正面和侧翼的共军是哪一支部队、主官叫什么。”

在韩急于了解将要接触的解放军主官的同时，解放军华中军区也正在努力了解国军整编第四十六师师长是谁。因为华中军区接到了一封来自中央的密电：迅速以“洪为济”的名义与整编四十六师师长联络。但这个师长姓什么、叫什么、什么地方人氏、和共产党是什么关系等问题都没有交代。

双方在战场上的方法都一样：抓舌头。

第 1 页共 页

北京市电车公司印刷厂出品 八三·十

(1459) 20×20=400

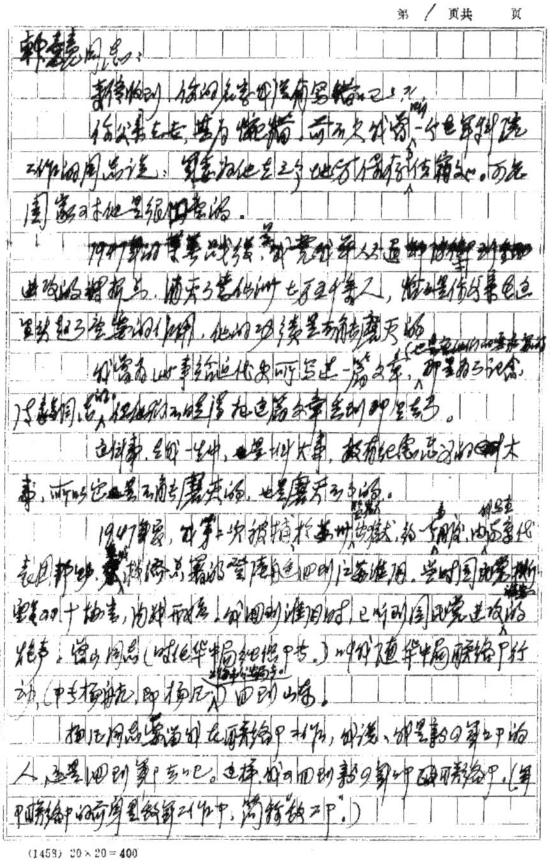

陈子谷 1984 年致韩兢信片段

在了解到整编四十六师是整编前的第四十六军，是广西部队，师长叫韩练成以后，华中军区判断：桂系军队的主官必定是两广人，于是派出在新四军时期就从事联络工作的知识分子干部陈子谷先探探路，陈是泰国归侨，汕头人，名义是韩军长的朋友——洪为济的学生。

整编第四十六师开进平度，师部驻在兰坻时，韩练成终于等到了这位持"洪为济"的信来"找事情做"的人。但从陈子谷开口就说广东白话开始，韩练成发现解放军并不了解自己，甚至连自己的籍贯都不清楚，韩："有陈军长的信吗？"

陈子谷改说普通话："没有，您知道，路上不方便。"

对这条低层次的联络渠道，韩不免有几分忧虑。当韩得知陈子谷的上级是华中军区政治部主任舒同之后，韩请陈回报舒同：一定要派高层干部来。

为了陈可以安全、自由往返，韩告诉部下，尤其是谍报处长，陈是他朋友的学生，可以协助"国军"做策反工作，并亲手给陈发了一个"谍报证"。

当时的整编四十六师上下，积极反共固然是其本质，但保存实力、消极避战的习惯却是根深蒂固的。师长有广泛的社会关系，能为全师多准备几条活路、退路，有什么不好？谍报处长十分配合。

1946年12月30日夜，韩和投入到内战各个战场的"国军"主官一样，同时接到了《侍天字70号密令》："明年上半年各部队作战目标，应以打通陇海、津浦、同浦、平汉与中东铁路诸线，肃清冀、鲁、晋、陕等地境内股匪，以恢复全国往来交通线。"

1947年1月初，在研究韩的要求之后，解放军派出华东局秘书长魏文伯和陈子谷再次前往整四十六师。途中，陈得知，魏身为秘书长，都没能看到中央的电文，可见其秘级之高。

从身份和交谈中，韩判断魏不是军事干部，于是告诉部下，吴先生（魏的化名）曾做过陈果夫的秘书，是他在20世纪30年代的老朋友。对这样一位朋友和师长的单独相处，部下自然不能打搅。

韩在一张白纸上边画边说："我的整编第四十六师，隶属第二'绥靖'区，司令官王耀武。在鲁南会战中，是北线辅助突击集团之一部。按预订计划的要求，北线三四个军或整编师，部署在胶济铁路以南，也叫南进兵团，兵团司令由绥靖区副司令官李仙洲担任，配合南线的北进主攻集团八九个军或整编师，在临沂会歼贵方华中主力，或迫贵军退入沂蒙山区而歼之；为阻止贵方晋冀鲁豫部与华中部队靠拢，另有四个整编师向这里集结。以临沂为主战场，是鲁南会战的战役想定。"

韩继续要求："如果有可能的话，请舒主任来一趟。"

虽然华东解放军的高层还不知道韩是敌是友，但对中央介绍的关系仍然十分重视，经陈毅决断："不入虎穴，焉得虎子？"派出华中军区政治部主任舒同带着胶东军区联络科科长杨斯德与韩联络。

韩见到舒同，很满意地说："请舒主任直言。"

舒："陈毅同志希望韩军长在这一次战役中，和我方合作。贵我双方是否可以先在这几个方面达成协议：第一，四十六军不主动向我进攻，看情况再议第二步打算；第二，请韩军长在情报上帮助我们，及时向我军通报情况；第三，为了方便联络，我们派出两名干部协助你，这是我们胶东军区联络科科长，他现在的化名叫李一明，我们将派他带另外一个同志来配合你。"

陈毅、粟裕 1947 年在山东战场

韩："请舒主任向陈军长转达，需要我做什么，尽管直说。"但他还是对联络干部没有信心，"最好是派军事干部来协助我。"他最希望陈毅派作战参谋来。

1947年1月下旬，华东解放区部队统一整编，撤销新四军兼山东军区、华中军区和山东、华中野战军等番号，成立华东军区、华东野战军：华东军区司令员陈毅、政治委员饶漱石、副司令员张云逸、副政委黎玉、参谋长陈士榘、政治部主任舒同；华东野战军司令员兼政治委员陈毅、副司令员粟裕、副政委谭震林、参谋长陈士榘、政治部主任唐亮。整编后，华东野战军总兵力达30万人。

为了使解放军的联络员顺利地打入"国军"，韩报请南京批准，将"为国军做策反工作"的李一明（杨斯德的化名）、刘志斌（解魁的化名）留用，杨被任命为秘书，解被任命为高级情报员，受韩的直接领导。

但韩并不知道：一、时任中共华东局书记、华东军区政委的饶漱石极力反对与韩接触；二、华野对韩的判断也一直是，代表桂系的利益，为保存实力和我们拉关系；三、因此，杨、解二人的使命是：对韩采取"利用及互相利用"的方针。

1月底，整编四十六师调至淄博，韩去博山第二"绥靖"区前方指挥所，参加作战会议。会中有李仙洲（第二绥靖区副司令官、中将，黄埔一期）、韩练成、韩浚（第七十三军军长、中将，黄埔一期）、霍守义（第十二军军长、中将）、陶富业（第二"绥靖"区作战处长、少将）及整编四十六师、第七十三军、第十二军的师长、旅长等将校十几人。

李仙洲

陶："临沂是'共匪'华中首脑机关所在地，必拼死守卫，是我将其华中主力一举聚歼的绝佳战场。南方集团已经北进；现我北线集团分两路南进：以整编四十六师为先导，经颜庄向新泰开进；李副司令指挥所设在第七十三军，紧随其后；第十二军，经口镇进军莱芜。"

李："我们的主要任务是配合南线主力作战，其要点是在共军主力背后运动，陷共军于背腹受敌之不利境地，但我们不到必要时不单独与之主力交战，要始终保持相持而不接触的态势，练成兄，你的部队不要求战心切，进得太快……"

会后，韩马上命解魁当晚返回解放区报告。

韩兢2012年和李仙洲之子李德强

在此前后，韩命令部下，所到之处都用白灰刷上"广西国军""钢军第四十六军"字样。对整编四十六师而言，这似乎是在耀武扬威；对解放军，这是通报自己的位置。

2月2日夜，韩部在开进中，接到郭汝瑰打来电话问候。郭时任"国防部"第三厅厅长，随蒋介石一起到徐州，部署鲁南会战，韩从电话得知，蒋的战役部署没有改变。

8日，整编四十六师进占新泰，即将南下攻占蒙阴。南线"国军"也迫近临沂，南北两集团前锋相距不足170公里，形势已对解放军不利。

解魁久去未归，韩忧心忡忡，9日，派杨独骑前往蒙阴。杨在离新泰10公里处被华野侦察科科长严振衡"抓获"，经查明杨的身份之后，严直接回野司报告"国军"最新兵力部署、转述韩的五点意见："一、建议陈毅将军一心一意掌握鲁南大会战，不必顾虑北线。如果有力量在北线动作时请告知，以便设法应付。二、最近'国军'行动有两种可能，一是让四十六军去打蒙阴，如果是这样，建议解放军去打七十三军；二是两军齐头并进，在这种情况下，我就把四十六军往后拖。三、情况越来越紧急，为便于联络及时，请指定一部电台距我20~30公里。四、如将七十三军、十二军完全消灭，仅剩四十六军时，希望派人来研究我部出去的办法。五、请问陈毅将军还有什么要求？"

10日晨，严转告杨："陈、粟首长指示，请你尽快返回四十六军，转告韩练成军长，我军必将粉碎蒋匪军南北夹击的阴谋，请他等着听我们的捷报。我军打李仙洲集团时，将不打四十六军。待消灭李总部、七十三、十二两军后，可以放开东北方向，让四十六军撤回到胶济线去。陈、粟首长要我转告你们两位同志：战场上情况多变，随时会出现复杂、险恶的情况，为求得此次战役的彻底胜利，决不撤出你们，你们要和敌人斗智斗勇，沉着应战。"

先去的解魁也被解放军当成特务，几经辗转，四五天后才被送到鲁中军区，通过副政委李炳南向陈毅报告了情况，9日夜回到韩部。杨在10日晚上返回。

杨、解两人把陈毅让他们两人分别带回来的话，都转达给了韩，但他们对韩到底是敌人，还是朋友，谁都没把握，他们没有完全听韩的，他们只希望拖住四十六军，不让它和七十三军、十二军搞到一起。他们认为韩还是有错开战争焦点、保存实力的幻想。

韩告诉杨、解最新动态："李（仙洲）副司令决定由我军向蒙阴进攻，是动用全军兵力还是用一个师，还没有明确。我的打算是，假如命令我全军行动，我就一定要拖延到18日到达蒙阴；如果命令我用一个师进攻，我就让他们先前进到常路，看情况再决定前进或后撤。"他马上派解回去报告陈毅。

莱芜战役

从杨、解带回的情况，韩得出一个判断：陈毅极有可能转打北线！但是，北线"国军"有三个军的兵力，你要用多少部队才能围住它？你要用多长时间才能围住它？你要在什么地方围住它？韩模拟陈的思维，总觉得难度太大。

但韩首先说服了李仙洲，命整编四十六师停止进攻蒙阴。

解 14 日到达蒙阴，向陈毅当面报告，15 日返回韩部。

杨、解向韩报告，陈司令员已到了蒙阴，华野主力部队也到了常路、东山一带。

韩已断定华野必打北线！

从杨、解带回的情报，韩进一步判断，即便陈毅没有把自己当同志，也起码当朋友对待。但杨、解不是军事干部，韩无法判断华野前指的真实意图，只能单方面采取行动。他认为杨、解只是陈毅派来的死间①，于是他不再把话说透，再次派解回去，转告陈司令员，南线仍旧可以放手大打，如果贵军突然围扑北线，更易得手。

2 月 18 日，解返回整编第四十六师师部，和杨一起向韩报告："陈司令员的决心是把李仙洲总部和七十三、十二、四十六这三个军全部吃掉！他希望你千万把握住：一定不要去增援七十三军！陈司令员要先打掉七十三军和十二军，再把四十六军围起来，争取它起义。"

韩却不这样想，果然这样打，对我的四十六军而言，如果真能整军起义，再好不过；如果全军覆没，也属无奈。但这三个军的肉馅，必须要包在一起，等火候到了，才能一起煎！可第十二军已缩回明水，第七十三军在颜庄—莱芜之间，我的四十六军又远悬在新泰，战线太长了，必须拉近！陈毅担心我去增援韩浚，我还担心韩浚不愿意和我靠拢呢。必须设计一种两全的方案！

2 月 19 日晚上，韩奉王耀武、李仙洲双重电令，向占据莱芜的七十三军靠拢。韩认为，两个军挤在一起，解放军的战机已经来了！

韩带杨斯德和参谋、卫士十余人先行前往七十三军防区内的第二"绥靖"区前方指挥所。

在两部防地接合部，韩和随员受到七十三军警戒部队的阻击。一挺美制轻机枪发出的长点射打在前面十几米的土地上，韩部迅速隐蔽，杨突然扑过来，把韩遮在身后，仍不放心，又摘下自己的钢盔护在韩胸前。韩部参谋趋前联络，韩欲起身，又被杨一把拦住，韩不耐烦："你这是干什么？"

杨仍不松手："太危险了，军长！"

---

① 《孙子·用间》第十三。

韩推开胸前的钢盔："你这是跟谁学的警卫技术？你看看你搞的这是什么军人形象？"

杨固执地把钢盔重新护在韩胸前："我不管，军长。打死我不要紧，你不能死！"

韩突然笑了："你也不能死。"他再次肯定自己的判断，杨绝对不是有实战经验的军事干部，但杨的勇敢和忠诚给韩留下终生难忘的印象。

2月21日夜，在第二"绥靖"区前方指挥所，李仙洲下令："2月10日，我军南线欧震集团攻占临沂，但并未歼灭共军主力，如果陈毅转而打我北线……"

韩浚："目前与我们接战的共军攻势凶猛，绝对是陈毅的主力部队。"

陶富业："王司令电令我集团即刻北撤，在明水及其以南地区集结待命。"

王为霖（前方指挥所高参、少将）："共军的装备和机动性不如我军，我们应该抓住时机，马上经吐丝口向明水突围！"

李决心未定："如果确是共军主力，我军突围撤退，反而容易在运动中陷于不利；如果在临沂附近的共军主力全部北来，我军南线的欧震集团必然跟踪北上，仍可同我们收内外夹击之效；我集团固守待援，稳妥一些。"

陶："但是，昨天午夜我七十三军第七十七师在和庄被共军围歼，师长田君健阵亡；就在10分钟以前，十二军新编三十六师曹振铎师长再次报告弹尽粮缺，吐丝口怕也顶不住了。"

王："莱芜又能顶几天？王司令已经加派空军全天掩护行动，明天拂晓，一定要北撤！"

韩练成："我同意李副司令的决心，北撤突围不一定胜过固守反击！况且我的部队大部都在城外，已经和共军纠缠在一起，许多防地又都和七十三军互相交叉，必须把我军脱离出现有战场才能做大的动作；再说，徐州陈辞修总长电令，共军临沂附近部队，已在我南线集团的压迫之下北逃，准备渡过黄河，与刘伯承部会合，正在费县运河架桥，命我北线集团阻击。即便目前与我交战的部队是共军主力，那就正是我集团应该去阻击的陈毅！"

韩浚："共军主力绝不是北逃，而极有可能是秘密集结北上，求歼我北线集团！再说，这里本来就是共区，老百姓都是赤化了的，我们把莱芜城内的老百姓都赶了出去，共军肯定了解我们的情况，如果死守待援，援军又在哪儿？你能指望欧震集团吗？他们还守在临沂那座空城邀功呢！守瀛（李仙洲的字）学长啊，早下决心，及早在空军的掩护下转进明水！再拖下去，如果三十六师曹振铎丢了吐丝口，我们连退路都没有了！"

王："副司令，我同意仲锦（韩浚的字）军长的意见，立即撤退！陈毅主力北来，不外乎三种可能：对我最有利的是渡河北逃与刘伯承会合；最有可能、对我最不利的是求歼我北线兵团；如果陈毅敢出险招，还可能乘虚袭取济南。现在，王司令下令我集团回撤明水，既可使我集团的 3 个军收拢在共军包围圈之外，也可回防济南。"

陶："我赞成，我集团名义上是 3 个军，可实际上十二军远在张店明水一线守备铁路，战线拉得太长，我们首尾难顾。"

韩浚："是啊，如果七十七师不是由张店经博山向吐丝口孤军归建，而是集团主力集群突围，我那整个的一个师怎么会被共军吃掉？"

王："副司令，撤与不撤，既有利弊之取舍，也有责任问题，您想，王司令已经命令撤退，我集团不撤，胜利无功，失败可就有过了。"

李陷入沉思，韩练成："说到责任，徐州陈总长命令我集团阻击陈毅残部北逃，我集团不战而退，这个责任——"

韩浚："练成兄，你我两个军加上空军的配合都打不烂的共军部队，能是'残部'吗？你的部队是桂系的'钢军'，你是和日本鬼子交过手、打过硬仗的军长啊，你见过这样能吃下去一个师的'残部'吗？陈总长的命令？他的判断有误！"

韩练成："就算与我集团接战的共军不是残部是主力，我们的装备、机动性都比它强，我们有还空军支持，有空投补给，他们是主力，我们就不是主力？你的七十三军可是国军 12 个全美械装备军之一呀，你没有美式装备的时候都打败过日军第四十七师团，今天我们和共军主力还都没正式开打，你就说退？"

李："两位军长，不必再争执了，我看，放弃莱芜、退守明水应是上策。一切责任，由我承担。"

众人附和，韩练成不语。

李环顾："既然决心撤退，宜快不宜迟，应立即行动。"

韩浚："明天一早就应该开始突围！"

众人附和，李点点头："好！"

韩练成："无论是守是退，我的部队都要有一天时间准备。如果副司令决定立即回撤，那就率七十三军先走，我带四十六军断后。"

陶："不妥。那样的话，更有被共军各个击破的可能。"

韩浚："这个时候怎么能分兵呢？"

李对韩浚："对，不能分兵。"又转向韩练成："那，就等你一天，两军并行北撤！同时，马上请求王司令，命令十二军南下接应。陶处长？"

陶："由莱芜到吐丝口镇，也就30里路，以我方两个军的实力，或解口镇之围，或转而聚歼北逃共军，也不是没有可能的。"

韩练成："四十六、七十三两军并行北撤，调十二军南下接应，这倒是一个稳妥的方案。"

韩浚："我说练成兄，战机稍纵即逝，这个日子口，等一个钟头都是麻烦，你的部队就不能快一点？"

韩练成："好我的老大哥呀，能快的话我耗在这儿等谁呢？"

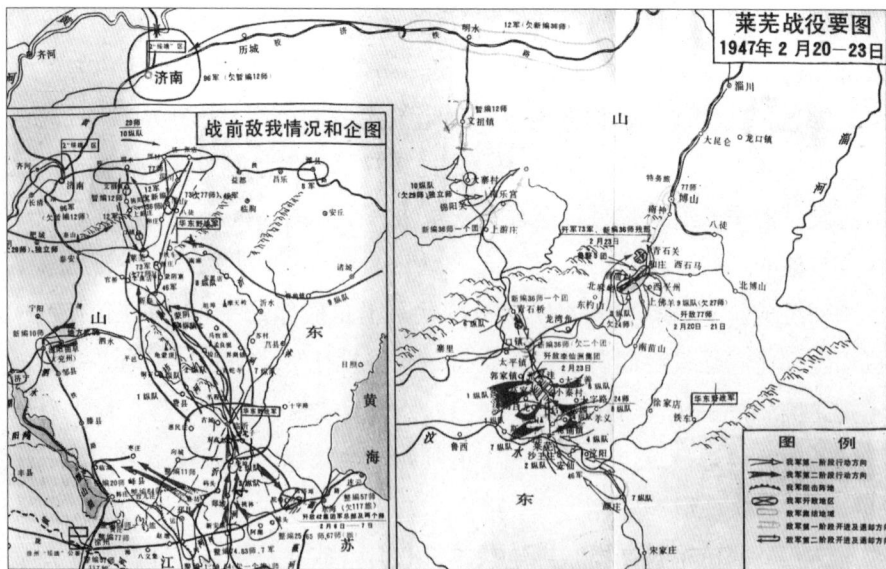

莱芜战役图

李：“好了好了，就这样定了。命令：第四十六军，必须于22日24点以前完成集结。我北线集团，23日6点整准时突围！”

韩练成拖住了李仙洲集团，为解放军争取了宝贵的一天！

22日，韩部在空军掩护下，把全整编师的部队都收拢到莱芜城内及城郊，与七十三军完成了集结。

23日6时整，莱芜城东门，炮火连天，天色还很黑，韩练成对李仙洲说：“副司令，你先走，我部一七五旅五二五团团长还在城东高地，我得把他找回来。”

李：“一个团长嘛，派传令兵去不就行了吗？”

韩：“别人找不到的！你先去集合场，下令突围，我随后就到。”说完，带着杨斯德等人掉头就走。

李被陶富业等簇拥着离去，边走边说：“这个韩军长，怎么婆婆妈妈的？什么时候了？不抓部队，不抓指挥，再这么拖拖拉拉地还不让共军包了饺子？到底是干什么，这是？”

按照李仙洲原令，23日6点整，“国军”北方集团准时突围。第七十三军居左，以一九三师（师长萧重光）为前锋、左侧卫，第十五师（师长梁化中）随后；整编四十六师居右路，以一八八旅为前锋、右侧卫，顺次是一七五旅、新十九旅；两军间隔6里，齐头并进；兵团指挥所在整编四十六师一七五旅。久等不见韩归，李仙洲命令行动推迟，在向整一七五旅旅长甘成城询问后，李才知五二五团在一年前的整编时已经被裁撤，现有五二三、五二四团两个团长一直在本部待命，李大惑不解，但也顾不上多想，于7点以后下令突围。李兵团又丢掉了一个多小时！

“国军”在解放军的阻击中向北开进，10点左右，两路先头部队到高家洼、芹村遇到解放军主力强力阻击，失去指挥的整编四十六师一八八旅、一七五旅队形开始混乱，但仍然向口镇方面缓慢推进；12点左右，整编四十六师新十九旅脱离莱芜城，解放军主力突然从东南方向出现，抢占了莱芜城北、城东阵地及制高点，“国军”右侧的解放军也随即发起更凶猛的攻势。

14点左右，吐丝口镇东南高地“国军”新三十六师守军放弃阵地，解放军由东、南、北三面向“国军”猛攻，根据空军副总司令王叔铭（中将，黄埔一期）在空军侦察机上的直接观察：第七十三军边向西打边向北走，而整编第四十六师的部队却不成建制地从东面溃入七十三军队列，解放军也由东西两面逼近，"国军"两部混作一团，无法展开，也无力反击，在炮火硝烟中被压缩、被冲击、被分割……

在近20架"国军"战斗机、轰炸机的轮番扫射、轰炸中，李仙洲却被裹在忽东忽西的溃兵中，进不能进，退不能退。陶："从目前态势看，共军是从东路穿插进来的，整编第四十六师好像已经失去控制了。"

李满脸疑惑："咳，这个四十六军是怎么搞的？'钢军'怎么变成了豆腐渣？两个军乱七八糟地搅在一起，真让共军包了饺子啦？"

参谋："我们还有空军支持，副司令官，我们继续往北突围吧？"

李看看空中的机群，仰天长叹："仗，打到这个份上，已经没有东南西北了。"

陶问参谋："两个军长的位置？"

参谋："七十三军韩浚军长已接近吐丝口镇，可四十六军韩练成军长一直就联络不上。"

战火硝烟的乱军之中，李对陶："这个韩练成呀，他跑到哪里去了？"

韩浚

会晤陈毅

事实上，韩练成从离开李仙洲时就再也没有回到指挥的位置上去，他只带了一个警卫排，按照杨斯德的安排，躲进一个地堡，一直等到解放军大部队到来。

当日下午，由杨斯德引导，韩练成和随员到达新华社前线分社驻地，杨斯德介绍："这位就是韩练成将军。"

分社社长康矛召以华东野战军政治部秘书长身份敬礼欢迎："陈司令员让我先来迎候你。"

隐形将军

见康、杨热烈握手，相视一笑，韩："你们是老战友吧？"

康、杨："我们在滨海军区见过。"

康："陈司令员命我代表他向你表示热烈欢迎！并希望了解你对今后行动的想法。鉴于战役还在进行中，陈司令员暂时还离不开指挥所，等战场情况明朗，他会马上赶来看你。"

韩："谢谢陈司令员的盛情，戎机紧迫，不可稍纵，但可以预料，打不了多久。对于今后的打算，我想还是应该回'国统区'去，不知这边的交通条件能否做出相应而及时的安排？"

康矛召 1994 年致韩兢信

康："我马上就向陈司令员报告。就请韩军长先休息一会儿。"

康、杨退出，韩思绪万千，成诗一首：

莱芜战后赠陈毅同志

下民之子好心肠，解把战场作道场。
前代史无今战例，后人谁说此新章。
高谋一着潜渊府，决胜连年验远方。
一割功成惟善用，还将胜利庆中央。

诗中"道场"表明韩对战役结局的欣慰：双方伤亡都少；"高谋一着"是周恩来所施，并非韩的自诩；"一割"取自"千刀一割"，"善用"仍指周恩来。

黄昏时分，陈毅、唐亮赶来，陈、唐、韩热烈握手："久仰久仰！"

陈："我代表华东局、华东野战军对你表示最热烈的欢迎！你的正义行动对这次战役的贡献太大了，感谢你呀！"

陈告诉韩："李仙洲所部在莱芜城与吐丝口镇之间被我军四面围击，截成数段，现已大部被歼，残部麋集吐丝口镇，马上即可结束战斗，大局已定。"

炊事员端上热腾腾的饭菜，大家边吃边谈，陈问："韩军长，听你像是西北口音，怎么能在桂系带兵呢？"

韩："陈司令员耳音很准，我的祖籍是甘肃省固原县。我在西北军跟冯焕章冯老总打过北伐，中原大战救过蒋介石，抗战以后又在桂系服务，这些事，不是几句话能说得清楚的。不过，此次战役中和陈司令员的配合、合作，是胡公和董老导演的，想必陈司令员都知道了？"

陈感叹："要说莱芜战役第一功，当属恩来同志和董老！"

韩："我的想法是尽快返回'国统区'。"

陈："康秘书长已经向我汇报了，韩军长要回去。但你的去留，我们还要请示中央，得到恩来同志的指示以后才能决定。我本人非常钦佩你的大智大勇，但恐怕你的安全没有保障。"

唐赞同，韩淡淡一笑："谢谢陈司令员、唐主任关心，只要能为人民有所贡献，个人安危非所计也。再说，'形兵之极，至于无形'[1]，大谍之极，亦可无形。"

陈闻言大笑："噢？'大谍无形'？哈哈哈哈！好！不过，还是等我请示中央以后再定吧。"

韩："我的那一个排的警卫，烦请贵方妥善安置。"

陈对唐："唐主任看？"

唐略一思索："他们有作战经验，又是两广人，可以把他们编入东江纵队去。"

韩拱手："拜托了。"

分别时，韩把诗稿送给陈毅，但又要陈回去再看，陈会意。

从 2 月 10 日，解放军华野司令部决心围歼李仙洲集团开始，至 23 日晚作战结束，华东野战军全歼'国军'第二'绥靖'区前方指挥所，整编第四十六师师部及所属一七五、一八八、新十九旅，第七十三军军部及所

---

[1]《孙子·虚实》第六。

属第十五、七十七、一九三师和第十二军新编第三十六师一部,共6万余人(其中毙伤万余,俘虏56800人);俘"绥靖"区中将副司令官李仙洲、第七十三军中将军长韩浚等21名将级军官;缴获各种炮350门,轻重机枪1889挺,长短枪15700支,各种炮弹2567905发,汽车56辆,战马1027匹,击落击伤飞机12架,史称"莱芜战役"。取胜之快,歼敌之多,在解放军战史上是空前的。

1946年6月—1947年2月,国民党"政府"军在对解放区全面进攻的内战中连连受挫,共损失兵力70余万人。1947年3月,开始对解放区改行重点进攻。

冒险回南京

2月25日,周恩来回电野司陈、粟、谭:同意韩练成返回南京的要求。

次日,韩带着另一位联络员张保祥,乘一艘民船,由胶南县红石崖夜渡胶州湾,到达整编四十六师青岛留守处。韩告诉留守处处长屈申,王忠杰(张保祥的化名)是我的老朋友王汉卿的儿子,这次鲁南脱险,多亏王大嫂救助。

第二绥"靖区"司令王耀武(中将,黄埔三期)得知韩从战场逃脱,辗转到了青岛,发来电报,要在当晚派专机接韩去济南。韩让屈申回报王耀武,接到电报时韩已经离开青岛。

韩带张登上客轮直奔上海。到了上海,周士观接应,韩给白崇禧和自己家里打了电话,又赶紧登上去南京的火车。一路上,韩不断提醒张:"你要忘记自己的名字,只知道你叫王忠杰,你也不要管我是军长还是师长,你只知道我是你的七叔,你母亲托我带你出来找事做。你要把咱们编的这一段故事化为记忆才行,真正的险境,在后面。还要注意,你叙述的时候注意措辞,不能再用军语,要用老百姓的大白话。"

张心领神会，韩很满意。

列车开进南京站，站台上已停着两辆黑色轿车，轿车前站着几位军官，另有几个持枪士兵，一上校敬礼："韩师长回来了！白部长派我来接您。"

韩回礼后转向自己的家人，夫人汪萍已有七八个月身孕："啸耘，我说过你不要来接嘛，怎么来这么多人？"他只轻轻地握了握汪的双手，回身喊："忠杰！"

张提着两件简单行李，副官邢松全让勤务兵接过，韩对汪："这就是王汉卿兄的儿子，我在鲁南脱险，全靠了大嫂救助。大嫂把他交给咱们了。"汪默默地点了点头，张鞠了一躬："七婶。"

韩挨个贴了贴孩子们的脸，对张："这是你七婶二姐的儿子，大宁子；这是七婶大姐的女儿，大筲子；你们以后要好好相处。邢副官，王家大少爷刚从乡下来，你要多操点心。"

邢："军长放心。"

韩："啸耘，你们先回去吧。让他们买几斤好牛肉炖上，晚上我回家来吃饭。"

见他要跟"国防部"那上校走，张急了："七叔，我跟你一齐去！"

韩笑了，摇摇头："真是乡里娃娃，七叔办公事，你跟着干什么？松全，人交给你了，别让他到处乱跑。"

邢攥住张的胳膊："大少爷，听军长的话，回家去。"

汪默默擦掉泪痕，目送黑色轿车远去，两个孩子依在她身边，一声不响。

白、韩见面，双双落泪。白崇禧并没有过多询问战况，只让韩早些回家休息，充分准备，明天一早参加会报。韩知道，白要听他在正式的、公开的场所说清楚两个军是怎么样在三四个小时之内全军覆没的，他已经做好了接受军法处置的准备。

全家一起吃晚餐时，韩对张保祥说："你是少爷，要守规矩，给弟弟、妹妹做个样儿，心烦了看书。礼拜天，跟大宁子、大筲子他们去看电影、逛夫子庙、游玄武湖，玩什么都行，少跟司机、厨子、勤务兵一起混。我在家，听我的；我不在，听七婶的；有什么不懂的，问邢副官。"

饭后，韩让邢松全给张保祥安排了一间离后门最近的卧室，汪不解："这个王忠杰，你为什么不让他和小邢住在一起？也好有个照应。"

韩摇头一笑："他如果有说梦话的毛病呢？"

在张的房间里，韩告诫张："这些个副官、司机、勤务兵，谁是'中统'、谁是'军统'，我都搞不清，少跟他们说话。你先熟悉一下环境，过几天咱们再谈。"

他明明知道邢松全对他的忠诚，也知道司机、勤务兵中没有一个"中统"和"军统"，即便他相信他们每一个人，也不希望张保祥和他们发生横的联系。

韩兢、胡济宁（大宁子，右一）、朱济筠（大筠子，左二）2007 年在北京看望张保祥、沈妙娣夫妇（右二、右三）

战役会报

1947 年 3 月 3 日上午，在"国防部"会议室，正面墙上挂着"鲁南会战要图"，由"国防部部长"白崇禧主持的战役会报，参加者有陈诚（参谋总长、战役总指挥，一级上将）、刘斐（参谋次长）、郭汝瑰、王耀武、王叔铭等。

对于战况的演变、战役的过程、如何隐蔽自己在作战中的反作用，韩早已成竹在胸，但他还是连夜准备了"鲁南会战会报要点"，手执示棒，指着挂图，逐时汇报。

他这样叙述2月23日的战斗过程："按照李副司令命令，23日6点整，北方集团准时突围。第七十三军居左，以一九三师为前锋、左侧卫；我率四十六军居右路，以一八八师为前锋、右侧卫，两军间隔六华里，齐头并进；李副司令指挥所在我部一七五师。10点左右，两路先头部队开进到高家洼、芹村时遇到共军主力阻击，我部一八八师对共军反复冲击，由于空军战机配合，反复轰炸扫射，我又前调一七五师投入作战，右路部队则仍然向口镇方面缓慢推进。12点左右，我部新十九师脱离莱芜城，共军主力突然从东南方向出现，抢占了莱芜城北、城东阵地及制高点，我部右侧共军也突然发起更凶猛的攻势，我军被压缩。13点半左右，我在一七五师、新十九师接合部被共军冲散，估计在此前后，我部开始被共军分割，我只带了警卫排的十几个卫士向东北方向突围。14点左右，吐丝口镇东南高地新三十六师守军放弃阵地，共军由东、南、北三面向我军猛攻。15点半左右，我在大王善以东遭遇共军后续部队，警卫排又被共军冲散；由于在14点左右还看到有空军侦察机盘旋，到这时，除了口镇方向还有较激烈的枪炮声之外，西面只有零星枪声，我判断应有部分部队顺利突围，但此役已经失利，部队也已脱离掌握，因此孤身突围。"他放下示棒，面无表情地说："没想到南进兵团整整两个军全军覆没，我丢了部队，本应该负荆请罪，接受军法处置……"

白崇禧："好了，现在还不到说处分的时候。你先坐下，我们的重点，是研究这次会战失败的原因。"

王耀武从源头说起："自2月14日以来，空军陆续发现大股共军经蒙阴、平邑向西北运动，到2月16日，颜庄以西之冶店集结共军六个师，颜庄以东双龙峪一带集结共军三个师，另有一股两万余人经肥城向泰安前进，我判断，这很明显地是对我军实施包围。于是，我一面建议'国防部'要求准予机动作战。"他看了看，"唔，是丑铣参英电，一面令整编四十六师一部在新泰活动，主力撤至蒙阴寨、颜庄之间地区；"他看看韩，韩点头，他接着说，"令七十三军集结于莱芜附近，保持机动。在此期间，迭奉'国防部'以丑寒创胜及丑铣战徐等电指示：准备固守新泰，并说陈毅、刘伯承两部开始总退却，将由东阿、范县之间北渡黄河，命我部向蒙阴、白马关、大汶口方向侧击。因本部探悉，陈、刘二部主力并未西窜，确有打击南进兵团之企图，但为贯彻层峰命令，乃复令整编四十六师及七十三军开回颜庄、新泰之间，并再电'国防部'，建议要求准予机动，迄未批示。直至2月19日，七十七师在和庄被共军主力围歼，为防连续被共军各个击破，乃独断处置：令整编四十六师迅速集结颜庄，占领权礼、龙山及其东西之线；令七十三军占领莱芜城及其以南山地，准备作战。22日，四十六、七十三两军在莱芜完成集结；23日突围，失利。当天委员长在济南，责我指挥失当，我说上峰不明敌情，判断失误，叫我怎么指挥？为章兄（刘斐的字），当时你在场……"

刘斐对王的发问未置可否，转向韩："据报，21日南进兵团研究突围方案时，李副司令、韩浚军长都主张22日拂晓行动，而练成军长坚持推迟到23日，不知是什么原因？"

郭汝瑰插言："如果22日行动，七十三军倒有可能在共军合围之前进占口镇，而整编四十六师则会孤悬在莱芜以南，被共军死死拖住……"

韩："如果上峰决定22日突围，同时调北进兵团火速增援，南进兵团之七十三军有可能紧急北撤回防济南，我部有可能如郭厅长所说，留在原地与共军决战。但直至22日，李副司令与徐州通话时仍未得到南线集团北上赴援的回应，就算我一个整编师钉在那里打光，也于战局无补。而在眼下，说什么都没用了。"

王耀武："本部在奉命向新泰进出之前，已深感态势不利；进出新泰之后，更觉兵力过于分散；共军放弃临沂，本部已判断其必隐蔽北上打击我南进兵团，一再要求机动作战，但层峰不予采纳；直至南进兵团由莱芜向吐丝口转移时，已进入共军伏击圈内，以我两个整军的强大力量，在空

王耀武

军掩护下做短距离战斗前进，绝未料到会失败！"

刘："如果固守待援呢？"

王："如果当时决心坚守莱芜，虽有可能少受损失，但共军将有可能转用主力乘虚袭取济南，则整个战局更难挽救。"

会报至此，已经暴露出陈诚领导的指挥系统的失误，即不顾敌情变化，战役在十几天内没有做大的应变调整，不打败仗才怪！

众人皆知，陈诚唯蒋介石命是从，白崇禧素与蒋、陈不和，王耀武是俞济时的死党，在蒋桂之间本应倾向陈诚，但王在战场上与陈的判断、指挥意见相左，从客观上站到了陈诚的对立面上，他并没有指责陈诚，只是自责："吾人受此挫败，不仅损失重大，使党国蒙忧，真是刻骨铭心！"

白崇禧对会报的总结是："南进兵团之败，是战场上诸多错误的总合，其关键在于——"他针对一言不发的陈诚："指挥不当！"

韩的危机化解了。而对2月21日刚刚晋升一级上将的陈诚是一个灾难。

几天后，蒋介石召韩进见，蒋说："鲁南会战的失败，陈辞修虽不能辞其指挥不当之责，但一切由我负全责。白健生尤其对你的四十六军全军覆没耿耿于怀。你的'横渡匪区八百里'我看到了，称得上孤胆英雄啊！我决定，还是保留这个军的番号与编制，还是你当军长，划归第八'绥靖'区，同时任命你担任第八'绥靖'区副司令官。司令官夏威，也是桂系，你的老长官嘛。"

韩："谢谢委员长的信任，但我一个败军之将，没有能保住桂系精锐，况且被俘的一八八师师长海竞强、一七五师师长甘成城又都是健公、煦公至亲，我已不便再带广西部队，更不便再与煦公共事了。如果校长许可，准我辞职吧！"

蒋摇摇头："练成，看来你吃的败仗太少。"他略想了想，"也好。这样吧，你先好好休息一个阶段，任命的事以后再谈。"

"国民政府"参军

韩虽没有受到惩处，但已无职无权，闭门谢客。一天，出去联络的邢松全回来报告："南京、上海的中共代表团都撤走了[①]，没办法找到胡公和董老的人。"

邢见韩沉默，建议道："叫大少爷去？"

韩伸手止住邢："车有车路，马有马路，该你做的事你做，该他做的事我自会让他去做，你在他面前不要多嘴。"

韩交代邢："我的事你都清楚。王忠杰在家里，你要注意别让他动

总统府参军处

---

① 1947年3月7日，董必武率领留在南京、上海的中共代表团剩余成员撤回延安。

133

枪、动车；在外面，别让人抓了去。其他的，你就别管了。”

1947年3月13日，蒋介石调集34个旅25万余人，由胡宗南指挥向陕甘宁解放区发动重点进攻。

3月19日，解放军西北野战军实施运动防御，与国民党军激战六昼夜，完成掩护中共中央机关和人民群众的转移任务后，主动放弃延安。

3月底，由蒋介石亲自下令，韩调入参军处。参军处的全称是“国民政府”参军处，设立于1945年11月，由上将参军长一人、陆海空三军将级参军10~15人组成。当时正是原任参军长商震向新任参军长薛岳交接的阶段。

这是韩第二次在蒋的身边参与机要，但这一次的参与程度要高很多，送蒋看的战报最后经韩过手，蒋批出的命令最先经韩过目。韩意识到，这正是周恩来的“高谋”——“在战役、战略的层面上为党起作用”的最佳位置。

韩从1930年中原大战救援蒋介石以来，经历过多个作战部队、从旅到师到军、每一级主官和集团军参谋长多种职务的历练，经历过陆军大学、国防研究院的深造，又经历过侍从室参谋的近身接触，逐步深化、明晰了对蒋的了解。他认为，在国民党内和国民党控制的范围内，如果讲战略，包括政治、军事等范畴的大战略，没有人会超得过蒋；运筹帷幄，纵横捭阖，也只有蒋能独掌大局；但如果讲战役、战术，蒋不仅不能算是顶级高手，恐怕让他做一个军级主官，都不一定会做到最好。因为韩和许多幕僚都在平时的战役部署中亲身体会到，蒋对于战场态势的变化和发展，“最多只能看三步”，看不到第四步。

但韩也清醒地看到：任何人，包括美国人在内，都不可能改变蒋的大战略。即便他已经到了最贴近蒋的部位，他也只能在战役层面上，在“第四步”“第五步”甚至“第六步”以后做文章，毕竟可以由量变到质变嘛！

不几天，郭汝瑰来访：“鲁南之役，改变了全国战局，全面进攻变成了重点进攻；也改变了你，我看你近来沉默得多了。”

韩淡淡一笑，郭又说：“刘为章（刘斐）不止一次地说，鲁南那一仗打得怪怪的。另外，他还到处说，根据空军提供的照片来看，你的四十六军早早地就乱了阵容，白健生听了，好不是滋味呀！”

韩："我身为一军之长，虽然忠实执行了上级命令，但毕竟丢了一个军，不管别人说什么、说得对不对，我都无言以对。惭愧，惭愧。"

郭："不说这些了！委员长还是信任你，你这参军的头衔，多少人就是垂涎三四丈，也求之不得呀。"

韩："汝瑰兄说笑了。"

郭："胡寿山（胡宗南）在西北已经攻克延安；顾墨三（顾祝同）在鲁中沂蒙山区又要发起会战，聚歼共军，你有什么看法？"

郭汝瑰

韩："先不说重点进攻的这两个战场，到上个月底，'国军'已经占领了原属共军控制的 87 座城市，可所谓胜利只不过是攻城略地，不能伤及共军主力皮肉，这种胜利有什么意义？健公对西北作战早有一个想法，以几支马家军的部队为主，组建机动的骑兵集团，去打击彭德怀的有生力量。"

郭："单从作战方面看，白健生的想法倒不错。可惜委员长怕他们信伊斯兰教的人搞在一起，搞大了，不好掌握。"

韩："是。说到山东，沂蒙山区地形复杂，靠机械化部队，搞大兵团作战，也未必施展得开。"见郭听得仔细，韩笑了："我姑妄言之，汝瑰兄不要太认真。"

郭："哪里哪里，很有启发，很有启发。"

二人相视，心有意会，而未言传。

4月6日，蒋介石命令国民党政府陆军总司令顾祝同指挥 3 个兵团共 13 个整编师 34 个旅 30 余万兵力，采用"集团滚进"战术，向山东解放区发动重点进攻，企图聚歼华东野战军于沂蒙山区。

4月15日，蒋在出席军官训练团第一期开学时，有一段讲话：

整编四十六师韩师长从莱芜带了一百余人，在敌人的后方横行五六百里，历时十余日，最后安抵青岛，并没有发现匪军组织有什么了不起的地方，以韩师长此次行动为例，就可以证明，他们能够流窜，我们也可以横行，他们能够游击，我们当然也可以游击。如果共匪真的厉害，韩师长又何能以这样薄弱的兵力横行于这样广大的匪区？所以，我们要切实研究如何以敌人的方法来对付敌人……莱芜和吐丝口一带作战的失败，匪军能集中兵力，攻击我们的弱点，消灭我们的大军，也许觉得寒心，但是我们对于这次战役如果细加研究，就可以知道绝不是匪军有什么了不起的能力，而实在是由于我们指挥官违反'剿匪'战术的原则，不只精神上受匪的胁制，而且技术上亦太拙劣，太无能的缘故。这一次失败可以说是最可耻的失败！但亦是我们将领最宝贵的一个教训！本来作战的失败是兵家之常，无足为异，如果我们依照战略战术的原则，尽到了我们的心力，因为兵力粮弹或其他条件欠缺而终不免于失败，那这样失败，并不耻辱；所以，正当的失败我对于负责将领不但不加处罚，而且有时加以嘉奖。①

5月11日，在鲁中会战的战况分析会后，蒋介石把韩叫到办公室："鲁中会战已经打响了，一兵团（兵团司令汤恩伯）的对手还是陈毅的部队，你对他的战法熟悉，我想单独听听你的想法。"

韩："几种方案我都看过了，但共军善打运动战，我们在鲁南就是吃了他的这个亏。我比较倾向以整编第七十四师为中心，吸住共军主力，再发动10~12个整编师围歼共军这个方案。一兵团含七十四、二十五、八十三3个整编师，以七十四师张灵甫部固守一地应该没有问题。但关键是：一定要保障外围后续部队的强力增援！"

蒋沉思片刻，拍了一下脑门："好，就叫张灵甫择地固守！我就不信这一仗打不垮陈毅！"

整七十四师的前身是第七十四军，俞济时、王耀武在抗战时期先后担任过该军军长，是正面战场的主力、抗战胜利时的南京受降部队，现任师长是黄埔四期生张灵甫，陕西人，和韩练成时有交往。

整七十四师和在莱芜被全歼的第七十三军一样，是国军的12个全美

---

① 台湾出版的《蒋公思想言论总集》第22卷第64~68页。

械装备军之一，其中有 32600 官兵全美械装备，且训练充分，有实战经验。共计有 105 毫米榴弹炮 12 门（卡车牵引）、75 毫米山炮 36 门（吉普车牵引）、105 毫米迫击炮 108 门（骡马牵引）、81 毫米迫击炮 108 门（骡马牵引）、37 毫米战防炮 108 门（吉普车牵引）、60 毫米迫击炮 486 门、火焰喷射器 255 具、M1 巴祖卡火箭筒 324 具、7.62 毫米勃朗宁 M1917 水冷式重机枪 324 挺、7.62 毫米 1918A2 轻机枪 1080 挺、9 毫米美制 M1 汤姆森冲锋枪和加拿大斯太令卡宾枪 2400 支、7.62 毫米 M1903A1 春田步枪 4800 支，军官配 9 毫米勃朗宁 M1911A1 手枪。无线电报话机配备到连，共有机动车约 300 辆、骡马 1000 匹。

5 月 12 日，张灵甫根据无线电信号的密集程度，探知并判定华野总部位于蒙阴和沂水之间的坦埠，立即于 13 日率整七十四师脱离左翼整二十五师（师长黄百韬）、右翼整八十三师（师长李天霞）的配合，长驱直入，扑向坦埠。蒋介石接到战报，兴奋地对韩说："可以让张灵甫快速突进！一举擒获陈毅！"

14 日上午，张灵甫得知解放军华野已基本切断整七十四师与左、右翼友军联系，立即停止北进，转向孟良崮、垛庄撤退。不料当天下午，垛庄被华野占领。整七十四师真的成了被围在解放军中间的中心了！

蒋介石接到最新战报之后，毫不犹豫地命令张灵甫占据孟良崮，同时命令汤恩伯兵团、王敬久兵团、欧震兵团火速增援。

蒋忽视了地形对整七十四师的制约：山区不利于重武器的设置和火力发挥，高地无法向近处、低处炮击，美式重装备到了山上，不仅没能成为利器，反而成了累赘，在装备上对解放军并不占多大优势。蒋同时也忽视了地形对增援部队的制约，山区同样不利于配备重武器的部队运动。

在得知整七十四师把卡车牵引的所有 105 榴弹炮和吉普车牵引的部分山炮、战防炮全部扔在山下时，韩知道张灵甫的危机到了。

15 日上午 10 时，解放军主攻部队开始向孟良崮发动总攻，各阻援部队也不让寸土。战至 16 日下午 4 时，国军整编第七十四师 3 万余人被全歼于孟良崮，师长张灵甫被击毙，各增援部队亦遭受到不同程度的损失。这是韩练成在蒋介石身边帮的又一个大大的倒忙。

按照蒋的部署，只要张灵甫固守 3 天就能等到援军合围，他并不担心对于双方都是"死地"①的孟良崮山区，但他没想到，这一死地无水源，整七十四师的重机枪全是水冷型的，打不了多久就要停下来等它冷却，战斗力大减。从整七十四师被围孟良崮到战役结束，一滴雨也没落下，而整七十四师全军覆没之后却下起雨来，如果这雨早下两天或一天，那324挺勃朗宁重机枪将对解放军制造多少阻力！

5月下旬，汪萍在南京生下第二个女儿，夫妇俩把大女儿的小名"妹妹"改为"大妹"，小女儿叫"小妹"，大名"英"。

战事频仍，韩经常随蒋一起飞赴各个战场。失去了邢松全与董老手下联系的这一条线，又没有得到张保祥来自华野的新关系，韩只能切断一切对外联络，按照周恩来的指示："完全独立地去做"。他相信自己"一支铅笔"的作用。

但韩身边仍然危机四伏：莱芜被俘的整编新十九旅五十五团团长卢玉衡逃回，华野又有个团级干部叛变，都谈到韩在莱芜战役中的异常表现。

6月6日，蒋介石在军官训练团第三期研究班讲评孟良崮战役：

> 第一，孟良崮战役和去年仁和墟战役犯了同一的错误，就是高级指挥官战略部署的失当。高级指挥部要第二十五师师长掩护七十四师进攻坦埠，先一天下的命令，第二天就要开始行动，这样匆促忙迫，不使行动部队有丝毫研究准备的余裕时间，简直是形同儿戏！"国防部"原定计划以主力攻沂水而以一部攻坦埠作为助攻，这个计划是很正确的。但后来前方指挥部改成先攻坦埠，这已经犯了错误，而以七十四师一个师由垛庄出发进攻，尤其注定了后来失败的命运。七十四师是重装部队，运动困难，决不能离开公路进攻。此次攻击出发点如果在蒙阴，沿公路向坦埠推进，则后来纵使遭遇"匪军"的包围，亦不致全军覆没。这都是我们高级指挥部参谋人员的疏忽。这样不负责任，不研究地形，不分析敌情，而且不知道自己部队的性能，只是在地图上画一根线，教攻击部队照图前进，这岂不是以前方将士的生命做毫无

①见《孙子·九地》第十一。

138

代价的牺牲吗？

第二，当时第二十五师和第七十四师一共只有七个团的兵力，应该彼此重叠，增厚兵力，但战役指挥官处置错误，命令第二十五师一个团由南桃墟向北攻击，拉开三十华里的正面，不仅阵地处处都有弱点，而且不能控制预备队，以备应付紧急情况。更有一点，当时第七十四师是主攻，第二十五师的任务是掩护，但照其时的部署来看，第二十五师向北展开，亦担任近乎主攻的任务，试问我们指挥官曾否估计自己的兵力足以胜任？这就是因为指挥官缺乏战术的修养，犯了不能按照兵力布置阵地的错误。

第三，战役指挥官发现"匪军"第六纵队窜过太平邑有窜扰我军侧背的企图，当时决心与第六十五师并力歼灭之，这个决心是很正确的。但指挥官临事又畏首畏尾，不敢当机立断，而向上级去请示，以致造成后来的错误，这固然由于我们制度上有缺憾，但同时也是由于我们指挥官决心之不坚，魄力之不足！要知道临阵作战，进退成败，决于俄顷，指挥官当机立断不容犹豫，我们为了适应当前的局势，歼灭当面的"匪军"，必须集结兵力，机动使用即为此而放弃若干不重要的地区，亦在所不惜，等到"匪军"歼灭之后，土地自然可以收复！这一点大家以后到沂蒙山区作战，一定要切实记住。

第四，第七十四师此次为准备进攻坦埠，特从垛庄到唐家峪子修筑三十里公路，以便重武器通过，这真是莫大的错误。现在我们军队的一举一动，往往为"匪军"所侦知，何况我们修筑这样长的一条道路？他当然可以判断我们会进攻坦埠。所以"匪军"第六纵队不顾一切，冒险窜出，目的即在南北夹击第七十四师。我们受了这次教训之后，对于封锁消息，隐蔽企图，保守秘密，一定要特别注意！

第五，第七十四师此次还有一个错误，就是不侦察地形。孟良崮是石山，既没有水源，而且敌人的炮火易增威力，怎么可以选作阵地呢？但是第七十四师各级官长事先疏忽大意，对此不侦察，不研究，所以后来要牺牲在这个阵地上。以后我们在沂蒙山区作战，军师长一定要在第一线预备队中，亲自察看阵地来定部署。我过去北伐的时候，自己总是在第一线，攻城时一定在城边，其用意不仅在鼓励士气，也为了亲临阵地，可以明了地形和敌情，以便迅下决心，把握机会。大家以后一定要照这样做到。

第六，此次孟良崮战役，第二十五师及第七十四师的缺点已如上述。至于其他友军方面，第七军第六十五师均能达成任务，唯有第六十四师当"匪军"第六纵队窜过太平邑时不能迎头痛击，后来尾追三四天竟不能赶上他的后卫部队，这是我们军人最大的耻辱！此次第六十四师师长未到，大家回去时可将此意告诉他，以后必须知耻图强才好。①

7月中旬，鲁西南告急，蒋介石飞抵开封，坐镇指挥，韩在随行之列。

海竞强太太来韩宅，汪："有海师长的消息吗？"

海太太垂泪："他有过信来。只知道他们还都活着，也不知道共军在怎么折磨他呢。我就是想来问问军长：有没有竞强的新消息。"

汪放下手中的针线活，陪她一起流泪："他跟委员长出差了，没听他说起过。"

海太太："离开海南之前，我陪竞强去问过吉凶，那老和尚真灵哪！他算准的第一卦是：竞强是要到我的老家打仗。"

汪："我记得你是上海人吧？"

海太太摇摇头："我是在上海长大的，人人都以为我是上海人。那时部队刚刚上船去吴淞口，竞强当时就吓了一跳，可那老和尚说不是上海，而是我们谁都没想到的，他说的是我的真正的老家山东！"

汪："他这么准？"

海太太："他还神哪！他说这一仗对竞强是一大劫难，但是有化解的方法。"

汪："哦？"

海太太："他让竞强自己把自己的名字写在黄表纸上，时刻带在身上，可以免遭大难。"

---

① 台湾出版的《蒋公思想言论总集》第22卷第167~168页。

汪："哦，海师长没有负伤，只是被俘，真是谢天谢地了！"

海太太："那老和尚还说：竞强的上司有命做 15 年的海南王。我们问他是哪一个上司？他说就是健公。"

汪："哦，那可好，只要不打仗，健公做 50 年也应该呀！"

不日，海竞强部一个上尉逃回，直闯上海北四川路白公馆，想通过海太太报告白崇禧："我觉得韩军长有点怪，一到山东就常有外人来找他，可突围以后再没有人在战场上见过他。打日本的时候大家都觉得他是个将才，虽然不像海师长、甘师长是咱们健公、煦公的嫡系，也是德公、健公信得过的人。我回来就给煦公报告，一开始煦公还骂我，等我说到最后，他好久好久没说话，最后，他让我跟谁都不许说，直接来找健公，可健公刚刚就任华中'剿总'司令，我一个小小的上尉，哪敢这样去见健公？我只想请海太太看在我跟海师长这么多年的份上，替我把对韩军长的这些怀疑，转告健公。"

海太太左思右想，没了主意："我一个女人，怎么敢跟五舅说公事？而且，韩军长一向对竞强礼让三分，我这样没凭没据的，在五舅面前，也不好张口啊！"

上尉有点急了："海太太，你是健公的外甥媳妇，你都不敢讲，我就更连见都不敢去见健公了。我不是背后说军长的坏话，我也是替海师长和健公的安危着想啊！"

海太太左右为难："我前些天去问过韩太太，你看她那个样子，他们夫妻俩能是共产党吗？"

汪绝对不会想到，她对海太太的真心同情，她和海太太一起流的眼泪，居然掩护了自己的丈夫。

8 月 14 日，韩练成被正式任命为国民政府参军处参军。

在危机的增长和化解中，韩依靠总统府参军处最直接、最高级的资料分析着战况。他有解放军总部发表的《解放战争第一年战绩公报》："一年来，歼国民党政府军正规军 78 万人、非正规军 34 万人，共 122 万人；俘旅（将）级以上军官 176 名，缴长短枪 38 万 9 千支、机枪 3 万 9 千挺、各种炮 6166 门。解放军损失 35 万 8 千人。解放军结束了战略防御阶段，将以新的态势跨入人民解放战争的第二个年头。"他更有"国军"的数据：

"'国军'的总兵力已经从战争开始的 430 万降到 373 万，其中正规军由 200 万降到 150 万；共军由 127 万增加到 195 万，其中正规军近 100 万。"

他清醒地看到"国军"战线延长了，兵力下降了，而且大部用于守备，哪里还有战略性的机动部队呀？他从内心里不希望内战再打下去了。

很巧，在南京的甘肃籍记者平平为期刊《陇铎月刊》来采访："我想请韩将军谈谈对时局的看法。"

韩淡淡一笑："这个题目太近了一些。我谈谈怎样做一名合格的军人，好不好？"平点点头，韩："我们做军人的，首先要淡泊，不爱名，不爱权。平时研究学术，爱护弟兄，专心训练部队；国家用到我们，我们就要服从命令，尽忠职守，牺牲在所不计；国家不用我们，我们就退当百姓，该退伍就退伍。但是眼下许多军人，都还抛不开权，离不开位，满脑子黩军思想，军阀观念，虽然已到了民主时代，他们却偏偏要做人民的主人。军队国家化，不是哪一派、哪一系的武力资本。在 15 年 20 年前，我做罢了传给儿子，儿子做罢了传给孙子，也许还行得通。如今谁还想万世一系，尤其在全国，维持一个省一个地区的独立专权，那简直是一个荒唐的梦！"

平："将军是固原人，董宫保也是固原人，我想请教您对董福祥的看法。"

韩："我的父亲曾是董福祥部下，可我看这个董大帅，对人民并无大贡献，多一个不算光荣，少一个也无损失。"

平："您的这个看法和咱们甘肃乡亲有所不同啊。"

韩："千秋功罪，自有后人评说。学术观点，容后探讨。对于董宫保的是非功过，以后再找时间，我向你们和专家讨教？"

平："将军客气。"

韩："对西北、对甘肃有贡献的名将，我倒想向你推荐两位：一是清代左宗棠，二是当代冯焕章。西北的风沙，西北的水土流失，为害一方。他们两位，走到哪里，树种到哪里：心里装的是国家、是百姓，这样的军人，才是国之栋梁！咱们甘肃有的同乡，说我在重庆、在海南、在南京，做了大官，不认乡亲，不用家乡人，岂不知现在是专家时代，人家大学毕业，学有专长，我不用人家用谁？我也希望你，多去采访一些工程师、医生、专家……什么总司令、主席，假如不能为人民的利益着想，都不足取。"

这一段谈话，题为《民主时代的军人》，发表在《陇铎月刊》1947 年第 11

期，第一次在公开发表的刊物上忠实地反映了韩的心声。

10月4日，蒋介石飞抵北平，召集李宗仁、孙连仲等人举行军事会议，研究华北、东北战局，韩练成、郭汝瑰在随行之列。

当日晚饭后，在蒋和随员们的驻地，韩、郭、吕文贞围坐一桌①。当时郭已经调任陆军总司令部参谋长，吕任北平行营参谋长。

三人闲话，韩问吕："石如，听说北平接受日军投降的时候，是你一个人先去接的降书？"

吕："是。是我先去接的，等第十一战区受降主官孙连仲到了北平以后，又在太庙重新搞了一次正式的受降仪式。"

郭对韩："你在海南做受降主官，是不是更威风啊？"

韩笑了："受降当然威风，不过那里的天气真把我热坏了。"众笑。

郭："你们都是正式受降。可那香港，就不是我们接收，日军是向英国投降。咱们陆大的同学潘华国，他的名义是观察员还是什么？"

吕："我还经历了一个在中国分区受降命令上没有的外军受降仪式，是10月6日，日军一一八师团司令内田银之助中将在塘沽向美军第三两

《陇铎月刊》1947年第11期平平报导韩练成

人物訪談

民主時代的軍人
——記韓鍊成將軍的談話——

本莊記者　平平

他是甘肅固原人，十幾歲上便離開家鄉，參加過八年抗戰，接收過海南島，作過四十六軍軍長，愛好學術研究，現任國府恭軍。

「綠蔭」，對家鄉的人們，是一個陌生的名字，因為他不是火花盛放那一流的角色，手執鋼刀，橫長鋼刀，在全國引起轟動；也不是什麼新論說思想、觀念、學說、風度，在經濟各方面超出了一般人，而是一個極平凡的人物。在全國軍人中，他應很傑出，但很秀能過時代，然而唯其如此，他才顯得很沉默，他始終生活在自己的崗位上。

他是甘肅固原人，十幾歲上便離開家鄉，經歷了一個人的一生，到四川伴勢中了，他在四川的勢力遂到驚人的貧乏。後接收海南島，他作行政長官，能過平凡的頂峰生命之中。

我們行軍人的，總要有一個明確的人，智慧對他的人生，常常站在自己的崗位上，一磁就幾時候，桂林危急，在傳厚局七十一歲的住宅裏了，他的生活就有有規律，非常嚴了。在全面的統屬制上，十月廿二、京市生活潑以第四十經很驚異，若非他的一套案流水，很可能的內心裏的一。

「但是現在的軍人，遭都抽不開的，連半月主時代，他們却偏偏要孤立起來，以人民作主人。陽夾從玻璃孔中透射過來，照暗面影發晚，我很深覺得，那些主恐怕很不應我的幻想。

「五年以前，兒子再交給孫子，也許就他的聲音打斷了我的夢，今天遭有誰想要萬世一系，那簡直是要笑的人類最荒唐可笑的夢了！「穿觀奔濤、常道源逸」，到的燈光。智慧對人類──

----

①据1994年2月吕文贞回忆。

栖兵团司令洛基少将投降。"

郭："东三省的日军是向苏联投降。"

韩："打跑了日本鬼子，咱们还有国土被洋人占着。"

吕："住研究院时，你说你的去向可能是幕僚或是主官，现在你已经到了幕僚的最高阶层，由你帮着委员长考虑战局的发展，该是大展宏图的时候了吧？"

韩摇摇头："更不能置喙了。"

郭点点头："我们做幕僚、做参谋的，能让统帅感觉不到你的存在，又时时刻刻离不开你，你才算是一个好的参谋。"

吕："对，咱们这些人，不管做幕僚、做主官，不过就只是大局中的一颗子，不管是车是马是炮还是卒，不过也就是一颗子。"

1945 年 9 月 12 日上午，吕主任代表受降官孙连仲发出就日军投降之训令，中国方面出席人员：左起为刘本厚参谋主任、第十一战区前进指挥所主任吕文贞、刘云楷高参、初光中校，背面中坐者日军代表高桥坦参谋长

1945 年 10 月 10 日早晨，故宫太和殿前大广场，日军司令官根本博等 22 名将校行献刀礼

韩："我看以我目前的定位，只是隐在委员长身影后面的一个小人物，我没有更多的奢望，只要能在关键的历史时刻，借了委员长的手，微微牵动一点点历史的轨迹，也就不枉此生了。"

吕："你导向的轨

144

迹的方向只有顺应了历史发展的大势，你才能算不枉今生！"

这是三人在新中国成立前的最后一次谈话，尽管谁都没有说破，但都已经表明了他们共同的志向——在内战中坚决站到人民一方。

杜聿明的密报

返回南京不久，刚刚升任陆军官校校长的关麟征不打招呼，登门拜访，一进门就问韩："你最近见过光亭（杜聿明）没有？"

关麟征、杜聿明都是黄埔一期生，都是陕西人，和韩皆有十几年的交往。关是黄埔学生担任陆军官校校长的第一人。

韩："没有。"

关："光亭说他的部下抓了陈毅的一个团级干部，可能还是个什么政委，那人说你在阵前和陈毅密谋，导致'国军'鲁南惨败。有这事么？"

韩定睛看着关："你想想能有这事么？"

关："我想不会吧？他给老头子（蒋介石）说时我在场，他咋就不先问问你呢？不过，如果你真有麻烦，马上走！老头子跟前，我来应付。"

韩："老头子信了吗？"

关："没信，还骂光亭没脑筋。"

韩摇摇头，长叹一声："明天我去见老头子。"

关："这就对了，当面说个清楚。光亭还说：'如果韩练成不是共产党，倒还罢了；如果是，那咱的计划、战报都在他皮包里，他又天天跟在校长左右，这个仗，咋个打法？①'"

韩："咋个打法？该咋打就咋打！用脑袋指挥手，这就叫打；用屁股指挥脚，那不叫打，那叫踢！我不过是个给委员长提皮包的参谋，打胜打败都是老头子自己下的决心，换了谁提这个皮包都一样！他想提，我送给他，他愿意拿兵团司令换这个皮包吗？他说我是共产党，他拿出证据来

①1992 年 6 月胡景通告诉韩兢，杜聿明在新中国成立前后都是这样对他说的。

145

嘛！咱们自己内部怎么就有人爱搞这些损人不利己的事，也难怪老打不赢人家共产党呢！我明天非去见校长说个清楚不可。"

次日，在蒋介石办公室，韩站在蒋对面："校长，鲁南失利我有责任，可我不是共产党！如果杜光亭拿得出真凭实据，我愿接受军法制裁，否则，他就要承担诬陷的责任！"

蒋一言不发，定定地看着韩，过了好一会儿，蒋微微一笑："你们学生仔之间不和，也用不着拿通共这样的罪名互相攻击嘛，我已经批评光亭了。不管谁说什么，我还是信任你的，你总不能让我替你堵住别人的嘴巴吗？你对我大吵大闹，是什么意思？回去回去，回去办公，快一点把东北作战的总构想修订出来。一点点小事情也要跑来闹，没脑筋！"

韩继续："我……"

蒋摆摆手："好了，好了！"

韩不便坚持，敬礼告退。但他知道，这一关过去了。

秘见潘汉年

1948年春节前后，韩练成以休假的名义，两次往返香港，秘密会见了已在香港多时的中共南方局情报工作负责人潘汉年。

潘汉年、董慧夫妇

潘："胡公、克农都很挂念你，可谁也没想到你会跑到香港来见面，还带来这么多新的消息。不过你在这时来，会不会被'中统''军统'什么的怀疑，怀疑你来参加国民党革命委员会的成立会议？"

韩："我是军人，军

人只是追随者，是政治领袖、军事领袖的追随者，不是搞政治的主体，因此，党派活动我外行。这一点，蒋委员长早就看透了我。"

潘笑了："他看透了你？那你来香港干什么？"

韩："我来香港是休假呀，是经蒋主席蒋委员长亲自批准的。再说，'中统''军统'也不敢管到我参军头上来，不必多虑。"

潘："唔？怎么讲？"

韩："对'中统''军统'而言，侍从室、参军处，都是他们的上级。侍从室时期，'军统'的情报送侍从室第一处第二组；'中统'的情报送侍从室第二处第四组；还有一个第六组，处理对日本、对中共情报。民国三十四年（1945年）11月，侍从室撤销，国民政府改设三个部级的特任机构：参军处、文官处、主计处。参军、文官两处是在侍从室一处、二处的基础上组建的。从那时起，'中统'归文官处政务局管，'军统'由参军处军务局管。民国三十五年（1946年）春天，戴笠飞机失事；夏天，'军统'局改组为'国防部'保密局，郑介民当了局长，我在海南的时候，这家伙是我的对头，不过他不是我的对手，也不太管具体事，具体工作是副局长毛人凤管。'中统'局在民国三十六年（1947年）初改编为国民党中央党员通讯局，局长叶秀峰是我的哥们。不管是'军统'还是保密局的各地组织，都归军务局的第六科直接管理，军务局局长俞济时手下还有一批秘密派遣的'视察官'，对各地的'军统'组织进行秘密调查。你想想，我们这些高参、参军，哪一个是他们'中统''军统'得罪得起的？他们见了我们，得退着走。"

潘笑了："说得是。可是，你都那么威风了，为什么还要跟我们一起干这要命的买卖？"

韩："也和续范亭一样吧，'甘愿西城当老军，不在南京做中将'。信仰所至，人心向背嘛。"

潘："续老将军去年9月病逝了。按照续老遗愿，他被追认为共产党员。"

韩："中央有什么新的精神？"

潘："去年夏天，在中共中央军委前委扩大会议上，毛主席提出，从1946年7月算起，用五年时间彻底打倒蒋介石。"

韩："好，我已经配合完成了五年计划的前六个月，再坚持三四年就

147

能看到和平了。"

潘："毛主席的《目前形势和我们的任务》你知道了吗?"

韩点点头："参军处有情报部门送来的原文。作战经验、'十大军事原则',我都看到了。像这样在战争进行的过程中公开宣布自己战略战术的做法,在世界战争史上,还是罕见的。"

潘："毛主席说,这些战略战术是建立在人民战争的基础之上的,因而是任何反人民的军队所不能利用,也无法对付的。"

韩："毛主席和蒋委员长、李、白诸公的区别正在于此。"

潘："你一定要注意安全!"

韩笑了："为将者,'受命之日忘其家,张军宿野忘其亲,援枹而鼓忘其身'①,早已无安全可言;更何况你我,时时刻刻都有可能死于非命。"

潘也笑了："老蒋刚刚发布的《戡乱时期危害国家紧急治罪条例》就是针对你这种人制定的。"

韩点点头："可不是嘛,仅鲁南那一役,我就够死好几回的了。"

潘："时候不早,我先走,晚上一起吃饭。是一个大老板请客,绍敦公司总经理蔡叔厚,认识吗?"

韩摇摇头,潘解释道："他是昆仑电影公司的后台,自己人。"

潘还向韩介绍了何贤、费彝民等几位党外朋友,定下了经香港脱离'国统区'的不同路线。

调出参军处

春节后,在单独陪韩打台球时,副官邢松全报告:"您去香港那几天,小谢(司机谢涼涼)说'国防部'的人约他去聊,问三问四的。"

韩:"问就问吧,咱不怕人问。"

邢建议:"军长,咱走吧!干脆走了,一了百了。"

――――――――――
①见《尉缭子·武议》第八。

韩："走？往哪儿走？"

邢："两条路：一条是黄博士给您铺好了的，去美国。"

坚决不打内战的黄中岳已经回到美国恢复了自己的企业，曾多次来信邀韩全家去美国。既可坐当寓公，也可另谋发展。或者像韩闲聊时所说，开一家朱贵酒店式的咖啡厅，结交天下各路英豪；或者由韩夫人领衔开办一所中文小学——将来被打得满世界乱跑、移民美国的"白华"有的是，不愁没有生源。

韩："我已经明白告诉他了，我不去。"

邢："另一条，去找胡公！"

韩："这条路对，可不到时候。"

邢："您还是要早下决心。"

韩："走倒容易。我走了，谁在委员长身边帮着指挥打仗啊？"

邢笑了："帮倒忙吧！看您一天，人在委员长身边，心早就跟胡公走了。您干吗这么跟自己过不去，既累自己，又让一家人跟您一起提心吊胆的，真不如一走了之。"

韩："不到非走不可的节骨眼上，我是不会走的。"

邢："与其这么'靠'下去，不如来个干脆的。"

韩："怎么干脆？"

邢："叫我说，您跟共产党走，不图名、不图利，为的是一个理想；委员长重用您，为的也只是报您的救驾之恩；您就是走了，也不欠委员长什么，反倒是委员长欠您一条命。"

韩不置可否，邢："您把他往黑道上引，离直接要他的命也就差一步了。"

韩："这是政治。"

邢："对啦，是政治。可在政治上，您和他早已经是敌对关系了，我要是像您一样离他那么近，我一定找机会先杀了他，再走！"

韩厉声喝止："说什么疯话？"

邢："不是疯话，我说的是心里话。"

韩摇摇头："我是军人，不是刺客。"

邢："如果胡公需要您这么干呢？"

韩："胡公，或者说是胡公代表的共产党要的是在人民心里的胜利。和民心相比，战场胜负都在其次了，怎么还会用暗杀这样卑劣的手段呢。"

邢："人心是人心，可要是被委员长发现了，您不就要被他杀了？"

韩："要是被他发现，我只能怪自己太笨，怪不得别人。"

邢："就算委员长没发现，您也照样不安全。海南翻车，您不也差一点被共产党伤着吗？"

韩笑了笑："和胡公、董老在一起，犹如灯塔指引的航程；在海南，是和下面的部队配合，那就有点像雾里行船，只能靠自己手中的这把舵，不能指望别人了。再说，'嫩豆腐'打黑枪、杜光亭告黑状我都不计较，海南共军的误会不过是牙齿咬了一下舌头，计较什么。"

邢："所以我说，与其被人误会，不如挑明白了！要么走，要么……"

韩敛了笑容："怎么？你怕了？"

邢："也怕，也不怕。如果您在外边出了事，我恐怕连害怕的工夫都不会有啊。"

韩点点头："经你这么一说，我是觉得我为你，甚至为你大嫂和孩子们，想得太少了。"

邢："我怕的不是死，死了倒也痛快。我怕的是求死不得、生不如死的那种困境，真到了那个时候，我怕我会挺不住，但因为知道还有一个'死'，可以让我彻底不会再恐惧，也就真的不那么怕了。"

这是韩和邢唯一一次说透了的谈话，也是韩和别人第一次说透了的谈话。

1948年3月底，"国民政府"在南京召开"行宪国民大会"。时任华北"剿匪"总司令部副总司令的邓宝珊、西北军老友胡景通等甘、陕籍将领与会，常来韩家小酌。邓在北伐时已是师长，字瑜，韩习惯称他"宝兄"；胡是西北军前辈胡景翼的五弟，字奎生，但大家统统称他"五兄"或"老五"。

说到为将之道，韩说："为将者，专主旗鼓，临难决疑，挥兵指刃……一剑之任，非将事也。"[1]

---

①见《尉缭子·武议》第八。

邓、胡点头，韩说："我的工作方法就是这样，当师长，不干团长的活；当军长，不干师长的活。但是我会紧紧地抓住我下面的这一级，并且只抓我下面这一级。如果再往下的每一级都要我去抓，那不就都让我自己给抓乱了？"

邓笑了："那是蒋委员长的做法，他可以把电话打到战场上一个团级指挥部，亲自下命令。我们不说政治，光从军事指挥方法上看，他就打不赢。"

韩："宝兄，听说你对委员长说过一句啥话：拿破仑？华盛顿？"

邓："是。那是民国三十二年（1943年），我对他说：'我希望领袖成为华盛顿，我不希望领袖成为拿破仑。'我的意思很明白，要民主，不要独裁。可把他气坏了。"

看到韩家阴面挂着的大鱼翅，胡问："你挂着个水牛皮弄啥？"

韩告诉他："这不是牛皮，是扇翅，大鲨鱼的鳍，山珍海味中的上品。"

胡笑："你个山里娃跑到南方开了洋荤了！我吃鱼最多的一次是去年冬天，我带了七八个人，十几匹马去榆林打了3天牌，买了200斤草鱼连着吃了3天，可那鱼连刺带肉吐出去的比咽下去的还多。"众人大笑。

会中更有西北军政长官公署副长官郭寄峤在"行宪国民大会"中连连联名上书，反映甘肃民意，要韩回去服务桑梓，保境安民。

韩向"总统府"军务局局长俞济时打听，俞说老头子真有让韩去兰州的意思。

韩不担心自己的调职，只是担忧汪萍和孩子们的安危，汪说："乡下的房子，是大姐、二姐和两位姐夫帮着去找的，都挺偏，家具、衣服、被褥、锅灶，也都置办齐了。小邢、小谢（司机）他们都不知道。"

4月上旬，蒋单独召见韩："兰州，是个重要的战略区域，我决定派你去当甘肃省的保安司令。你要利用过去的关系，巩固自己的地位，更要抓紧补编部队。不管这个仗怎么打下去，第一，不能让共军西窜，退入苏联；第二，更不能让它南下四川！"

4月12日，韩接到命令，飞赴兰州，向西北军政长官公署长官张治中报到。

临行前，张保祥向"家里"送出了韩去兰州任职的情报。

当月，"国民政府"参军处改为"总统府"参军处。"国防部"也再次改组，何应钦任部长，白崇禧调任华中"剿总"总司令。

从韩练成在1947年4月调入至1948年4月被调出参军处期间，多次不露痕迹地"协助"蒋介石做出错误判断，借用杜聿明

1948年4月19日，蒋介石当选为"总统"。4月29日，李宗仁当选为"副总统"

在新中国成立后对陕西省政协副主席胡景通的话来说："那两年还打啥呢？蒋介石的计划在韩练成的脑子里，蒋介石每天看的战报在韩练成的皮包里，咋打嘛？"再看台湾出版的《陈诚回忆录》一段1948年4月陈诚致林蔚的回信：

> 关于作战方面，弟身为幕僚长，在地位言，自应负责。但此中不能告人之事，实在太多。仅就山东东北言，山东军事失败，莫过于新泰莱芜之役，此役之计划，究竟谁人建议于主席，主席如何决定，弟在徐州，均无所闻。

以作战对方所言为注脚，1984年韩的讣告"积极配合解放战争，在莱芜等战役中，为中国人民的解放事业做出了重要贡献"，其中那个"等"字就不难理解了。

《周恩来年谱》记载："5月18日，周恩来致电彭德怀、贺龙、习仲勋，介绍原国民党第四十六军军长、现甘肃保安司令韩练成简历和与中共的关系。韩在抗战时即与我和董必武发生关系，表示愿意进步、为中共工作；调山东后也未利用其军队进攻我军，对莱芜战役起了协助作用；现韩表示愿利用同青海、宁夏二马关系，为中共工作。"

兰州被贬

1948 年 5 月 22 日，韩练成在兰州接到任命，居然是"西北行辕副参谋长、甘肃省保安旅旅长兼兰州保安司令"。他向张治中（二级上将，黄埔教官）大发牢骚："张老师，把兰州作为一个独立作战地带，是委员长早就给我交代过了的战略意图，我当然没意见。可我不愿实施这个计划，我到底是个啥？司令不是个司令，旅长不是个旅长。"

张也觉得奇怪："练成，你不要急，你的这个任命也真是有点怪，委员长跟我谈的时候也是甘肃省保安司令嘛，怎么发表的时候就变了？"

西北军政长官公署长官张治中

韩自己已经想出了答案："我知道何部长（何应钦）对我有成见，但也不能让我个中将当旅长吧？参军处正在研究把整编师、整编旅都统统恢复成军和师，这不是明摆着降我的职吗？本来我就不想干了！现在，要不是在老师麾下效力，我受谁这份窝囊气？"

张："大局为重，我会替你搞清楚的。你自己也可以去问委员长嘛。"

韩："我没办法问，也不想问，随它去吧。"

嘴说不干，韩并没有不干，他也没有做出屈尊服软的姿态，反而更夸张地摆出中将参军的架势，四处巡查，并准备扩编部队。他撇开所有副长官，直接向张治中报告："我不管他们愿意不愿意，他们想让我看的，不想让我看的，都看到了，甘肃地方部队实力太差，就算加上马子香（步芳）、马少云（鸿逵）也架不住彭德怀打。再说，委员长也不指望靠马家军撑起这一片天，我手里不掌握 4 个保安旅绝对不行。按照 1 月份公布的

《省保安司令部组织规程》，这部队一定要尽快补编！"

8月1日，人民解放军总部公布解放战争第二年战绩：自1947年7月1日至1948年6月30日，解放军歼灭国民党政府正规军92个半旅，连同非正规军共歼灭1524000人，俘将级军官150人。解放军损失452900人；兵力总数达到280万人，其中野战军148万人。各解放区已相继连成一片。

"国军"的五个战略集团（胡宗南集团、白崇禧集团、刘峙集团、傅作义集团、卫立煌集团）被解放军分割在西北、中原、华东、华北、东北五个战场上，蒋介石不得不从"全面防御"的被动态势转入更被动的"重点防御"。

8月3日，国民政府"国防部"召开军事会议，与会者除了"国防部部长"何应钦、参谋总长顾祝同及所属各次长、各厅厅长之外，还有各"剿总""绥署"参谋长、各军军长和参谋长。作为西北行辕的副参谋长，韩没有被通知出席会议。

会议除了"三年以来戡乱检讨"之外，还有战局研讨的内容，第一天会议结束时，俞济时未见到韩，查阅名单也没有韩，马上命令会务组紧急通知韩即刻到会并主讲蒋委员长关于"独立作战地带"的战略构想。韩在8月4日夜里飞抵南京。

会议确定，将作战重点置于黄河以南、长江以北地区；在以兰州为中心的西北地区建立一个独立作战地带；将整编师、旅恢复为军、师，军以3.5万人数定编；在江南、西南、西北地区扩编训练二线部队150万人；等等。

会前，韩被排斥在会外，使人感到韩已失势；会中，突然又被"大内"指名赴会主讲，又使人不敢小觑。对此，重新担任"国防部"第三厅厅长的郭汝瑰曾来与韩共同分析，结论是：前者，极有可能是何应钦所为；后者，说明蒋对韩仍然倚重。

韩本想在会议期间见蒋一面，但时间不合，俞济时说："下次你回南京来再安排时间吧。"

韩心里有了底，也就不急于争什么司令、旅长、副参谋长等虚名。他知道：只要人们明白，只有他能代表委员长在兰州建立这个"独立作战地带"，他就能在兰州随心所欲、扩大实力。他在乎的是抓在自己手中的四五个保安旅，他相信自己一定会掌握一支能在西北决战时起作用的部队。

看到韩不计较个人名利得失，张治中更感到韩值得信赖。

巧对叶秀峰

9月初，汪萍在南京生下一个儿子，全家都高兴。韩夫妇仍按民俗，顺着姐姐的小名叫他"弟弟""小弟"，但韩夫妇最习惯叫他"小子"，大名"京"，成人之后改为"兢"。

几天后的晚上，"中统"局局长叶秀峰到访："听说韩将军喜添虎子，我是特来道贺呀！"

叶说："刚才走错了门，跑到陈公侠（陈仪）家里去了。"

韩："也不算太错，这栋房子、那栋房子都是我的，他从台湾回来没地方住，那一栋，也是才刚刚给他不久。"

韩在傅厚岗有两个独立的院子，给了陈仪的是七号，自己用的是一号。

叶的随员由邢松全陪同在客厅落座，两人客气，冷静，不苟言笑。邢注意到叶随员的目光停在客厅正中那张极大的照片上：蒋端坐，韩站在他右后方，那是韩在担任参军时的近照。邢感觉到那随员眼中有一丝疑惑闪过。

"中统"局局长叶秀峰

韩请叶在楼上小客厅落座，向卧室招呼："啸耘，起来活动活动，有老朋友来了，把儿子抱出来让客人看看。"

汪抱着孩子出来，叶抱拳："恭喜恭喜，嫂夫人！"

汪定睛一看："是叶专员呀！"

韩："秀峰兄早就是局长了。"

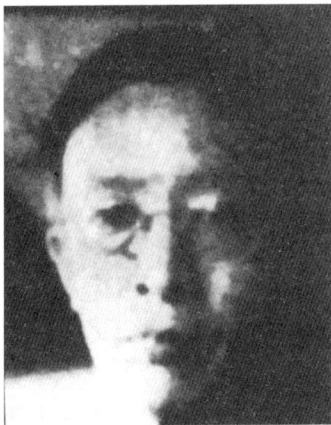

汪并不理会官职的不同："老太太好吗？"

叶："好，好。老太太也怪，那么多年了，她心里可一直想着韩夫人。这不，听说韩夫人喜得贵子，特地让我送块玉来。"说着递上一只锦盒并打开里面是一只翠绿的玉锁。

韩："谢谢秀峰兄，谢谢老太太。过些天叫啸耘去府上拜望老太太。"

小客厅内仅剩韩、叶二人时，叶："练成兄，你怎么跟陈公侠也很熟？"

韩："也是在受降的时候才熟悉起来的。他那时是台湾的受降主官，我是海南的受降主官。委员长要求'三分军事，七分政治'，要我们俩在那两个岛上独断处理军务、政务，还特别说，要看看我有没有做封疆大吏的能力。"

叶："哦？后来呢？"

韩："后来，因为我'剿共不利'，几乎被人参得免了军长。委员长说我是只有说政治的嘴巴，没有搞政治的脑筋，比起陈公侠来，差得远啦。就是从那时起，我和他走动得勤了起来。"

白兰地在两人手中慢慢地晃动着，气氛也慢慢起了变化。

过了好一会儿，叶："练成兄，我今天来，一是道喜，二是来给你通个气。"韩点点头，叶："实不相瞒，我下面的人听到不少关于鲁南会战的风言风语，还都是些查无实据的东西，不足为凭。也不能作为重要的情报或是资料，但都是对练成兄不利的，不知你有什么可资说明的佐证。"

韩笑了："谢谢秀峰兄关照。我已经在'国防部'做了会报，又写了一个《纵横匪区八百里》的报告，我该说的都说过了。杜光亭抓了共军一个团长，说我密通陈毅；我四十六军跑回一个什么人，也说我有通共的嫌疑。你想，我要是通共，我还敢再回南京来？不早就带着老婆孩子跑个屁的了？还等谁来问？其实，我也明白：一个败军之将，没让砍了头，反而进了'大内'，当了参军，谁都看着憋气、不顺眼。如果不是委员长和李、白两公坚持留我，别人不赶我，我也早就引咎辞职了。这年头的事，有什么准头啊？"

叶沉吟片刻："是啊，练成兄，委员长信任你，我也相信你是清白的。但万一有什么你说不清，我也无力帮你解脱的事，我就只好奉公行事了。"

韩："好。你我弟兄话说到此，还是自己为自己的行为负责吧。"

叶："我只能说这么多了，练成兄善自珍重。"

韩送叶走后，张保祥迎上："七叔，他是'中统'头子？"

韩笑笑："嗯，'中统'局局长，叶秀峰。"

张："他来干什么？"

韩："还是问莱芜的情况。你不用担心，没事的。"

韩告诉他："如果没有大的变化，过几天我又要去兰州，你该跟我一起去了。在南京，你施展不开；到了那里，我就可以在我身边给你安排一个军职，咱们再想办法直接和解放军联系吧。"

邢副官自杀

谁料到，就在韩将要返回兰州的前两天，司机谢淙淙（中尉）突然闯入韩的书房："宪兵司令部来电话，说在江边发现了邢副官开的那辆吉普，车上还有他的外衣和名片。"

韩一惊："你马上去，把情况搞清楚再回来！"随即上楼告诉汪："小邢出事了。宪兵在江边发现了他的车，可不见人的踪影。我已经让淙淙去了解情况。"

韩夫妇知道邢松全本是请准了假去处理家事的。发生这样突然的变故，韩不得不往最坏处想，不管是什么原因，要让张保祥尽快离开南京！他马上转身下楼亲自找到张保祥，叫他赶在谢淙淙回来以前就走！

几个小时以后，谢淙淙回报："尸首打捞上来了，宪兵司令部、警备司令部都查过了，没有任何他杀的迹象，已经肯定是投江自杀。"

韩："淙淙，你和小邢跟我这么多年，不管有什么事，都不要想不开。"

韩交代谢："小邢的后事你主办，需要用钱朝夫人要。以后，家里的事，你也要多操一点心了。小邢的死因，先不要管别人的说法，你再悄悄地查一查。"

韩在心里说："邢全啊，难道真要发生你最怕发生的事，逼得你去投了江？你这是为了我，才去死的啊！"

韩给汪安排："我想，我离开南京以后，你马上就带孩子们去乡下，安全一点。"

汪："我不能走。我一走，别人肯定会怀疑你。"

韩吃惊地望着她："你怎么，真的全都明白？"

汪平静地一笑："嫁鸡随鸡，嫁狗随狗，我只不过不会说话就是了，尤其是不会说假话，但我心里明白。"

韩并不放心，但见汪能镇定面地对危险，也就安心了许多。

张治中的"信"

回到兰州后不久的一天下午，韩正在向部下交办工作，一上尉报告："张长官说请司令晚上去公馆吃晚餐。"

晚餐后，张治中才说到正题："练成，'国防部'来电话，说何部长要你回南京，有要事找你。明天上午的飞机已经安排了，兰州防务的事，你今晚还要辛苦一会儿，交代一下，我马上叫人接手。"他拿出一个大信封："这封信，也请你带去，面呈委员长。"

韩接过，有些不解："张老师，'国防部'没有具体讲？"

张端起酒杯，答非所问："拜托了。今晚你还要工作，我就不劝你多饮，这杯酒，也算是为你饯行了！"说毕，竟不等韩的反应，一饮而尽。

韩稍一迟疑，端起杯来："谢谢老师。"

饮迄，二人握手作别，张："练成，走好。"

韩："老师保重。"

次日，在兰州至南京的军机上，韩闭目沉思，内心独语："什么事，这么急？'国防部'？给委员长的信？这都是什么意思？"他叫过少校参谋（他不是一直跟韩的人）拿来皮包，韩从皮包中抽出大信封，信封上居然没有一个字，待他再从信封中抽出"信"——竟是一张昨天的报纸！韩再三仔细察看信封、报纸内外，一无所获，再次陷入沉思，内心独语："以张老师之细心，他不会给错，这，是什么意思？难道，要出事？"

刚巧机上乘务员走来："长官，飞机马上要在西安降落加油。"

韩有了对策："西安？降落？加油——好！"

飞机停在西安加油时，韩以"总统府"参军的身份命令机场军方代表处："马上给我接南京：'总统府'军务局俞济时俞局长！"他只能抓住这一刻缓冲、选择的时机，但心里没底："到底是哪个环节上出了问题？总不是老头子拐着弯地要抓我吧？"

电话接通，俞济时答应一会派人去接机，并说："委员长上午最后一个见的是关雨东（关麟征），他刚刚发表了陆军副总司令，老头子留他一起吃午饭，你来了刚好，我去报告委员长，你也陪老头子一起吃饭。"

军机降落南京机场，韩看见停机坪上已有三辆黑色轿车，他心里很踏实："看来并不是老头子要抓我。我倒要看看，你何敬之能把我怎么样？"

韩率先下机，一军务局上校迎上敬礼："韩参军辛苦，'总统'在等你。"

韩还礼："嗬，你总是那么仪表堂堂，啊？"

另三两上校："韩司令，我们是'国防部'……"

韩："哦？回去报告何部长：我见过'总统'以后马上去向他报到。"他看了看随行的少校："你是跟我去'总统'府还是去'国防部'？"

见他嗫嚅，不知所措，韩说："好了好了，你的任务完成了，把我的皮包拿来，你去'国防部'吧。"说罢，转身坐进军务局的轿车，只顾与军务局上校说话。

'国防部'来人眼睁睁看着军务局轿车远去。

当时正是9月底，新任徐州"剿总"副司令的杜聿明刚刚丢了济南。解放军华东野战军以14万人组成攻城集团进逼济南，杜聿明慑于华东野战军18万打援兵力，未敢出援，眼睁睁看着济南失守、王耀武被俘、10.4万部队被歼。东北战事更紧，在解放军东北野战军70万兵力发起的辽沈战役中，已经切断东北和华北的陆路联系——蒋介石心情不好。

在"总统府"子超楼小餐厅，蒋、关、韩三人午餐的气氛有点沉闷。说到身边事，蒋："练成，你的任命是有点问题。"

关："校长，这问题大了。"

蒋喝止："不要多嘴！你们总是这样，在我面前都不讲礼貌，在外面会狂成什么样子？"

关、韩噤声，蒋："我会考虑给你重新任命。你去军校，或者去陆军总司令部，就和雨东在一起，怎么样？"

韩："我服从校长的安排。"

蒋："你先不要回兰州去了，在南京休息几天，我过几天找你再谈。"

见蒋之后再去见何应钦，韩底气壮了，何反而没了对策，只简单地问了问一些无关大局的小事，就让韩回家休息了。但看此情景，韩知道，危机已经到了身边。

子超楼是"总统"办公楼，蒋介石办公室在 119，李宗仁"副总统"办公室在 118

回到家中，韩偶尔听到司机、勤务兵们的对话。谢淳淳："咱们这条街上，住的都是军政大员，外面那些人，就靠拿这些大员家里的事打小报告才能混上一口半口的，当然鼻子灵得很，不然他们在这儿装什么孙子呀？"

勤务兵："一看到咱们家来车、来客人，他们就往跟前凑，东问西问的。"

谢："你们也别反应过激，天热了，给他口水喝，下雨了，给他把伞。"

子超楼蒋介石办公室

蒋介石会客室

勤："给他个鸟！"

谢笑了："你们不懂事吧？越是时时刻刻防着他，他就越是盯得紧你；你们不但不防他，还给他提供方便，日子一长，他还告诉你事儿呢。"

勤："他们属小狗的，能知道个啥？"

谢："狗有狗道，猫有猫道。"

勤："对了，前几天送牛奶的那个，还问过我：跟斜对门德公家熟不熟？"

谢笑了："是不是？多长几个心眼，把司令保护好了，你的小命也长点；司令出了事，这些属小狗的可就变成狼了，你落在他们手里，不死也得扒层皮！"

勤："我他妈的动枪，我扫了他！"

谢摇摇头："你们还是太嫩。司令倒了，哪还有等你拉枪栓的工夫？人家就把你给拾掇了。"

勤："那——那咱咋办？"

谢指指脑袋："多长几个心眼，眼睛放灵点，耳朵放长点，手脚放利索点，把司令保护好了，什么事也没有。"

勤务兵还是没太明白，但也回复说："是，谢副官，我听你的。"

韩在心里暗笑："这个小谢，还真有你的。"

就这样，韩在南京随时"等委员长召见"，但蒋却早已被东北战事牵动得三飞沈阳。也正是有蒋"召见"的掩护，何应钦也罢，叶秀峰也罢，都没有对韩采取任何行动。韩甚至还和夫人带着三个孩子一起去叶家看望了老太太，很开心地玩了一下午。

郭汝瑰曾来探望并提醒韩："走为上。"

韩答："我心里没鬼，哪里也不去。"

关麟征的"病"

10月下旬,关麟征邀韩去苏州,用关的话说:"这是我调任以后第一次休假,碰巧你也得空,咱弟兄俩自己出来走走,散散心。"战况紧急,关有此闲心,使韩不解,但他还是应邀去了。

二人便装简从,在阳澄湖畔一小酒楼对饮。夕阳中,桌上两瓶老酒、四五只大闸蟹,韩问:"听说老头子让你回陕西当省主席?"

关:"说过,我没接。"

韩:"为什么?"

关:"都是打内战,打到家门口去,像什么话?如果真让我主陕,得把党政军权都给我才行,让我主政,让胡寿山(胡宗南)带兵,谁听谁的?"

韩点头,关继续说道:"练成,我就弄不明白,桂系门户那么严,你可在那里干得还挺欢,是咋回事?"

韩:"替校长抓部队,替李、白守家底,两大之间难为小,谨慎为之而已。"

关:"眼下战局很紧,你有什么想法?"

韩:"何敬之、陈辞修看我不顺眼,杜光亭这些人又在背后打小报告,我还能有什么想法?"

关:"老头子信的就是这种人,你还真是不能不防。练成兄,你果然不是共产党?"

韩摇摇头,关舒了一口气:"是不是也都没啥关系。老头子对咱弟兄不薄,可这内战……连我也是早生退意,进退两难哪。"

韩:"真想走得远远的,眼不见,心不烦。近来华东、东北已经大打了。"

关:"是呵,前两年,光亭在东北,校长总是不放心。就算他不调离,就凭他?也不一定会比卫立煌、范汉杰打得好。"

韩:"为什么?"

关："光亭只能挑一百斤，给他一千斤不压死他？他不是林彪的对手。"

韩："那么如果你去呢？"

关："我？我是不想再和咱中国人打内战了。可是如果我去，从作战角度，只抓两点：一是派一勇将做兵团司令，给他三个军，城有所不攻，地有所不守，专做一件事——活捉林彪；二是对于20万伪满军队，一律收编为地方保安部队。抓住这两点，就可以消灭共军有生力量，壮大自己。"

韩停了停："你的腹案比我们做的构想都狠。那，可就真要多打几年了。"

关也停了停，若有所思："是呵。不过，这一个月内，校长三次飞沈阳，让卫立煌这个'剿总'司令他咋当？老头子越级指挥这习惯真是改不了了？"

韩："他还总是不放心嘛。"

关摇摇头："将从中御，难有不败的。"

将不谈兵，无话可谈，可谈来谈去，谈不出个胜算，越谈越扫兴！二人对饮，不再说话。

次日清晨，韩总不见关起床，轻敲关的房门，不应。韩叫服务生开门进房，见关半闭双眼，说："我头晕得厉害，你快叫人来！"

韩连忙命服务生出去找车，立即把关送去苏州陆军医院，关已经叫不应声了。检查后，军医低声："副总司令一切正常，不会有什么问题，请韩参军放心。"关仍昏睡，护士在一旁监护，韩沉思，内心独语："雨东这是怎么了？"

他还没想明白，突然两三个校尉由军医引入："报告韩参军，我们是苏州警备司令部派来护卫副总司令的，总司令部和军校的人都已经在路上了，参军可以放心交给我们。我们的车停在外面，听从参军调用。"

> ## 怀友人
>
> 一九八〇年八月
>
> 关西大汉雨东[①]，
> 退隐抗战英雄。
> 但愿来生相会，
> 你我再作弟兄。
>
> 注：①关麟征（1905—1980），字雨东，陕西户县人。黄埔军校一期毕业，曾参加北伐战争。抗战时期任国民党第五十二军军长、第九集团军司令；1948年辞去陆军总司令职，此后一直住在香港。1980年8月1日去世。韩、关交谊自30年代初，1952年后中断联系。

1980年8月，关麟征病逝，韩练成赋诗纪念，见《韩练成词选》

163

韩沉思："莫非？是雨东有意给我造了一个脱身的机会？"他一面看着关，一面对来人说："我马上去上海，行吗？"

一校："没问题。"

见关仍无反应，韩走近，握了握关的手："雨东兄，我走了，你多保重。"

关仍昏睡，一动不动。

唐君铂的护照

当日下午，韩由苏州警备司令部专车送到上海，在北四川路白崇禧公馆附近下了车，等车走远后，换车去找周士观。周问："关雨东到底是什么病？"

韩："我看，他什么病也没有。这一定是他给我制造的一次逃生的机会。"

周："哦？"

韩："也跟张文白老师一样，给我机会，给我条件，就看我明白不明白，抓住抓不住。"

周大笑："兵不厌诈！时时事事处处都有玄机呀！你现在准备怎么办？"

韩一拱手："又要烦劳六哥了。"他希望周士观替他安顿家小。

周于次日赶到南京，对汪："七嫂，明后天我就送七哥上飞机，已经跟香港那边联系好了。事不宜迟，你也要马上躲起来。"

汪想了想："我可以带孩子们先去马道街我二姐家。"

周："我送走七哥以后马上带车来南京，用我的车送你们去乡下。有什么要准备的？别带太多东西。"

汪："除了孩子，我什么都可以不带。"

周摇摇头："去乡下以后，想不到的事还很多，要把所有的现金、票证全带上，以备不测。"

汪点点头，周："七哥说，你们在乡下的地方，不能让家里这些副官、司机、勤务兵、老妈子知道。"

汪："他们都不知道。"

周："在乡下，你们以什么身份生活？"

汪："我只当过老师，现在就当一回大学教授的太太吧。"

周："好。你们去二姐家的时候，在副官、司机眼里，也要像平时走亲戚一样，少带东西。"

汪一笑："放心吧，六哥。"

周："七哥说，请你一定说服大姐、二姐和两位姐夫，也要马上分头疏散到乡下去。没人能找到他们，就没人会找到你。你要做好长期住下去的准备。"

返回上海后，周拿到为韩定好的机票，亲自送韩到机场。韩着便装风衣，含烟斗，挎一照相机，提一纯牛皮旅行皮包，俨然一副主流艺术家的打扮。他现在的身份是香港昆仑电影公司的摄影师许冰。

身份，是年初与潘汉年在香港约定的。

护照，是"总统府"另一位管外事的中将参军唐君铂给的。

那是韩离开参军处去兰州时，唐特意送给韩"作为留念"的，唐说："这护照是空白的，你在需要的时候填上名字就可以了。"唐还加了一句注释："这年头，咱弟兄们自己不帮自己，靠谁呀？"

让韩不解的是，张治中、关麟征、唐君铂三人，都是很传统的人，也都是蒋介石所信任、所倚重的人，如果他们已经看破韩的"二心"，又为什么要出手相救？如果只用江湖人士推崇的"义"字来解释，那么他们对蒋的"忠"又去了哪里？但如果纯属巧合，天下又哪有这样一环扣一环的机缘？想到这里，结合战况，韩不得不把这一切归于天意。这已是大势所趋，不以人的意志为移了！

1948 年的韩练成

潘汉年接应

按照韩提供的地址和暗语，周士观向香港发出了电报："许冰到请接洽。"

韩被人接到九龙一别墅内，潘汉年不日来探望："嗬，许兄这身打扮还挺时髦的。"

韩伸开双臂，贝雷帽、深红色宽边眼镜、毛衣、烟斗、休闲裤、便装皮鞋，衣架上——堑壕式风衣、纯羊毛围巾。韩笑答："蔡叔厚老板旗下，昆仑电影公司，大牌摄影师，艺术家嘛。"

潘："嫂夫人和孩子都安顿好了？"

韩："已经躲到乡下去了。"

潘："给我地址，我叫人接他们来香港。"

韩递上地址，潘收起，韩又递上两架相机："来，教教我，怎么用？"

潘笑了："嗬，蔡司！莱卡！还都是名牌。道具不错嘛！"

韩也笑了："士观陪我买的，可惜我还不会使。要不，你拿去用？"

潘："你先留着，没准以后还用得着。"

韩："我什么时候走？"

潘："快了，到时候通知你。北方天冷，你这些衣服恐怕不够。"

韩："第一站去哪里？"

潘："走海路，去大连。你不晕船吧？"

韩夸口："吴淞口、珠江口、琼州海峡，在海上跑了不知

> **怀友人①**
>
> 一九七〇年二月
>
> 十年生死两茫茫，
> 谁知"小开"②在何方！
> 如是"特务"堪罕见，
> 犹记当年过香港③。
>
> 注：①友人指潘汉年（1906—1977）。韩练成与潘汉年相识于40年代，在周恩来领导的秘密工作中相知很深。
> ②小开　潘汉年的别名。
> ③1948年底，韩练成身份暴露，只身潜入香港，由潘汉年等同志安排乘船赴解放区。

韩练成诗：《怀友人》

多少趟了，西沙群岛都去过，没事。"

潘："回到解放区以后，会有新的工作等着你。"

韩："我的战场原本应该在南京，在委员长的身旁。眼看东北打完，华东开打，华北大战在即，不能在自己的阵地上看到胜利，不甘心哪。"

潘笑了："你该知足了。让老蒋、白崇禧发现，你脑袋搬家，连命都没了，还谈什么胜利？"

在韩等待北上的阶段中，解放军东北野战军在辽沈战役中，歼灭"国军" 47 万余众，东北全境被中国人民解放军解放。

海路去大连

1948 年 11 月 23 日深夜，韩练成和北上解放区的第二批爱国民主人士一起乘挪威籍商船开往大连，同船的有马叙伦、郭沫若、许广平母子、陈其尤、曹孟君等人。出发前，潘汉年特意让韩化名张某某，并交代随行人员，不要让同船的任何人知道韩的真实身份。

途中，韩戴皮帽，着皮大衣，精神抖擞地与数人站在甲板上，他的贝雷帽、风衣、围巾全都包裹在一个瘦弱的文士身上，那人吸溜着鼻子："刚才他们说，周海婴（鲁迅、许广平之子）的那个无线电收到新华社的消息了，说听到一篇评论，题目是《中国军事形势的重大变化》。气魄很大，说再有一年，就可以从根本上打倒国民党反动政府了。"

韩："说得是。这些发言人、评论员、观察员的文章，不少是毛主席亲笔撰写的，当然气魄非凡。东北野战军的辽沈战役打了近两个月，歼灭'国军'东北'剿总'及所属 4 个兵团部、11 个军部、36 个师和地方保安部队近 50 万人，如果锦西、葫芦岛堵得住，'国军'那十几万人也跑不了。按这个速度，也就是一两年吧。"

众人："张大哥，你是做什么事情的？怎么天文、地理、文的、武的都懂啊？"

韩的宏论引起一位曾在抗战期间听过他在桂林大学讲演的女士的注意，因为当时在广西、在桂林，他的口音很独特，那女士找到随行的联络员，并准确地回忆起，这个被称为"老张"的人是国民党桂林军校的教育长。联络员问她："你能想起他的姓名吗？"

女士努力回忆："就是他，他反正不姓张！姓黄？姓胡？还是姓……我再想想……"只一会儿，"姓韩！"那女士大叫，"姓韩！没错，就是他！他是蒋匪军的中将！桂林军校的教育长！就是他！"

联络员："这事你还跟谁说过？"

女士："没有，没跟任何人说过。"

联络员再三嘱咐她："好，我知道了。请你再不要对任何人说这个人的事，我们会有办法处理的。"

女士不放心："让他混在我们里面，多危险！"

联系员："我会处理的，你们放心吧。注意保密，不要再对任何人讲了。"

一到大连港，有关部门工作人员拿着大衣、围巾，极热情地迎接每一位下船的民主人士。韩却被同船的工作人员引导，被几位军人带上一辆军吉普。

平山东黄泥——中央社会部

12月底，韩已着解放军冬装，外披羊皮军大衣，从大连一个小码头登上一艘简易快艇，船舱里已有四位便装文人在等待：胡绳、连贯、翦伯赞、宦乡。

韩看看几位文士："让同志们久等了。"

一人问："贵姓？"

韩："就叫我老张好了。"

另一人："是东北野战军的吧。"

韩笑笑："嗯呐。"

夜幕下的黄海，快艇在风浪中颠簸着前进，韩曾对潘汉年说不晕船，其实次次乘船次次晕，这时已经吐得一塌糊涂。

次日凌晨，快艇到达威海成山头一无名荒滩，回头东望，一片晨曦。胡绳指指脚下："天之尽头也。"

韩等五人爬上等候多时的一辆无篷卡车，由拥枪战士们在打瞌睡的摇晃中护送前进。途径青州，下起漫天大雪，五人受到中共山东分局的接待，分局的同志说：附近有一个关押国民党将领的战俘营，可以去参观一下。韩等五人本想同去看看，但雪大路不好走，未能成行。

一路颠簸，到济南时已近 1949 年元旦，韩带四人和战士们进入一个名叫珍珠泉的澡堂子，大家泡在热气腾腾的大池子里解乏，每个人的节奏都慢了许多。

水汽中，四人之中有问："老张同志，你怎么知道这里有个珍珠泉？"

韩："30 年代我就来这儿烫过澡。"

那人："哦？十几年了都没变？"

韩："前年这个时候，我也来烫过澡。"

另一："前年？前年济南还是蒋管区啊？你就来过？"

韩笑了："你们这几位，真不愧是做学问的，刨根问底呀？前年我就在济南，我带着我的四十六军来和陈毅打仗嘛，我怎么没来过？"

又一："你跟陈毅打仗？那你，不是东北野战军的？那么，你也不是——解放军的？"

韩笑了："那时候不是，现在是啊。"

又一："请问你到底是谁？"

韩："在下，韩练成。"

胡绳："弄了半天你不姓张？你是——韩练成？'国军'第四十六军军长韩练成？"

韩："然也。"

其一："那，你这是被俘了？还是起义了？"

韩半闭了双眼，摇摇头："嘘，大家睡一会儿吧。"不再说话。

新年后，五人乘卡车到德州，换火车到石家庄，再换卡车到平山。胡等四人去李家庄——中共中央统战部，韩去了东黄泥。

东黄泥是中共中央社会部驻地，韩和时任部长的李克农同住一个农家小院的三间北房里，那是典型的北方民居，北房一明两暗，李东韩西。

李时时问韩一些人的情况："吕文贞这个人你熟悉吗？"

韩："熟悉，私交也很好。怎么？"

李："三人小组时期，我们处得很好，他太太在北平办的学校，掩护了我们不少同志呢。"

韩："他好像去联勤总部，给郭忏当参谋长去了。"

李克农

李："邓宝珊呢？"

韩："是西北军时期的老朋友。"

李笑了："也是党的老朋友。他这个蒋介石任命的华北'剿总'副司令呀，却帮着傅作义跟咱们谈判北平的和平解决办法。"

李把话题转向韩："练成，你看，你人脉挺广，人缘也好，在化敌为友这一方面，有独特的优势，你就留在这里，和我一起干吧！怎么样？"

韩："我不便涉密过深。"

李大笑："不便涉密？让你到东黄泥来，是胡公的意思。你住都跟我住在一起了，对你，哪里还有什么密不密的？"

韩："我熟悉的是军事，你这一行密也罢、不密也罢，我都是客串、玩票，不在行的。我连电话号码都记不住，连个照相机都不会用。"

李："没有人需要你去做这些小动作，我是希望你用你的高参头脑、主官思维来判断敌情，毕竟你在蒋介石、白崇禧身边时间长，你比我们都更了解他们。"

韩摇摇头："蛮兄过誉。虽然我在他们身边，但我只是一个下级，其实对一个统帅，要说最了解他的，应该是与他对垒的、另一方的统帅，只有真正的对手才了解对手，只有统帅才了解统帅的心。我和他们的距离是近一些，但我对他们的了解，并不深、并不透。"

韩兢 2008 年与李克农之子李力（中）、李伦（右）

李："练成你过谦了，你的判断一向都是准确的。"

韩："内战即将结束，开始和平建国，我这旧军人已经功成，就真的该身退了。"

李笑了："我们还是看胡公怎么安排吧。"

朱德赠书

1 月下旬某日，韩由社会部副部长刘少文陪同去西柏坡参见朱德，这是他第一次见到朱总司令。

朱："你不要老说自己是旧军人。旧军人有什么关系？我、彭德怀同志、贺龙同志，不都是旧军人？"

韩："我哪能跟几位老总比？"

朱德、康克清夫妇在西柏坡

朱："我说，你这个'旧军人'，为党、为革命可是立了大功，立了奇功的！按恩来同志的说法，你那一支铅笔，大过两个兵团哪。"

韩："总司令、周副主席过奖！"

朱："来，练成同志，这本书，我送给你。"

韩郑重接过——边区印刷的《毛泽东著作》。翻开扉页："此书不厌千遍读，懂得一句也有用处。朱德。"一气翻过：书中圈圈点点，韩十分感动。

周恩来谈话

当日傍晚，韩回到东黄泥，远远望去，周恩来正在村边与几人谈话。见韩，周示意人们离去，老远就伸出手："练成同志！"

韩忙迎上去，敬礼、握手："周副主席！"这是他自 1944 年离开重庆以后第一次见到周恩来。周关切地说："你真不该在莱芜战役之后回南京去，多危险哪！"

韩："我这不是又安然回来了吗。"

周："听说你的夫人和孩子都已经到了香港？"

韩："是。都是士观、汉年他们安排的。"

周："你刚才去见过朱老总了？"

韩激动地："总司令还送我一本书。"

周接过看了看，交还韩："毛主席的方向，就是中国共产党的方向。朱老总的心得，也是十分宝贵的。练成同志，要好好学习呀！"

韩蓉和韩兢 1949 年初在香港

韩："是。胡公，现在我可以提出入党申请了吧？"

周开朗地笑了："可以，当然可以。党还有许多工作要你做呀！"

韩："我服从党的安排。"

周："好。你估计，面对解放战争即将走向全面胜利的形势，蛰伏溪口的蒋介石和南京政府的李宗仁各自会有什么反应？"

韩："我和克农谈过：蒋仍然有可能从幕后再次跳到台前；但为了彻底逼蒋出局，李、白势必会争取与我方划江而治的政治局面。"

周："你对划江而治怎么看？"

韩："如果南北分治，即便解放军不过江，'国军'也有可能寻找有利时机反攻北上；即便'国军'短期内无力反攻，'国统区'内部也会重开战端。"见周仔细听，韩停步："蒋虽引退①，但实权在握，'国军'大部唯溪口马首是瞻；李、白虽有与蒋比肩的愿望，但桂系干部低能、狭隘，'国军'大部并不臣服。这样的'和平'对国家、对民族并无实际意义，不如一鼓作气……"韩右手四指并拢，一插！

周笑了："看来，克农坚持要让我把你留在社会部，是有道理的！"

韩不理解周的意图，表示："坚决不再披这张猪皮！"他说："到了和平建国之日，就是我功成身退之时。你再别让我搞什么社会部和军队的工作了，我愿卸甲为民。我放过羊，当过骑兵，我愿去搞畜牧。"

周："练成同志：第一，解放战争还在进行中；第二，共产党员要服从组织。关于你的工作安排，中央会做出正确的决定。我完全理解你的心情，但是一个真正的革命者是不应该挑挑拣拣，更不能计较个人得失的。"

周恩来在西柏坡

韩点点头："我记住了。"

①1949 年 1 月 21 日，蒋介石"引退"，李宗仁代理"总统"。

毛泽东请客

月底，韩练成去西柏坡参见毛泽东，这是他第一次见到毛泽东，也是他一生中和毛泽东的唯一一次谈话。

两人对坐，香烟缭绕，毛说："蒋委员长身边有你们这些人，我这个小小的指挥部，不仅指挥解放军，也调动得了国民党的百万大军哪！"

韩不知道"蒋委员长身边"还有谁是和他一样的"这些人"，但他知道除了自己之外，一定还会有其他人。

两人一起喷烟吐雾中，韩问："主席的烟瘾很大？"毛点点头，韩说："重庆谈判之后，有一次闲谈，委员长对我说：'毛润之毅力过人，那么大的烟瘾，在我面前竟然一支烟都没抽。'"

毛："哦，他观察得很仔细呀。练成同志，你说说看，我和蒋委员长有什么相同和不同的地方？"

韩："我——妄谈之？"

毛："尽管直言。"

韩略一思忖："太深的，我没想过。从最早接触主席的《论持久战》《新民主主义论》，到那首轰动山城的《沁园春·雪》，到近几天看到的一些文件、评论，我深感主席的国学、兵学造诣极深。和主席相比，委员长偏于继承，像委员长的《革命哲学的重要》《报国与思考》《中国之命运》等，多是对先贤文字的诠释、组合及利用，极少有创新之处。如果说委员长努力去做的是一个传统的继承者，而主席更像是一个新时代的创造者。这样比，不知是否恰当？"

毛："我们共产党人，就是要做历史的创造者！"

警卫员送上饭菜，毛招呼道："来，练成同志。"

两人一同端起碗，一同把筷子伸向火红的辣椒，一同把辣椒放进口中，毛高兴地说："你也能吃辣椒？"

韩："我看主席也爱吃？"

毛："我要是一顿不吃辣椒，连屎都拉不出来。"

韩为毛的直率所倾倒！

江青端一盘菜过来坐下："韩将军，尝尝，这个菜是我炒的。"她梳着短发，身着列宁装，看上去很清爽，也很精神。

韩放下筷子，双手伸出大拇指："江青同志真是多面手：电影演得好，菜也烧得好。真是主席的贤内助啊。"

江："哪儿啊，在主席面前，我永远是小学生。"

毛："听她的，来！"给韩碗里又夹了一根大辣椒："不辣不革命，越辣越革命。"

毛泽东和江青在西柏坡

韩又拿起筷子："好，谢谢主席，越辣越革命。"

一家团聚

1948 年 11 月 29 日至 1949 年 1 月 31 日，解放军东北野战军、华北野战军在平津战役中，共歼灭、改编国民党部队 52 万人。1949 年 1 月 15 日，解放天津。同日，中央军委决定将解放军西北、中原、华东、东北野战军依次改为第一、第二、第三、第四野战军。

为了对李宗仁、白崇禧主导的和谈局面起一定的促进作用，中共中央决定释放桂系被俘的所有团以上军官，韩曾出面参与会见，也算是对"国军"方面公开了身份，但他实在不愿意继续从事这种性质的工作。

1949 年 1 月 31 日，北平和平解放。为了给党中央打前站，李克农在

2 月初离开平山，提前进入北平，两人就此分手。和李克农住在一起时，是韩练成心情最舒畅的阶段。

在此阶段中，经中央批准，韩去参加了一个时期的政治学习，除了教材之外，韩额外看了大量文件、资料，1948 年 2 月以后的中共中央文件是韩阅读的重点，从《中央工委关于收复石家庄的城市工作经验》看到"我们在城市工作的方针是建设，而不是破坏"；从《东北局关于保护新收复城市的指示》看到"不能以游击战争的观点、以农村的观点来看城市"，"应该在新占领的城市实行短期的军事管理制度"；从《接收沈阳的经验》看到解决"怎样完整接收城市"和"怎样迅速恢复秩序"两大难题。韩已经切身体会到以毛泽东、周恩来为代表的中共高层领导集体绝不是什么"土八路"，他看到中共已经有前瞻性地、有应对措施地进入城市，具备掌握城市政权，以至全国政权的政策管理能力。

第一野战军司令员彭德怀、副司令员张宗逊

学员中有一部分将要转到地方工作的军队干部，有一部分知识分子干部，也有一部分"国军"起义将领和"国民政府"的起义官员，论组织、论身份，韩在这三个圈之外，但由于韩的论点明确、直率，又和这三个圈都保持着良好的关系。

3 月中旬，彭德怀在参加七届二中全会返回西北的途中，在石家庄火车站约见了韩练成，韩始知中央已决定要他去西北工作，新的职务将是解放军第一野战军副参谋长。

当时，韩练成遵照叶剑英的命令，正在华北军政大学教授"大军统帅学"，彭德怀让韩七八月份再去一野报到。

3 月 23 日，中共中央机关、解放军总部机关迁往北平。

4 月中旬，韩练成还在华北军大任教，有管理员推门进来敬礼报告：

"韩副参谋长，你的家属来了。"韩一惊，却见大妹斜背着一个军用挎包，从那人身后蹦出、扑过来，大喊："爸爸！"

那人闪开，汪萍抱着儿子进了门。韩大喜："你们这么快就来了？"

管理员："韩副参谋长，我去给你家属领被褥、衣服、脸盆和牙具。"对汪说："你们先住下，过一两天再看能不能换一个大一点的房子。"韩住的是单人宿舍。

韩还未反应过来："怎么这么快，说来就来了？"

国防大学名师榜：韩练成

汪把儿子放在床上："我们从香港到天津，一上岸就让人送来了。"

韩左右看看，迟疑地问："还有——小妹呢？"他真怕再次失去任何一个孩子！

汪笑了："你放心，她也很好，跟二姐一起躲在乡下。"

韩松了口气，抱起儿子，贴在脸上："不到半年，换了一重天哪。"

韩一家和几个干部家庭在机关食堂吃小灶，韩问汪："吃食堂，习惯了吗？"

汪："还行。可是咱们怎么老不给人家钱呢？"

韩："现在解放军实行的是供给制，按人头算，大人、孩子都发津贴费，吃饭也是有补助的。"

汪："我还是不明白。"

韩笑了："其实我也没搞清楚。入乡随俗吧。南京马上就要拿下来了，你是带着孩子们回南京，还是……"

汪摇摇头："你去哪儿，我们跟你一起去哪儿。"

韩："西北和南京相比，苦得多啊。"

汪："解放了，再苦也比抗战的时候好。"

两人相对，安心笑了。

4月20日子夜，解放军第二、第三野战军及华东军区、中原军区部队并第四野战军一部共120万大军，发动渡江作战。23日，占领南京。

解放军的一支小部队进了韩在傅厚岗的住宅，看到那幅蒋坐韩立的大照片，干部战士们认为："这家伙和蒋介石照相，肯定是蒋匪军的大官，这房子不是老百姓的，登记上，可以没收使用。"那相片被撕了下来，拿到院子里烧了。

虽然与蒋的这一张唯一的合影是韩的护身符，他并没有底片，这一把火可真是烧掉了一段宝贵的历史记录。

加入共产党

8月下旬，韩练成到达西北，此时兰州战役已打响。看到白塔山黄河铁桥被打断，追击受阻，韩立即派人找来了地下党员、著名建筑师任震英协助抢修。

9月下旬，中国人民政治协商会议第一届全体会议在北京举行，会议代行全国人民代表大会职权，选举中央人民政府委员会，毛泽东当选主席，朱德、刘少奇、宋庆龄、李济深、张澜、高岗当选副主席。

1949年10月1日，中华人民共和国中央人民政府成立，任命周恩来为政务院总理兼外长，毛泽东为人民革命军事委员会主席，朱德为人民

解放军通过修复的黄河铁桥

解放军总司令。

新中国的诞生，是韩所盼望的。但最使韩练成感动的是，中国人民政治协商会议决定在中华人民共和国首都北京建立一个为国牺牲的人民英雄纪念碑。

他是一个看惯了死人的人，也是一个

毛泽东、朱德等人为人民英雄纪念碑奠基

看淡生死的人，他从来没有设想自己会死在祖宅、死在床上。但在他的信念中，军人不能有滥杀之心，军人的职责所在，就是中国"武"字的表述：止戈为武，以战争制止战争；军人的可敬之处，就在于用自己青春和生命去制止战争，用自己的战死，保卫更多人的生。对于这种死，韩怀有近乎虔诚的崇敬。

看到报纸全文刊载了碑文：

> 三年以来，在人民解放战争和人民革命中牺牲的人民英雄们永垂不朽！三十年来，在人民解放战争和人民革命中牺牲的人民英雄们永垂不朽！由此上溯到一千八百四十年，从那时起，为了反对内外敌人，争取民族独立和人民自由幸福，在历次斗争中牺牲的人民英雄们永垂不朽！

他工工整整地全文抄录了这篇碑文，挂在办公室的墙上。

11月以后，韩先后担任第一野战军副参谋长、兰州军事管制委员会副主任，参与并指导位于甘肃的"国军"第一一九军（军长王治歧、副军长蒋云台）、第一七三师（由甘肃省保安副司令周祥初指挥）等部起义。韩曾给盘踞在宁夏的马鸿逵写信，传达了党中央的宽容态度，劝马"放弃军权，保持政权"。但马鸿逵选择了对抗到底，可部队并不愿为他送死，第八十一军（军长马鸿宾）起义、第一二八军（军长卢忠良）投诚，马鸿逵在全军覆没前仓皇出逃。

1950年1月，韩练成任西北军政委员会委员，主席是彭德怀，副主席习仲勋、张治中①。此时此地韩见到张，仍然口称"张老师"，张治中当着习仲勋等人的面对韩说："在何应钦向蒋介石报告韩已到了解放区时，蒋一把打落了桌上的玻璃杯，指着何等大喊：'都是你们逼的！如果不是你们贬他一个中将当旅长，他怎么会走？'"张还说，他问过周总理，韩是蒋身边的红人，并非常人从表面上看到的"杂牌军人"，他不是受排挤、没出路的人，这样的人为什么会跟了共产党走？他说，周总理回答，这正是信仰的力量。

"宁夏省主席"马鸿逵

中央人民政府任命通知书　府字第0693号

兹经中央人民政府委员会第四次会议通过任命韩练成为西北军政委员会委员

特此通知

主席 毛泽东

一九四九年　月　日

1949年任命书

在自己的工作岗位上，由自己工作单位的同志做介绍人，以普通党员的身份而不是以特殊党员的身份入党，是韩练成的心愿。但他的经历在西北无人知晓，时任中共中央副主席的周恩来做他的证明人，委托西北军区副司令员张宗逊（黄埔五期

①1949年6月27日，张治中发表《对时局的声明》，公开与国民党反动派彻底决裂，并号召国民党内的有识之士同中国共产党推诚合作，共同为实现新民主主义的理想而努力奋斗。

生）、副政委兼政治部主任甘泗淇做介绍人，韩练成在1950年5月加入了中国共产党。

韩练成的革命启蒙者是黄埔学生刘志丹，革命领路人是黄埔老师周恩来，入党介绍人又是黄埔学生张宗逊，韩与黄埔，真是有不解之缘！

入党当晚，甘泗淇、李贞夫妇来访，甘说："今天你正式加入了党的组织，我和张宗逊同志能做你的入党介绍人，也是很受教育的。周副主席对你的评价很高，他说：这么多年以来，你一直是一个没有办理过正式入党手续的共产党员，你的行动是对党的最忠诚的誓言。"

韩："我不过是一把钝刀，没有周副主席这样的高手，是割不下肉来的。"

李贞时任西北军区政治部秘书长："哪天我们要组织一次学习，请参谋长讲讲你的革命经历。"

韩笑了："我有什么好讲的？还是应该请你到我家来，好好给啸耘讲讲你长征的经历。"

李："汪大姐，你是真正有文化、有贡献的女同志，全国妇联已经为你安排了一个岗位，你也为咱们自己的新中国做点工作？"

汪一笑："我过去只教过书，现在又带着这么几个孩子，哪能干全国妇联的工作啊。我在家相夫教子，让他不用分心，也算间接地为国效力吧。"

见李束着皮带、手枪，坐着不舒服，汪说："李大姐，来，到我房里去坐，把枪摘了吧，那么大，那么重。"

李随汪走进卧室，解下皮带和手枪放在几上，孩子们在床上玩，汪说："李大姐，我送你一个东西，你一定要收下。"

李："什么东西？"

汪拿起床头的化妆包，抽出一支精巧的女用袖珍手枪："这支枪，送给你吧。"

李接过，仔细打开枪管、弹仓，里面装有四发子弹："汪大姐，你一直随身带着它？"

汪："多少年了，我天天都是这样过的。"

李："你用过没有？"

汪淡淡一笑："没有。我除了拿它打自己，还能怎么用？"她说的是真话，除了常备不懈，她说的"打自己"，真的有过四次经历：第一次是

1939 年大光、二光夭折，她恨不能也随了他们去；第二次是 1947 年韩从莱芜战败被"国防部"接去见白崇禧及次日的会报；第三次是 1948 年韩从兰州返回南京见何应钦；第四次是关麟征说杜聿明秘报，韩去见蒋。无论哪一次，不见到韩安然回家，汪总是把枪握在手里，把孩子拢在身边。到了1948 年 10 月韩练成去了香港，她从南京到乡下，从乡下到香港，从香港到天津，从天津到石家庄，更是时时刻刻枪不离身，视线不离孩子。当然，除了打自己，她也绝不会留下孩子任人折磨。

李深受感动："你——你们两个，一个是司令，一个是司令太太，可是你们处的环境，也太危险了。"

汪长长舒了一口气："到了现在，我用不着了。"

李抱起男孩："你们的这些孩子，也是时时刻刻生活在国民党特务枪口底下的呀！"

这位过雪山草地、经枪林弹雨的女英雄没有说错，她手中抱着的男孩，和姐姐一起跟着妈妈由周士观伯伯陪同，改名换姓潜入香港的时候，还不满三个月，他"百岁"那天拍的照片看上去完全是个富家子弟，谁能想到他竟是一个逃亡中的"共谍"之后！

100 天的韩兢

汪："听说你长征的时候小产，以后就再也没能生孩子？"

李点点头，没再说话，两人紧紧相拥，手枪在灯光下寒光逼人。

1950 年 6 月 25 日，朝鲜战争爆发。美国政府武装干涉朝鲜内政，扩大朝鲜战争，并以武力阻止中国政府解放台湾。1950 年 10 月 8 日，应朝鲜民主主义共和国请求，中共中央做出"抗美援朝，保家卫国"的战略决策，任命彭德怀为中国人民志愿军司令员兼政治委员。10 月 19 日，中国人民志愿军分别从安东、长甸、辑安等地渡过鸭绿江，赴朝作战。

按照 1949 年 12 月 31 日中共中央《告前线将士和全国同胞书》的宣告，韩练成认为今年的作战方向应该只有一个——解放台湾。对此时出国作战十分不解。

9 月下旬，汪萍在兰州生下第三个女儿，按当地方言，取名"尕妹"。

"尕妹"出生前后，汪萍的二姐把"小妹"从南京送到兰州，这时，韩练成全家才算是团圆了。夫妇俩带已经能走能跑的三个孩子去拍了几张照片，最喜欢的是这一张，他们说："三岁看大。"

左起：老大韩蓉、老三韩妭、老二韩英

彭德怀的电话

1951 年 2 月，还在抗美援朝初期，从北京传来彭德怀的最新消息，听说老总从朝鲜回国亲自向毛主席汇报战况，为国内支持志愿军不力的事，在中南海发了脾气。韩知道，彭老总是临危授命，困难重重。

不几天，韩练成突然在深夜接到彭的电话，彭直接问韩，是否愿去朝鲜协助指挥作战？

韩立即表示，听从彭总的调遣。接着，韩直陈利弊："志愿军里有我过去四十六军的官兵，在莱芜战役中，是我放弃指挥，使这支部队被解放军全歼。对四十六军的将士们来说，我的这个做法是统帅的失责、失信之举，如果由我参与朝鲜战场的指挥，恐怕对士气会有影响。"他同时表明，这只是个人意见，如果军委决定，他将坚决服从，并且可以马上到职。

听到韩的答话，从来不问公事的汪萍很担心："你那样说，彭老总会不会误会？"

韩："不会。我说的都是肺腑之言，他是大军统帅，他会理解的。咱们就等命令吧。"

事后没有任何人再提及这次通话和通话的内容。

韩和彭接触不多，但自认为两人心神相通。部队刚进城的时候，安排娱乐活动的同志找剧团唱了一出《玉堂春》，安排伙食的同志设了几顿大餐，彭总大怒，严词批评甚至责骂起来：看婊子戏，吃大鱼大肉，还革命不革命了？韩不记得自己当时曾做出过什么样的反应，事后彭专门找韩说："我说的话不是对你的。"韩却清楚地记得自己那句狂妄的答话："是啊，老总，我熊掌、燕窝、海参、鱼翅吃了不知道几百斤，还不是照样干革命？"彭听了此言不仅没有发火，反而很少有地开怀大笑。韩确信，彭不仅是真正的大军统帅，也是真正的革命者。

自从到了第一野战军、西北军区，韩作为副参谋长的主要任务就是部队的训练、干部的教育和各项管理制度的建设。

他还在石家庄学习的时候就注意到了中央1948年一项关于"执行请示报告制度的决定"，决定的精神是，用最大的努力克服无纪律和无政府状态，克服地方主义和游击主义，将一切可能和必须集中的权力集中于中央和中央代表机关手里。这一决议加强了中央对各地区、各部队党委的集中统一的领导，为夺取全国政权创造了必要的前提。

在一野、西北军区的作战、训练和日常工作中，他看到也感受到了中央急需部队改变的游击习气。他是一个从入伍生、学兵开始，一级一级成长起来的军人，他担任过"国军"排、连、营、团、旅、师、军每一级陆军部队的主官，也做过统帅部的高级幕僚。他知道解放军和"国军"士兵、下级军官的出身相似，大多是农民，甚至是流民，在连年的战争中，破坏已经成了他们的思维定式，这种习气对新建的共和国军队是极为有害的。他不同意"只要提高干部、战士的政治思想觉悟就行"的说法，他认为制度是第一位的，必须建立符合正规化军队的制度才行。

1951 年，中央军委提出"建设正规化、现代化的国防军"的口号。韩抓的重点是在全军区内强力推行尚在草案阶段的《内务条令》《队列条令》《纪律条令》，此举，受到中央军委的注视。

对于军区各部的营区建设，也是韩分管的范围。在他的主持下，通过了军区司政后机关大院的规划方案，那是他请任震英组织设计的，主体是一座由"一"字正面的两端分别向东北、东南、西北、西南放射的"四角大楼"。他本想把办公区和家属区分割开，但上上下下无人认同，人们已经习惯了"杨家将——婆娘娃娃一起上"这种非正规的、工作和生活混在一起的营区模式。

韩体会到，要建设正规化、现代化的国防军，真不是一天两天能实现的！

兰州军区主楼

要党员不要上将

1953 年 1 月，韩练成被任命为西北行政委员会委员。

1954 年 9 月，韩练成作为山东省选出的代表参加第一届全国人民代表大会，并当选为第一届国防委员会委员。

会议期间，某日，大休息室里，将星如云。韩被工作人员引向陈毅，向陈敬礼握手之后，又和陈一起走向周恩来，两人同时向周敬礼问候。周对另一工作人员指另一方，转而对陈、韩说："美国借着侵朝战争的机会，加紧了对台湾蒋介石集团的控制，最近刚刚成立的美蒋联合作战参谋部，把台湾的国民党军置于美军的直接操纵之下，这是一个值得密切注视的新动向。"又专对韩说："会后你先不要马上回兰州去，我们再分析一下。"

说话间，工作人员引来了冯白驹、庄田，周介绍："冯

1953 年任命书

1954 年人大代表证

1954 年 10 月国防委员会委员合影

白驹同志、庄田同志、韩练成同志，都已经见过面了吧?"韩、冯、庄互相点头、握手致意。

韩对庄："你就是庄田?"

庄有些奇怪："是啊?"

韩："我一到海南就找你呀，我让那个给冯白驹同志带信的人回去就先找你啊!"

庄陷入思索，陈在一旁笑起来："昨晚怀仁堂的《三岔口》，你们都看了吗?"

韩点点头，冯说："看了，看不懂。"

陈："两个互不相识的自己人，黑咕隆咚地混战了一夜，天亮了才认识，真有趣，啊?"

韩意会："惭愧，没有完成任务。"

周摇摇头："这是我没能给你们接上线。"对冯："为什么当时我只是单独向练成同志打了一个招呼，这个问题以后有机会再谈吧。"又转对陈、韩："莱芜战役，你们不是配合表演得很好吗?"

陈一拱手："都是胡公导演得高妙。"

冯、庄两人像在思索什么问题。

陈："练成同志，莱芜战后你那首诗，我看了，感触很深。只可惜你那时还处在秘密状态，我连和诗都没来得及写一首啊。"

韩笑了："老总，送我一首新诗不更好吗?"

周："你们两人，意气相投，配合默契啊。"

众人笑，但冯、庄的表情一直是像在思索着什么，什么都没有说。

1954 年 12 月，中共中央军委扩大会议决定，将原来的东北、华北、西北、华东、中南、西南六大军区改划为沈阳、北京、济南、南京、广州、武汉、成都、昆明、兰州、新疆、内蒙古、西藏 12 个大军区。

1955 年 5 月，韩练成被任命为兰州军区第一副司令员（司令员张达志、政委冼恒汉）。

授衔前，周总理曾征求过韩的意见，按韩的条件，韩的贡献，如果按起义的"国军"军长对待，完全可以授上将衔。

韩则明确表态："和平建国，我就该功成身退了，还争什么上将、中

1955年韩练成被授予中
将军衔、一级解放勋章

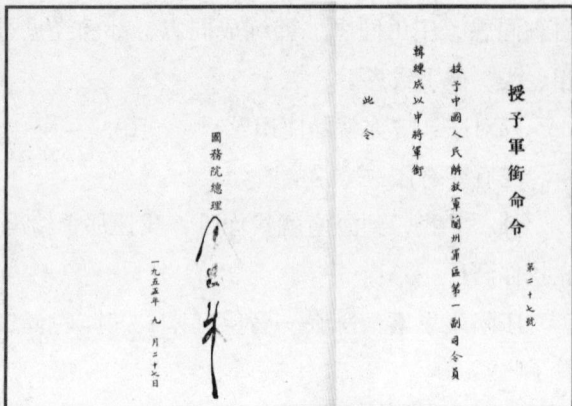

1955年授予军衔命令

将？何况，你是最了解我的人，我是什么起义将领？再说，我干革命本来就不是为着功名利禄。" 韩坚持按入党时的职务、级别，接受授予中将军衔。

韩不仅没有接受对起义将领的授衔待遇，连发给他的按起义将领对待的奖金都没有接受，看都没看就一次性地交了党费。

周恩来十分赞赏韩的举动，并经常向身边的同志讲"韩练成要党员不要上将"[1]的故事。

苏联顾问

1955年底，正是全面学习苏联时期，韩不仅不反对向社会主义的苏联学习建军经验，还十分认真地自学俄语。但韩永远不能接受任何外国，哪怕是来自斯大林的对中国主权、中国领土的一点点要求。对他来讲，共产党人是有祖国的。对于在5月收回旅顺口，苏军全部撤离旅顺地区的决定，

---

①据1994年1月10日罗青长回忆周恩来谈话。

他认为，这是毛主席、周总理坚持主权独立的结果，他崇敬这样的领袖。

在兰州军区的苏联顾问曾多次向主管司令部工作的韩练成索取实力资料，韩对部下说："实力数据？不给他。顾问者，客卿也。实力数据是我军机密中之机密，客气地说，客卿不必知之；不客气地说，客卿不能涉之。"

部下："我就这样回复他们？"

韩点点头："不错。"

军区总顾问当面来问韩，翻译："总顾问说，顾问团要我们军区的实力，听说副司令员同志交代司令部的同志暂不提供？"

韩很客气地回答："请翻译给总顾问同志，中苏两国人民是好兄弟，解放军和苏联红军是好战友，但我们之间毕竟是友邦、友军之间的关系。我军实力是机密中之机密，不是暂不提供，而是不可能提供，绝对不能提供。总顾问是军中前辈，我对总顾问本人非常敬重，我向他请教，如果友军要他提供机密，他怎么做？"

总顾问无言应对。

有部下提醒韩："他们已经不高兴了，说要到中央告咱们军区。"

韩："他就是告到毛主席那里，我还是这个话！"

1956 年春节期间，副总参谋长彭绍辉从北京打来电话，说苏联顾问团真告到主席那里了，而主席说："韩练成是这样说的？好！这个人有原则，有头脑。一切听苏联老大哥的，也不能把家底子都端给老大哥嘛！"

韩练成听后哈哈大笑。

陈毅的照片

1956 年 3 月，陈毅元帅率中央代表团前往拉萨祝贺西藏自治区筹备委员会成立，往返途经兰州时，韩练成全程陪同，谈话的范围甚广，说到陈毅在刚解放的上海当市长，韩问："那时的困难一定不少吧？"

陈答："百废待兴，人民热情很高，国民党残渣余孽如鸟兽散，困难个啥子嘛？好搞得很！"但陈接着又简要说了说经济战线上的"两大战役"。

第一是"银圆之战"。各大城市军管会和人民政府针对猖獗的银圆投机，规定人民币为唯一合法货币，明令禁止黄金、银圆、外币在市场上自由流通。有不法投机商称，解放军进得了上海，人民币进不了上海。上海军管会在 1949 年 6 月断然查封了全国最大的金融投机大本营"证券大厦"，逮捕法办投机商 200 余人，稳定了金融秩序。

第二是"米棉之战"。投机商在非法金融活动被制止之后，转而囤积粮、棉、煤，哄抬物价。国民党残余势力设想：只要控制了"两白（米、棉）一黑（煤）"，就能搞垮上海的共产党政府。主持中央经济工作的陈云指出，"人心乱不乱，在城市中心是粮食"，各地人民政府在全国范围内组织了粮、棉、煤的调运和集中，在 1949 年 11 月物价上涨最猛时，统一行动，敞开抛售，使物价迅速平稳。同时收紧银根，致使投机商资金周转失灵，纷纷破产。

陈毅笑言，第一战用政治，第二战用经济。韩看到了新中国从军事手段向政治手段、经济手段的转化、进化过程，他相信新的人民政府的执政能力会给人民带来安定和幸福。

什么话题都能谈得很透，但一说到"潘汉年、扬帆反革命集团"案①，陈的回答却很含糊："这个问题比较复杂。"

韩坚持自己的怀疑："他不可能是内奸，如果他是，当年首先该完蛋的就应该是我呀！"

陈仍然只说："这个问题比较复杂。"韩心怀疑虑。

在这一段时间，留下了许多照片：

---

①1955 年 4 月，潘汉年被所谓"内奸"问题被逮捕审查，同时被逮捕审查的还有上海市公安局副局长扬帆。20 世纪 80 年代初平反。

隐形将军

前排右起：李书茂（兰州军区副司令员兼参谋长，少将）、张达志（兰州军区司令员，中将）、陈毅、冼恒汉（兰州军区政委，中将）、韩练成（兰州军区第一副司令员，中将）、杨嘉瑞（兰州军区副司令员，少将）

在军区院内，右起：陈毅、韩练成、李书茂

在白塔山上，左起：陈毅、任震英（著名建筑师）、韩练成

陈毅、韩练成在黄河边

陈毅回北京以后，又给韩练成寄来另外几张照片，其中比较重要的是这一张：

左起：汪锋、张经武、十世班禅、陈毅、十四世达赖、张国华

　　那段时间，韩夫妇在家中接受了某中央新闻单位的采访，拍了许多向海外发表的家庭生活照。

韩练成一家其乐融融

左起：韩兢、韩蓉、韩斗、韩英

军事科学院

　　1951 年 1 月，在南京成立了军事学院，刘伯承为院长，韩协助刘帅为军事学院做了部分教学、研究工作，对刘的兵学造诣非常钦佩；刘对韩的"合成军队""瘫痪战略""训练基地""军官养成"等学术观点也很感兴趣，认为很有创意。

　　为了完善军事学院在 1952 年高级速成班用的"集团军进攻战役"教材，刘伯承特别征询了韩的意见。当韩拿到这份倾注刘帅心血的精华提纲，不敢懈怠，3 万多字一字一句整整看了 3 天，提出了 1000 字左右的建议和意见。

　　1955 年，在北京成立了与总参谋部平行的解放军训练总监部，刘伯承为部长，统管全军的军事训练，但刘仍在南京主持军事学院的工作，由叶剑英代理部长。1956 年 7 月，韩练成奉调进京，担任训练总监部科学与条令部副部长。部长彭绍辉（上将）曾任西北军区参谋长，与韩练成曾是正副职关系，两人工作配合默契，私交也很好，共同主持了多项条令的编写。

　　10 月，韩去南京军事学院参与修改教材，事后陪刘伯承同去杭州小住，同游西湖，韩乘游兴，成诗一首：

> 桂子飘香花满袖，得闲且喜试闲泉。
> 小舟结阵张鳞网，孤鹜冲飞破晓烟。
> 四照岩光山入色，倒收云影水浮天。
> 西园确比双堤好，硬是今贤胜古贤。

韩用了四川语汇"硬是"。

刘连声称赞："嗯，'硬是今贤胜古贤'，好句，好句。在军事理论

194

当中，我军战史，应该有专门的、重点的研究，这是'今贤'所在嘛。另外，编写条令的时候，也不能照搬苏军，这里，是不是还有一个'洋贤'和'土贤'的关系呢？"

刘要求韩："你到了北京，在训练总监部，帮助叶参座；也要常来南京，来军事学院，帮助我嘛。"

韩："我随时听调，只怕分身无术。"

刘："不劳你分身，分分心总是可以的吧？当年你在蒋委员长身边，一心二用，应付自如嘛。我看你如果能常来南京，傅厚岗的那个房子，还是留给你自己用吧，交什么公呀？不过你那张和蒋介石的照片让那些不懂事的战士们毁了，那真是太可惜了。"

韩为刘帅的器重和悉心而感动："我服从组织的调动。"但他没要那栋房子，连看都没去看一眼。

1957年底，叶剑英组建军事科学院，韩练成被叶调去参与筹建工作，负责军事科学院的选址、建设规划。韩与叶相识于抗战初期，当时是友军，后来成为同志，现又在叶帅直接领导下，韩心情舒畅。

韩曾设想：把集中在一起的办公大楼，分散成一个一个小楼小院，把各个研究"部"，都按某某研究"所"来安排。

叶剑英委婉地告诉他："你的那个设想我赞同。我知道，你是希望我们的军事科学院也能打出'战略研究所'之类的牌子，在国际上和伦敦的、华盛顿的一较高下。但是现在，房子要跟着编制走，编制已经定了，方案也已经审过了，抓紧设计施工是当务之急。"

韩微微一笑："我明白。"

叶："这些设计方案都是你做的？"

韩："我只是从使用方的角度提了一些要求罢了。方案是请清华大学设计的，比我在兰州军区搞的四角大楼好得多。梁思成想把三座门、五牌楼也搬到咱们这个项目里来，我是举双手赞成，出自他的大手笔，做一个古为今用的组合，也能为后人留下一个很好的建筑实例嘛。可惜初审方案的时候就没能通过。"

叶摇头一笑："你还是习惯走专家路线。"

韩："打天下，是咱们的专长。搞建设，还得靠他们。"

叶把话头引向深处："我们一起办训练总监部，办军事科学院，你是不是也有几分知其不可为而为之的感觉？还是要有一些默契：凡事多做，少说；甚而，只做，不说。"

韩早已养成对大事、要事"多做少说"或"只做不说"的习惯，因此对叶的说法没有去深想。

虽然韩并不满意自己又主持了一个"婆娘娃娃一起上"的军事机关项目，但军科院的总体规划、单体设计一时间又成了部队机关建筑的样板。仅从干部宿舍看，虽然干部家属都习惯吃食堂，韩要求每一家都必须有一间对外开窗的厨房；虽然大院里有不止一个有淋浴、有大池子的公共浴室，韩要求少校以上干部的家里都要有一个能洗澡的卫生间；而且，每一个研究员家里都有一个大书柜。与地安门一带大屋顶的"筒子楼"宿舍相比，要适用得多。

军事科学院主楼

基建期间有一个小插曲。清华大学一位教员感到这个将军似乎与知识分子有共同的语言，曾非正式地提醒他：青龙桥—厢红旗一带埋着不少公主、嫔妃（韩和李夫克少将合住 24 号楼，李东韩西，韩的正南方就有一座三四米高的小坟），在这里建军事机关，按风水讲，是否阴气重了一些？

当时的韩很不以为然：
"咱不在乎那些！你是个
懂现代科学的，怎么还相
信这些封建迷信的鬼话？"

那人只是笑笑："随
便说说而已。"

这段对话，韩记了一
辈子，但他没搞清楚是不
是迷信。

中華人民共和國國務院

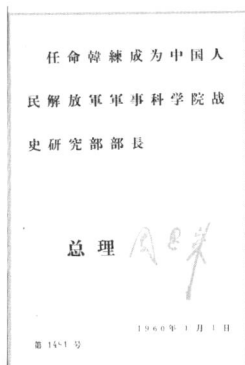

任 命 書

第 １４８１ 号

任命韩练成为中国人
民解放军军事科学院战
史研究部部长

总 理 周恩来

１９６０ 年 １ 月 １ 日

1960 年任命书

1958 年，军事科学院正式成立，韩练成任战史研究部部长。

韩练成（前排左三）1958 年在军事科学院

韩对新的工作岗位非常满意。他对自己的概略定位是在毛泽东"一个
有纪律的，有马克思列宁主义的理论武装的，采取自我批评方法的，联系
人民群众的党。一个由这样的党领导的军队。一个由这样的党领导的各革
命阶级各革命派别的统一战线。这三件是我们战胜敌人的主要武器。"①的
分析之后，他认为自己过去是这三件武器中后两件的混合体；在周恩来征
询"留在社会部"时，他把自己限定在第二件武器当中；最精确的定位，
就是现在的军事学术理论研究。

尽管从 1957 年 6 月开始，中共中央发出《关于组织力量准备反击右
派分子进攻的指示》，并在全国范围内开展了大规模的反右派斗争，但韩

①《毛泽东选集》第四卷第 1480 页。

心里的感觉仍然是，革命已经真真实实地成功了，他认为自己已经步入佳境，可以安心做学问了。他确信自己在这个军事学术研究机构里，在这个军事学术领域里，一定会做出成绩。

他已经设想在这里一直工作到退休，他甚至开始去琉璃厂，买些字画、书籍、明清家具。他还十分超前地买了一台"红宝石"牌的电视机，虽然电视节目很少（1958 年 5 月 1 日北京电视台刚刚开始试播），但在当时能够看到新闻就已经很好了。

日本军刀

战史部副部长贾若瑜少将兼任军事博物馆首任馆长，正在紧锣密鼓地征集馆藏，看到韩书房的那把日本军刀，很感兴趣。

韩告诉他，这是日本海军海南警备府司令长官伍贺启次郎中将在投降时呈交的指挥刀。韩只知道日本高级将领的配刀都是流传有序的古代名刀，但不知这把刀的历史背景〔其实刀身刻有铭文，是日本武藏系著名刀工长曾弥兴正制于宽文九年（1669 年）的"新刀"，韩不懂日本纪年，也不懂日本刀工名匠的传承〕；韩知道这些古刀、名刀都必须砍杀过真人才能被佩带、使用，但看不出刀刃的损伤，甚至不

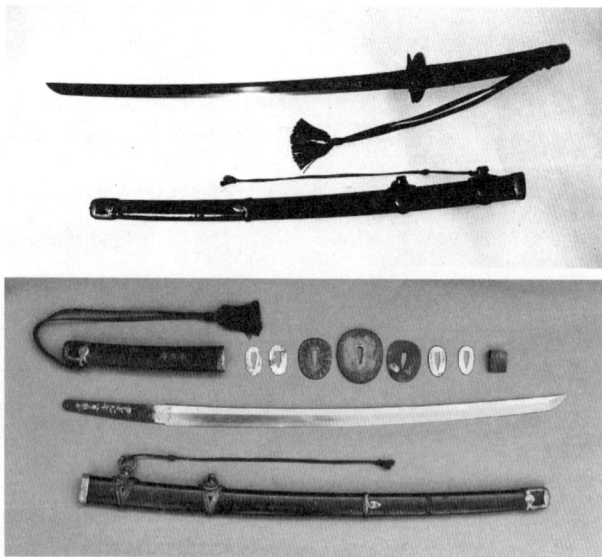

伍贺启次郎交出的军刀

久前被儿子韩兢偷偷拿去，居然拦腰砍断了一棵直径四五厘米的白杨树苗！如果不是这小子兴奋得忍不住说出来，韩简直一点痕迹都看不到（为此，韩兢遭到一场痛斥）。韩还告诉贾，日本的古刀，都可以改换刀装，跟人换衣服一样，如果用古装，就是武士刀，现在用的是海军中将级别的指挥刀装。

贾没有二话："部长大哥，这一把刀，一定要给我！"他说的"我"，等于军事博物馆。

韩不仅给了他这一把，同时还给了他伍贺启次郎的另一把短一些的武士刀，据说那是剖腹专用的。

韩兢 1995 年在军事博物馆，手中是那把日本军刀

由于当时捐赠藏品较多，越是眼前的越容易忘记，两人都没想起什么手续问题。直至 1995 年，才以韩兢的名义办理了正式的捐赠手续，给这把刀验明正身，作为"一级藏品"永久收藏。

贾也见到过朱老总送给韩的那本边区版的《毛泽东著作》，但那本书是韩的珍爱，不管贾再怎么说，韩都没给他。

捐赠证书

政治风波

1958 年 5 月，中央军委召开扩大会议，如今已经没有多少人记得会前是什么主题了。会中在什么时候、由于什么原因使主题改变为"反教条主义"，韩练成也不清楚，在断断续续长达两个多月的会议中，除了亲耳聆听毛泽东在 6 月底的两次讲话，给韩留下最深印象是：目睹了刘伯承在 7 月初的沉痛检讨。多年来，韩一想到老帅步履蹒跚地走上讲台，且不管老人家怎样违心地自我批评，那几近失明的阅、语音沉重的读，总让韩在心里落泪。

会议把"反教条主义"上升为"在建军新阶段中两条军事路线的斗争"。有人甚至说，新中国成立以来"军队建设一直存在两条路线的斗争，一条是中央军委的正确路线，另一条是教条主义的、军阀主义的、违背人民战争、违背人民军队建设原则的建军路线"。而这一条资产阶级军事路线的代表人物就是训练总监部现任部长兼党委书记萧克上将。

韩最早听到萧克的名字，是在读陆大的时期，那时"国军"要"剿灭"的"共匪"两大主力：一支是"朱毛"——朱德、毛泽东，另一支就是"萧贺"——萧克、贺龙。新中国成立以后韩曾多次在工作场合与萧有过接触，在训练总监部共事的一年，接触更多，韩认定萧是一位真正的儒将，也是一位真正的革命者。在韩调离训总筹建军事科学院时，萧、韩曾同住一个大于常规形制的三进四合院，萧用了前面有倒座、有厢房、有正厅的两进院，门开巽位；韩住后面一进有正房也有东西厢房的院，门开乾位。两人互相敬重，偶有过从，但从不穿堂入室。

"反教条主义"把这样一位坚持自己学术观点的将才定性为"反党分子"并解除军队职务，派往农垦部担任副部长，在韩看来是极端愚蠢的。

在"反教条主义"运动中执行正确路线的彭德怀，却在 1959 年七八月的中共中央政治局扩大会议和中国共产党八届八中全会（史称"庐山会

韩练成（前排左四）1959 年在军事科学院

议"）上，同样因为坚持自己的观点并"上书"毛泽东，也被定性为"反党分子"。在此之后的中央军委扩大会议揭批彭德怀时，有一位大将质问韩练成："你是彭德怀的参谋长，彭提名你做副总参谋长、军务部长，你要说清楚，你和彭德怀是什么关系？"韩对此一无所知，无法作答。事后才有人告知他，提名他做副总参谋长、军务部长是毛泽东在军委的一次高层会议上的意思，而那次会议不是韩这一级干部能够参加的。

关于"军务""军制"之类的思考，韩只是概略地对朱德、彭德怀谈过一些，对叶剑英谈得稍多，谈得最多的、听得最仔细的是刘伯承。在将军中，韩也对张宗逊、彭绍辉谈过。他不知道是哪条渠道引起了毛泽东的注视。

但是通过这些发生在自己身边的"路线斗争"，韩才体会到叶剑英所说"知其不可为而为之"的那种感觉，他才第一次深想：革命还远没有成功，能不能安心做学问，还不一定呢。

1958 年 12 月初，

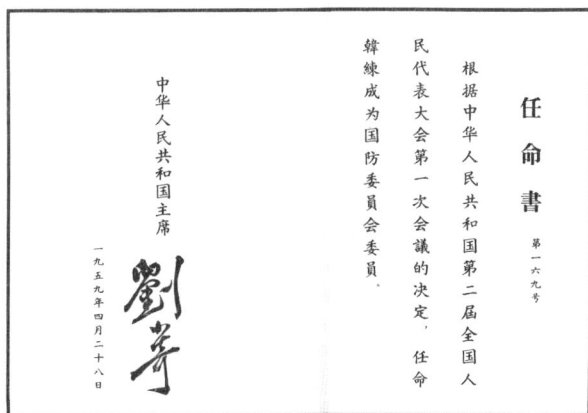

任命书 第一六九号

根据中华人民共和国第二届全国人民代表大会第一次会议的决定，任命韩练成成为国防委员会委员。

中华人民共和国主席

刘少奇

一九五九年四月二十八日

1959 年任命书

在北京成立了一个业余的"将军合唱团"。每周利用两个晚上的休息时间集中练习，风雨不改，韩练成参加了排练和演出。

1959 年 4 月，第二届全国人民代表大会在北京召开，刘少奇当选国家主席。韩练成再次当选国防委员会委员。

韩练成（二排左四）1959 年在将军合唱团

在国庆十周年的人民大会堂上，第一个节目由"将军合唱团"演出的大合唱，引发了全场激动欢呼和经久不息的掌声，时人评价："这不是普通的唱歌，这是英雄的史诗。"

郭汝瑰 1984 年致韩兢信

尽管反右派运动已经在全国、全党范围展开，尽管近期也已经有了"反教条主义""庐山会议"的预警，韩练成还是没有认真思考过这些"运动"会对自己产生什么直接影响。

1960 年初，韩曾去南京军事学院，传达叶剑英的主张，请郭汝瑰牵头编写《古代兵法选辑》。

不久，在军事科学院开展的"三反"和"培养三八作风运动"中，有一位少将的观点被认定有原则性错误。在批判他的院党委扩大会上，韩却直言，这位少将的观点是学术问题，不是组织问题。这一下，不仅没有为别人解围，反而把自己圈进去了。韩被认定是那位少将的幕后支持者，他们所犯的都是严重的政治方向和组织上的错误。

接下来的院党委扩大会和战史部的整风会，对韩的学术思想问题和思想作风问题进行了重点批判。韩能记得住的批判词是：

"练成同志，你要好好想一想：你的这些个学术观点中还残留着多少资产阶级的军事思想？"

"他哪里是残留？他满脑子都是资产阶级的、封建主义的……"

"不要乱扣帽子嘛，学术思想百花齐放，百家争鸣。"

"学术思想？学术思想就不讲阶级斗争了？"

"韩练成同志的资产阶级军事思想是根深蒂固的，结合当前的右派分子向党进攻，你还是要深刻一点地挖一挖自己的灵魂深处，有几分马列主义，几分修正主义？"

"在社会上，右派分子向党夺权，搞什么'政治设计院'，我看你呀，韩部长，你搞的这些东西就是'军事设计院'，你可不要在军内搞右派活动呦。"

从 1952 年起，韩潜心于国防现代化、正规化研究，先后撰写了《现代国防的军务与军制》《国防指挥系统的构成与职能》《合成军队的训练与编组》《瘫痪战略构想》《合成军队训练基地的建立与运用》《军官养成》等多篇文稿。

在这次"批判"中，大部手稿被人拿走"分析"，以至失散，其余在韩的怒气中被付之一炬。朱德题赠的《毛泽东著作》也可能是在这时被混在一起烧掉了。提起这一把火，韩练成每每痛惜不已！

这次扩大化的批判活动，是由一批极左人士趁叶剑英南行之际发起的，对韩练成，甚至提出他是"军事设计院"的"总设计师"。什么叫"军事设计院"？什么叫"总设计师"？今人恐怕没有概念，这些褒义词在当时的政治环境中，是右派分子最高级别的职称。

源头是 1957 年 4 月 27 日，中共中央发出整风运动的指示，中央统战部多次邀请民主党派和无党派人士座谈，时任交通部部长、农工民主党主席、民盟中央副主席的章伯钧在一次座谈会上说："现在工业方面有许多设计院，可是政治上的许多设施，就没有一个设计院。我看政协、人大、民主党派、人民团体，应该是政治上的设计院。"由此引申，章伯钧自然就是这个右派"政治设计院"的"总设计师"。1958年1月底，农工民主党中央委员会、民盟中央、全国人大常委会先后撤销了他的农工民主党主席、民盟中央副主席、交通部部长等一切社会职务。

如果"军事设计院"的"总设计师"这顶帽子戴到了韩的头上，韩马上会被作为军内右派，遭灭顶之灾。

刚刚从外地返回北京的贾若瑜，看到韩在批判会后眼睛肿胀，双手颤抖，十分着急，连夜去找总政副主任刘志坚（中将），两人又一同去报告陈毅，为了保护韩练成，陈对刘、贾说了三句话："一、韩练成是周总理和我一起介绍入党的。二、不许批、更不许斗！三、军事科学院不要他，调到我这里来！"并让刘、贾二人尽快去报告周恩来。

周总理听完两人的紧急报告，反而很轻松地笑了："陈老总前面两句话说得对：不能批，更不能斗，可以作为我们的意见转达给军事科学院党委。但后面那一句就不要说了，免得影响两位老帅之间的团结。"

韩得知周、陈的态度，放下了心。

由于军事科学院这次运动的批判对象较多、涉及面较广、攻击的方向太分散，在叶剑英返回北京之后即被中止；也由于刘、贾二人及时

韩兢2009年在国防大学看望贾若瑜、缪柳西夫妇

传达了周、陈的口头指示，韩得到了的一个结论："犯了严重的政治方向和组织上的错误"。

李克农来访

　　"军事设计院"风波不久，韩练成因眼疾去解放军三〇一医院门诊，接诊专家是韩的老朋友张福星教授，张听说韩在政治运动中受到批判，深表同情。韩顺势按张的要求住院检查、治疗，偏巧查出左边脑部有轻微病变，韩被告知，应该用手杖了。

　　挂上手杖的韩一下子显得老、弱了许多，他借机称病，打报告要求离开军事科学院，他认为此刻正是急流勇退的时机。

　　出院休息阶段，1960年冬某日上午，韩正在翻检资料，汪推开书房门，说："李经理来了。"

　　韩一楞："谁?"

　　门外有人说："桂林的李经理来看七哥。"

　　话音未落，韩大喜："克农?"

　　李克农着上将军大衣由一大尉扶着，已到门口，韩笑问汪："你还叫他李经理呢?"

　　汪也笑了："我只记得过去的叫法，哪知道现在该怎么称呼。"

　　李："嫂夫人这一声，让我又想起过去的不少事情。"

　　韩："来来来，快坐，快坐。你最近身体好多了?"李克农1957年重病，此时还在休养期。韩："听说组织了几个同志，一起在写过去的秘密工作史?"

李克农

　　李："是要抓紧了。趁着记忆力还能恢复的时候抓紧搞，还来得及。刚刚开了个会，碰了碰情况，顺便来看你和七嫂。"

　　汪："就在我家吃饭吧? 我加个菜。"

　　李拱拱手："烦劳'后勤部长'。"他对随员说："这位就是我对你们

常说起的'国军'的将军夫人，我们八路军办事处的'后勤部长'。"

韩："蛮兄还那么念念不忘旧事。"

李："今天让我来说说现实。"他转向大尉："你们回去吃饭，我和韩部长有话说，下午一点来接我。"

大尉敬礼退出。李对韩："听说你打了报告，要求调离军队？"

韩淡淡一笑："该卸甲了。"

李："是身体真的出了毛病，还是心里不痛快？"

韩笑了："不瞒你，兼而有之，暂避锋芒罢了。"

李："也好。你知道周总理的意见吗？"韩摇头，李说："总理希望你往远看，安心休息一个阶段。解放台湾的时候，还要你一起运筹帷幄啊。"

韩颇受感动。

李："练成同志，总理对你很关心呀。"

韩："我知道。"

李："还记得你们第一次见面的事吗？"

韩："那是1937年和白健生一同去……"

李摇摇头："不，是第一次单独见面。"他说的是1942年。

韩："我永生难忘。"

李："还记得总理问你党籍的事吗？"

韩诧异："克农，你都知道？"

李点点头："当时延安正在搞'抢救运动'，误伤了不少同志啊。你想想，那时你的身份敏感，党籍问题又说不清楚，如果总理同意你去了延安，可能还会有意想不到的另外一种结果。"李在脖子上比画了一下。

韩："哦？这倒是我没想过的。"

李："莱芜战役前还有一段，当时的华东局书记饶漱石，就坚决反对和你这个蒋、桂两系的铁杆红人建立联络关系，如果不是陈老总坚持把人派到你身边配合你，那一仗真不知会打成什么样子。"

韩："这也是我不知道的。蛮兄，看来我对许多事情也还只看到了皮毛？"

李笑了："但你的修养很好。就说授衔吧，你这个'要党员不要上将'的故事，我们好多同志还都不知道啊！"

韩："没什么可炫耀的。当时在西北军区出来的干部当中，廖汉生同志也是主动让了衔的，该授上将，领了中将衔。"

李："这也正是总理最赞赏你的地方。"

韩停了停，定睛看李："你今天来，是——他的意思？"

李又笑了："你我不属同一部门，又不同在总理直接领导下，我——"

韩意会："我懂了，谢了。但如果你见到总理，请转告他，当年龙潭虎穴我都闯过来了，现在党内的这些小小的风浪，我还经受得起。我就是脱了这身军装，也会继续努力工作的。"

汪走进客厅，打断他们的对话："吃饭吧。"桌上已摆了四菜一汤，汪："这个狮子头是跟叶妈妈学的。"

韩笑："蛮兄，你知道啸耘说的叶妈妈是谁？"

李："是谁？"

韩："是蒋委员长手下'中统'局局长叶秀峰家的老太太！不过，是他自己的妈妈，还是他太太的妈妈，我们没搞清楚。"

李："噢？哈哈哈哈！我以为只有你是个隐形人，没想到七嫂更是深藏不露啊！"

两人大笑，汪仅莞尔。韩："蛮兄，你这一说，我突然来了一点灵感。"即席赋诗一首：

克农来访

桂林、重庆、东黄泥，
"隐形"至今未足奇。
夫人再设"后勤部"，
上将仍作"李经理"。

在韩情绪消沉的这一阶段，观战北京第26届世界乒乓球锦标赛的电视转播是韩夫妇的最大享受，他们关注着每一场胜负，徐寅生的"十二大板"更看得汪血压增高！事后她常说："看乒乓球赛的时候，我们什么都不想了。"

离开军队

1961 年夏，经中央军委批准，韩练成离开军队，调任甘肃省副省长（省长邓宝珊、省委第一书记汪锋）。因周总理向汪锋、叶帅向邓宝珊都分别打了招呼，韩的主要任务是养好身体，所以，韩在甘肃省只分管科教文卫体工作。这个分管的范围，如今在各地多见于专家出身的党外领导和女性领导。而在当年中央的这五条战线，还真正是由两位元帅挂帅的：贺龙管体育，聂荣臻管科技。

韩除了出席必要的会议之外，不常去办公室，也不太出门。

但在中央转发聂帅的《关于调整地方科学技术机构的请示报告》《国家科委关于自然科学研究机构当前工作的 14 条意见》这两份文件后，韩突然招来省科委的领导。

因为这些人大都是军队干部，韩："你们在部队都是当过师级、团级主官的干部，你们都知道，条令，对部队意味着什么。'凡兵，制必先定。制先定，则士不乱，士不乱，则刑乃明'①，没制度，怎么谈得上国防、怎么谈得上建设啊！我在北京那几年，就是和咱们西北军区的老参谋长彭绍辉同志一起编写条令，军队现代化，没有条令不行啊！《合成军队战斗条令概则》《步兵战斗条令》今年已经颁发了；《合成军队军师战斗条令》《合成军队团营战斗条令》即将下达。你们负责一个省的科技管理工作，有没有想过制定一个工作条例？"

韩挑明了说："中央这两个文件给了我们一个好时机！我命令你们抓住机遇，争取省领导的支持，把制度建立起来，有章法、有计划地开展工作。你们这一个部门搞成了，其他各部门就可以依次做下去。你们这就是

---

① 见《尉缭子·制谈》第三。

给我打头阵哪！"他要求他们立即起草省科委机关的工作条例，争取年底以前通过，明年搞全省的科技工作条例。他同时强调："我给你们的任务是硬的，这和作战一样，战机稍纵即逝。你们应该知道贻误战机的后果。"

韩的这一做法的目的是，借中央文件之势在自己分管的范围内打开建立制度的突破口。在这一阶段，韩经常轻车简从，冷不丁地就突然出现在他分管的厅局机关、科研院所、文化单位、医疗机构。对韩这种军事化的领导方式，许多军人出身的干部反而都很适应，卫生厅的工作条例也和科委一样，很快就建立起来了。

对中国科学院兰州分院的建立、敦煌研究院的文物保护、省图书馆的珍本典藏等，韩练成没有主动出头，而是鼓励专家们直接向国家有关部门提出诉求，他以省领导的身份给予特别的支持与关照。

敦煌文物研究所所长常书鸿，是 1935 年在法国发现敦煌艺术、1936年回国、1944 年任国立敦煌艺术研究所所长的"敦煌保护神"。他曾在1962 年向周总理报告了敦煌洞窟的危险状况，提出了维修建议。韩从侧面向周总理表明了省领导的态度，在 1963 年初得到了国务院拨出的维修专

1977 年，韩练成和常书鸿（常嘉煌拍摄）

款，对莫高窟进行了首次大规模的加固、维修。现在供游客行走的钢筋混凝土栈道就是在那时形成雏形的。

常书鸿和韩练成之间的文字之交

魏文伯的诗

1961 年 11 月，国务院安排韩练成去上海治疗。

住院期间，上海市电影局局长于伶曾来看望韩，虽然于与韩同岁，但由于他的岳父周士观是与韩称兄道弟的朋友，他仍以晚辈的礼节对韩。

12 月某日下午，上海市委书记处书记魏文伯来医院探视："我带来拙作一首，请将军副省长斧正。"

韩接过，吟诵：

赠友人韩练成
衔命访兰坻，相见如故人。

纵谈天下事，密语吐真情。

群小多疑惧，三军鹤唳闻。

岂知魔王腹，还藏大圣身。

善辞能惑敌，巧计一言成。

莱芜鸣鼓角，卸甲见真心。

别来十余载，芳缘对酒樽。

魏叫停，右手一瓶花雕，左手指指茶几，上面已摆了两只酒杯，并且都已斟满酒。

韩端起酒杯："你这是引诱我违反病房纪律啊！"

魏："特殊情况，特殊对待。"自己接下去把诗念完："促膝话往事，情浓意更深。"

二人同饮，哈哈大笑。

魏文伯 1984 年致韩兢信

叶剑英探望

12月下旬，韩转去北京疗养，这次没住医院，住在颐和园内万寿山南麓的介寿堂。同期住在那里的还有金山、孙维世夫妇。

过去，韩只知道金山是电影艺术家，孙维世是前辈烈士孙炳文的女儿，也是周恩来的养女。交谈之后才知，金在新中国成立前的上海滩，是中共与青洪帮接触、可以直接影响青洪帮的重量级人士。而金山夫妇，对韩的神秘过去也略有耳闻，建议韩通过

周恩来、邓颖超和孙维世

夏衍、于伶等电影界的老朋友把自己的经历拍成故事。韩笑："不到时候。"

1962年1月某日下午，叶剑英来颐和园探韩，不知为什么，两人开口不久就说起莱芜战役，韩说："莱芜战役打响之前，我把李仙洲、韩浚整整拖了一天，如果有人深究，我是躲不过去的。"

叶："你是有意贻误战机呀。"

韩点点头："贻误战机，不死于战场，也得死于军法。"

叶："那你为什么还敢再跑回南京去？"

韩："那是因为'临沂决战'的战役想定在十几天之内，没有根据战场态势的变化而改变，这已经形成了一个最大的危机，这是王耀武、李仙洲、韩浚和很多人都已看到了的。这个大的贻误战机错不在我，而在蒋介石、陈诚。对解放军来讲，此役在战前已是'胜兵先胜而后求战'；对'国军'，则是'败兵先战而后求胜'[1]了。因此，白崇禧、王耀武一说到

①《孙子·军形》第四。

这里，蒋马上承担了责任，我那'一天'的战机，就被人们忽略不计了。"

叶笑了："莱芜战役，其势之险，其节之短，非善战者不能用其妙也①。"

韩点头："叶帅说得是。不过，当时我也没有把握，不知道陈老总、粟裕同志他们能不能抓住这个战机。"

叶："所以，周总理说你们在莱芜战役配合默契嘛。哎，在编写莱芜战史的时候，你可没有写自己这一段，为什么？"

韩："当时有人也提出类似问题，甚至问到总理那里去了。总理说，莱芜战役的当事人粟裕、韩练成都在军事科学院，让他们自己说嘛。"

叶："你可什么都没说。"

韩："是，我是什么都没说。因为总理、董老从来都没有认领这个'莱芜战役第一功'，我胡说什么？"

叶："你是居功而不傲啊。"

韩："军人引以为傲的只能是战场上的胜利，我在那一战扮演的是败军之将，本来就没有骄傲的本钱嘛！"

叶："我听陈老总说你是'大谍无形'？"

韩："那也是我信口胡说的。"

叶："你临调离军事科学院之前，陈老总还要你去他那里工作呢。"

韩："我当时就已经向陈老总表了态，搞外交，非我所长。"

叶："你到甘肃以后，身体好些吗？"

韩："好多了。这不，是总理亲自交代，安排我在北京休息，住都住到皇家园子里头来了，还不得赶紧好起来，再多干几年工作。"

叶："身体养好了，情绪恢复了，再回来帮我几年吧？"

韩一拱手："谢谢叶帅的信任。我感到在地方工作同样有意义，据我观察，工作中的问题大都出在无章可循和有章不循这两个方面。我还是抓制度，抓条例……"

叶笑了："你不怕人再说你教条主义？"

韩也笑了："大不了，不当这个副省长嘛。"

叶："还是要注意工作方法，审势而行。"

---

①《孙子·兵势》第五。

韩："叶帅提醒得是。"

韩赠叶诗一首：

风雪过风堂

　　辛丑年冬，颐和园介寿堂小住，观松堂雪景，不慎失跌，幸未成伤。忆往事，哑然失笑，有作，呈叶帅。

　　　　爱松特地过松堂，雪里风来意外凉。

　　　　一派飞花迷远近，满园路径转微茫。

　　　　银装不掩人间白，素面偏输额上黄。

　　　　此去应须知"止"义，无争何处有低昂。

　　叶知韩的诗意："爱松特地过松堂"——此松堂非指颐和园松堂，而是他们都深爱的军事科学院；"雪里风来意外凉"——此风雪亦非天物，而是前几年"军事设计院"之类的是是非非。叶知道韩心中的疙瘩还没有解开。

　　半年以后，韩练成接到了军事科学院党委对他的"甄别结论"：

对韩练成同志的甄别结论

韩练成同志上1960年三反和培养三八作风运动中，因支持学夫克同志的错误，在院党委扩大会上曾受到批判，随后在战史课支部整风时对他的学术思想问题和思想作风问题进行了重点批判，并在战史课支部整风总结中结论为：韩练成同志犯了严重的政治方向和组织上的错误。在韩练成同志调离我院去甘肃省工作时，党委曾将委与之鉴结，也肯定了战史课支部对他的结论。

经过甄别，我们认为对韩练成同志的批判，把思想标准、思想作风和学术问题当作政治思想倾向问题来批判，是不适当的，理由是：

一、1960年在我院开展三反与培养三八作风运动的党委扩大会上，当会顺便批判学夫克同志的小字报和在会议上的发言有原则性的错误时，韩练成同志发言，则认为学夫克同志的小字报和在会议上的发言是学术问题，因而被批判为支持学夫克同志的错误，这方面他的同志。现在看来，学夫克同志的小字报和在会议上的发言均属学术问题，也有组织问题。韩练成同志对学夫克同志的小字报和发言的错误虽有保留，但是属于观点问题，并没有其它支持学夫克同志错误的言论和行动。因此，批判为支持学夫克同志的错误是不适当的。

二、在战史课支部整风时，对韩练成同志的学术思想和思想作风进行了批判。韩练成同志在军事学术研究中，其思想观点不是没有缺点错误的（但这些观点并没有公开做布，绝大部分只是反映在他个人的学术研究笔记中），但这是属于理论根本问题，应该根据百家争鸣的方针可

以进行争论。作为政治思想来批判则是不应该的。至于韩练成同志思想作风方面的问题，则是属于党员的修养问题，应本着病救人的精神，根据批评与自我批评的方法帮助他改进提高，作为重点批判是过分的，因而是错误的。战史课支部整风结论中对韩练成同志的结论部分，应予撤消。

中共军事科学院委员会
1965年6月5日
（盖章）

—1—　　　—2—

军事科学院党委对韩练成的甄别结论

214

1962 年春,韩回到兰州,《红旗飘飘》的两位编辑正在兰州征集稿件、史料,通过兰州军区找到省人委来,希望韩能接受采访,谈谈地下工作的经历。韩请秘书代答:我在新中国成立前为党工作是由周总理直接领导的,周总理不说的我不能说,中央没有公开的我也不能说,敬请见谅。

他不谈往事,善刀而藏,为的是不再回到政治的旋涡中去。他不再谈兵,不再穿用任何一点点带有军人色彩的服饰,为的是不再勾起心中的隐痛。

但他知道,他绝不可能就此真正被养起来直至终老,他知道周恩来会在需要他的时候召他出山,而真正需要他的就是解放台湾。

他的书房里、书架上、书箱中仍然留有不少当代国际军情动态的记录,他自费订阅了《解放军报》和其他一些军内刊物,军事科学院、军事学院的朋友们也还时不时寄些文字请他"指正",他可以不谈兵,但他胸中绝对不可无兵。

韩在军事科学院时期请秘书摘录外军动态,离开军队之后自己仍在跟踪记录、研究

沈尹默的字

1962 年夏,由国务院安排,韩去上海休养,开始向沈尹默先生学习书法,目的有二:其一,锻炼时不时颤抖的右手右臂;其二,提高修养。

沈老祖籍浙江吴兴,1883 年出生于陕西汉阴,原名君默,字中,号秋

明、瓠瓜，早年曾留学日本，1912年回国任北京大学教授。五四运动时期，沈尹默作为北大名教授，和鲁迅、陈独秀等人轮流主编《新青年》杂志，是中国新诗的最早倡导者之一。新中国成立前还曾担任过河北省教育厅厅长、北平大学校长、中法文化交流出版委员会主任、监察委员等职。1946年后因不满国民党当局，退隐上海，鬻字为生。新中国成立后为多届全国政协委员、中央文史馆副馆长。他和于右任是近现代中国书法史上最具影响力的一代书宗，分别代表帖学和碑学的两座高峰，他的书法主要取法二王、米芾等帖学大师，掺以北碑墓志的影响，精于用笔，清健秀润，自成一家，深受群众喜爱。

韩练成持自临王羲之《兰亭集序》向沈老求教，沈老仔细看过之后并未多做评价，却出人意外地当场挥毫，从"永和九年"开笔，神到意到，意到笔到，每一笔都似乎落在原帖原位，包括"崇山"那两个字也仿佛书圣自己后补上去一样。沈老高度近视，笔纸时有跑偏，夫人站在他对面，偶尔提示，轻声慢语，老人心领神会，一气写下来，直看得韩一股清气从头沁到脚！他这才体会到了"笔在心中"的境界。

学书期间，韩也曾向沈老请教诗词，沈老说，韩会用心，会用功，只可惜"不是此中人"。

6月，韩敬书诗一首：

寿尹默师八十

八十年来自在身，青山踏遍彩衣新。
花间窗下诗书画，眼底心中美善真。
有耳忘听归智能，无心于事长精神。
酣眠无视吕公枕，如此通达有几人。

看到这首寿诗，沈老连连点头："你懂了。你懂了。"

但沈老为什么又主动题赠多件墨宝给韩，他多少年来都没想明白。

其中最难得的是一幅大字，大到一字要用去一锭墨研出的500毫升墨汁！韩本想请沈老写"宁静致远，淡泊明志"之类的手卷或横幅，沈老略一思忖："我给你写两个大字：撄宁。"取道家"在俗事的纷扰中心如止水"之意。韩没能看到沈老用笔，但目光接触到那两个字的一瞬间，韩就感觉到了沈老赋予他的那种心境。沈老却笑言："为给你写这两个字，我可在不留意间给自己出了难题。"韩不解，沈老："'撄'字在上，一个大头，'宁'字在下，一个丁字脚，怎么写？——我只好用了'隶钩'，横过来，一笔！"

这一幅中堂，是韩的至宝，一直挂在书房里，直到"文化大革命"开始才收了起来。

周瘦鹃的松

早在新中国成立前韩就听说过周瘦鹃的大名，那时他只知道周是鸳鸯蝴蝶派的作家，他本人不懂，也不喜欢什么鸳鸯蝴蝶、卿卿我我，因此，从未看过周的文字。但周的盆景他略有所闻，于是他专程去苏州拜访，他想亲见见这位大师和他有生命的作品。

韩本以为周既然是一位鸳鸯蝴蝶派的旧文人，一定带有很鲜明的失意感，但他在苏州周园看到的周瘦鹃却是一位辛勤劳作的老园丁，一位神采飞扬的艺术家。

也许是那一天正在兴头上，也许是听韩说曾得韩紫石赠松一棵，周瘦鹃放下手中正在锯磨的石头，拉韩去看松。他让韩仔细看看自己的松与紫石老的松有什么不同，韩认真观察、思考之后说："似乎比紫石老的更自然一些。"

周大喜："我碰到知音了！"他告诉韩，师法自然，讲究诗情，注重画意，才是布景的要诀；以剪为主，以扎为辅，粗扎细剪才是制景的妙法。临别时非要韩挑一棵松带走不可，钱，是坚决分文不收的！

盛情难却，韩选了一株小型的五针松，只见那拇指粗细的主干从倒四棱柱型高盆中向上生长了不到七八厘米就开始横向发展，枝干弯曲却带着刚劲，树冠层叠又蕴涵着清秀，形态自然，不显丝毫人工痕迹，看得久了，真仿佛置身山岭，远离尘嚣了——韩深深感佩这位柔笔文士的大匠之气！

韩练成在苏州

顾留馨的拳谱

在上海期间，韩还拜访了一位同龄的太极大师顾留馨。顾曾是地下党员，新中国成立初期当过上海黄浦区的第一任区长，早年曾先后跟陈微明、武渭川、杨澄甫、杨少侯学杨式太极拳，跟徐敬一、吴鉴泉学吴式太极拳，跟陈发科学陈式太极拳，跟孙禄堂学形意拳、八卦掌，也向田瑞芳、靳云亭请教过形意拳，可谓博采众长。

1956 年，周恩来、贺龙访问越南时，贺老总曾与胡志明谈起中国武术和太极拳，胡提出，能否派一位中国教练到越南教他打太极拳。周总理和贺老总把任务交给国家体委，顾留馨既是党员又是武术家，当然中选，于1957 年春去了河内。本说教一个月，可胡志明留他教了五个月还舍不得他走。

1958 年夏，顾留馨出任上海市体育宫主任，开设了杨式、吴式、陈式、武式和孙式太极拳班，还办了形意、八卦、少林拳等 13 个班，培养了许多人才。宋庆龄、叶剑英、邓颖超、贺老总夫人薛明等许多人也都曾请他教过太极拳。

　　当时韩的右半身手脚常有麻痹现象，但顾从韩的言谈举止得知韩有武术功底，让韩放胆习练太极，他说："练太极拳，最大的好处就是疏通经络。"说自己初跟杨澄甫练太极拳时，夜夜连练十几遍，忽然一日觉得手指尖似万针齐放，周身有气流旋转，似蛇盘旋，大吃一惊，原来全身经络之气流通了，才有此现象。

　　他告诉韩，杨澄甫身材魁梧，推手很厉害，发劲快，落点准，内劲足；其兄杨少侯，眼神特别厉害，一望着他那双传神的眼睛，许多人都不敢和他交手，他的散手功夫好，拿跌掷放，兼施并用。顾留馨曾得杨氏兄弟真传，他认为，推手是太极拳的灵魂，太极拳存在 300 多年，主要是有推手，不练推手就不懂得什么是太极拳。他主张武术应主要提倡实用，武功应该练得超过人，但不要伤人，要放人家，"让人家感到你有功夫就行了"。

　　他本是推崇劈刺、拦手拳、散打、摔跤、推手等实用技击的人，对套路练习兴趣较小，但他在向广大民众推广太极拳运动、推行太极健身时，却强调套路练习。他只让韩从杨式太极拳练起。

　　和他交谈，向他请教，使韩看到了一个置身民间的高人侠士，心情十分舒畅；韩有弹腿功底，武术悟性好，教学双方得心应手，顾曾赠韩一套杨澄甫的拳法照片，并书赠韩一本自编的、内部使用的小册子《太极拳法》。

　　韩练成自此时开始，终生没有中断过太极拳练习。

周恩来阳台谈话

刘志丹的弟媳李建彤在 20 世纪 60 年代初撰写《刘志丹》时，曾向韩了解过和刘志丹在一起的经历，韩原原本本地把自己知道的、感觉到的一切，都告诉了李，小说多处近 20 页描写的那个"韩友诚"就是以韩练成为原型的。由于刘志丹在 1927 年被冯玉祥礼送出境，回到陕北组织革命队伍时，曾误认为留在西北军的韩练成（当时叫"韩圭璋"）已经履行了入党手续、加入了党的组织，他身边的一些同志也和他一样，认为韩练成是共产党员。李建彤在小说中是这样写的："杨虎城将军部下的团长韩友诚，在国民联军第四军时，是刘志丹介绍入党的，离开马鸿逵部队以后，又通过党的关系，到了杨虎城部队。"

1963 年春，由国务院安排，韩再次到上海疗养，住在锦江饭店。是被有意安排，还是碰巧，韩没搞清楚，但恰恰就在饭店"碰"到了外事活动后稍事停留的周恩来、陈毅。

在周恩来客厅的阳台上，韩又向周恩来追问："潘汉年怎么会是特务？如果他是特务，当年首先完蛋的人就应该是我！"

他没有得到周的正面回答，反而被周把思路引到另一个方向："如果蒋介石方面派人来和我们接触，你认为谁来做中间的协调工作最合适？"周不等韩的回答，又追问了一句："你愿意不愿意做？"

韩被这个突然的具体问题问住了，他认真思考了一阵："我认为最合适的人选应该是张治中同志。因为蒋介石、陈辞修他们都了解文白先生的人品，文白先生在和谈时期的表现是完全不计个人安危利害的大义之举，由他居间周旋，一定能得到对方的信任。"

周点点头，接着再次追问："你呢？"

韩摇头长叹："我就差得太远了！我在蒋介石、白健生心窝子里都捅了一刀，我不出面还好，我若出面，连谈都不用再谈就崩了。"

周定睛看着韩，轻声说："委屈你了，练成同志。"

韩："谢谢总理的理解。如果武力解放台湾，我愿意参与幕后工作。"这是他第一次，也是唯一一次向周明确表态。

直至 20 世纪 80 年代初，韩才知道，就在那次阳台谈话的半年之后，1963 年的 12 月，周恩来、张治中到广东万山要塞，以视察海军训练为名，在边境上会见了台湾来客。但来客是谁，谈了什么内容，韩没有多问。

韩和陈毅谈话的主题不是台湾，而是 1962 年 3 月的"广州会议"，韩对周的"知识分子是劳动者"，陈的"给知识分子摘掉'资产阶级知识分子'的帽子，给知识分子行'脱帽礼'"的提法很赞同。

周恩来（左四）、张治中（右四）和万山要塞干部合影

扑灭口蹄疫

1964 年 10 月底，甘肃省的 17 个县 67 个公社 350 个生产队发生牲畜

口蹄疫情，疫情是由从新疆购入的耕牛传入的，分管农牧口的副省长李培福和分管科卫口的韩练成召来有关人员研究对策。

供销社的负责人不知道什么疫情不疫情，更不知道还要采取什么措施："牲口和人一样嘛，吃五谷杂粮，就要得病的嘛，它自己一片一片地死，我有什么办法？我的购销计划、进出口计划能不能完成，你们当领导的不管不问，倒让我对那些牲口采取什么措施？我又不是给牲口看病的大夫……"他对大家把矛头指向自己很不满，"人还要死的嘛，牲口得病，我哪有办法？谁能干谁去干，大不了撤我的职。"

韩把手杖"啪"的一声拍断在茶几上："你等着挨枪毙吧！"这一军阀式的大怒震惊四座！"疫情如军情，病畜就出在你主管的部门！疫情蔓延你知情不报，万一大面积传染，再传到人身上，它的结果不是和细菌战一样吗？疫情当前你无动于衷。如果疫情扩大，人畜染病，大片大片地死到人身上，不要说枪毙你，就是我们——"指指李副省长，"也一样要提头请罪的！"

韩不顾李的反应："马上召开一个紧急会议，让畜牧兽医专家给这些不懂得科学、不知道疫情的干部讲讲。"

次日，在扩大范围的会议上，畜牧兽医研究所毕获恩所长讲明了口蹄疫的危害、疫情的范围。韩问："该用什么方法，投入多大的人力、物力、财力，才可以消灭它？"

毕："首先，要隔离疫区，停止一切牲畜在疫区的出入和交易，包括畜产品；要把染病牲畜就地处理，就是杀死、烧掉、深埋；要给疫区附近区域的大牲畜做防疫处理；还有，关于人力、物力、财力……我还要算一算才能做出估计，但肯定要动用全省的力量才行。"

韩环指一圈："好，全省的力量，农、牧、交通、财政、卫生、公安、供销社等单位的都来了，还有李副省长和我，现在就要听你的，你的意见是关键。"

毕压力很大，但很负责任地说："我还想征求一下国内其他专家的意见。"

众人议论纷纷："财政紧张，钱在哪儿呢？"

"牲畜、畜产品的购销计划这一下就完不成了。"

"到哪里找那么多人去封路设卡？"

…………

韩决断："困难我们都知道，但是疫情出在我们省，绝不能往上推！还有什么脸朝中央要钱、要人、要政策？国家现在不困难吗？原子弹不是一样爆炸成功了吗？一个口蹄疫，我们省就解决不了？农牧口，是李副省长挂帅，所以这次扑灭疫情的工作，我们会建议省委组成以李副省长牵头的指挥部；我管科技卫生，全国来的专家，我管；这么大的行动，要请部队协助，也归我管；财贸、交通、各个口的厅长、主任同志们，我们会跟分管你们的省领导协商，在这一场消灭口蹄疫的战斗中，你们要服从调配，服从大局！请办公厅的同志马上写一个会议纪要，作为特急件报省委。专家的问题，请毕所长拿一个名单给办公厅，以我们省政府的名义请他们来，越快越好，一切费用由省政府支付。"

几天后，韩在自家客厅和毕一起招待八九个外地专家，两个方桌拼在一起，桌上摆着干鲜果品、点心、两三种好茶、一听好咖啡，专家们面对这位懂得尊重科学、懂得尊重知识分子的省领导，放开思路，畅所欲言，商谈达旦。

11月10—11日，韩主持形成了《甘肃省消灭牲畜口蹄疫战斗计划》，其中的"消灭牲畜口蹄疫战斗计划要图"是韩亲自绘制的。

次日，在省人委召开的"消灭牲畜口蹄疫战斗"会议上，李培福、韩练成旁边醒目地坐着一位少将，那是兰州军区副司令员李书茂，李对韩："你是老上级，我们——"他指指在座的陆军、空军校尉，"还和过去一

机　密

甘肃省消灭牲畜口蹄疫战斗计划

目　录

第一　疫情和区域划分
第二　总的方针和任务
第三　战斗部署
第四　战斗指导思想和行动要领
第五　联防、协同和技术支援
第六　交通管制
第七　对处理期进牲畜的几项紧急措施
第八　物资保证
第九　机动预备队的编成和使用
第十　战斗计划编写根据和执行要领

甘肃省消灭牲畜口蹄疫战斗指挥部制定

一九六四年十一月

《甘肃省消灭牲畜口蹄疫战斗计划》文件之一

甘肃省消灭口蹄疫防疫人员训练手册

附件第一

甘肃省消灭口蹄疫宣传教育提纲

附件第三

甘肃省防疫指挥部办公室编印
一九六四年十一月

甘肃省消灭
口蹄疫技术措施

附件第二

甘肃省防疫指挥部办公室编印
一九六四年十一月

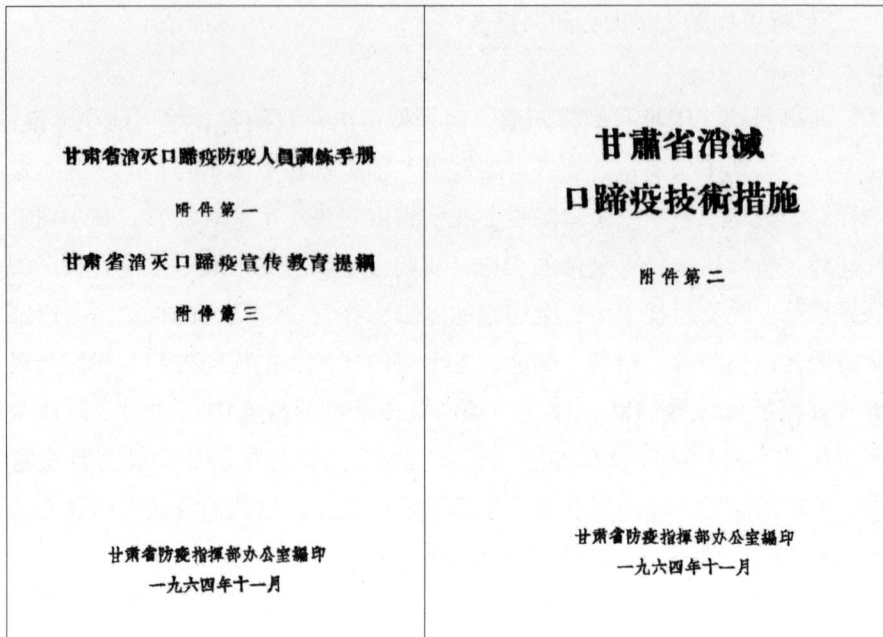

《甘肃省消灭牲畜口蹄疫战斗计划》文件之二

样，听你的指挥。"

按照《甘肃省消灭牲畜口蹄疫战斗计划》的部署，以防化兵部队为主力，在公安、交通部门和地方民兵的配合下封锁交通，在兽医专家和工作人员的指导下检查、处理过往车辆，在兽医专家和工作人员的指导及地方民兵的配合下焚烧疫畜。

韩坐镇兰州，派出督导组成员现场视察、指导，很快控制了疫情。

12月下旬，在参加第三届全国人大第一次会议期间，韩练成与周恩来谈到消灭口蹄疫情况时，周说："由你负责我就放心了。"

在这次会议的《政府

中华人民共和国
第三届全国人民代表大会
代表当选证书

姓　名　韩练成
年　龄　五十六岁
性　别　男
代表单位　甘肃省

全国人民代表大会常务委员会

一九六四年十一月　日

1964年全国人大代表证

工作报告》中，周恩来首次提出了实现四个现代化的任务，即把我国建设成为一个具有现代农业、现代工业、现代国防和现代科学技术的社会主义强国。

重返军队

1965 年 7 月，前国民党政府代"总统"李宗仁和夫人由海外归来，周总理机场迎接。

周总理曾让人问韩练成，是否愿意来北京看望李宗仁。

韩仍实言以告："无论我当时的真实身份是什么，在莱芜战役我丢了桂系的一个主力军，我的出面只能勾起德邻先生不愉快的回忆，如果不是非要我出面不可的话，我想我还是不出面的好。"

1965 年 7 月，前国民党政府代"总统"李宗仁和夫人由海外归来，周总理机场迎接

总理深表理解，对传话人说："韩练成心境平和，头脑清醒，很难得。"

1965 年冬，中央军委决定，韩练成与其他几位转业到地方工作的将军一起调回军队。但韩没有要求返回北京担任新的职务，而是以"兰州军区第一副司令员"名义主动离休，迁居宁夏银川。

如今的"离休"，是一种给 1949 年以前参加革命的老同志的、高于一般退休人员的政治待遇；而当时的"离休"，其定义只是"离开现任职务休养"。

临行前，在甘肃省委的宁卧庄招待所，还是和韩到任时一样，仅省委第一书记汪锋、省长邓宝珊及韩练成三人一起吃了一顿简单的晚餐。

当时已经是林彪主持中央军委工作以后，废止了军衔制。韩身着六五式军服，只有帽徽领章——一颗红星头上戴，革命红旗挂两边。

　　汪："练兄，过几天咱弟兄们就要分手了？"

　　韩："随时听调嘛。"

　　邓："这几年你没有休息好，可为咱甘肃做了不少事。"

　　韩："哪里。不过是抓了几个部门的制度建设，具体工作没做多少。"

　　邓："一剑之任，非将事也。①"

　　汪："对呀，去年的口蹄疫，如果你们没有运筹帷幄，而是跑到第一线去撒药，那才叫失职呢！"

　　汪："临走之前，给咱留下啥意见？"

　　韩："锋哥客气。意见说不上，但近来批判《海瑞罢官》，看上去是学术问题，可形势又有些像某种新的政治运动的前兆。这倒是该注意的一个动向。"

　　"军事设计院"之后的韩，从行为方式上看，只是一个转业到地方、小病大养的副职省级领导，但他的思维方式已经恢复了1949年以前的警觉，已经意识到有开始某种重大政治运动的迹象。

　　邓笑了："练兄，再次投笔从戎之前，还不忘研究学问？"

　　韩："我看这学问大了。去年年底，毛主席在一个社教蹲点报告的批示中说，'官僚主义者阶级与工人阶级和贫下中农是两个尖锐对立的阶级'。又说，这些走资本主义道路的领导人，'是已经变成或者正在变成吸工人血的资产阶级分子……这些人是斗争对象，革命对象，社教运动绝对不能依靠他们。'把这些迹象联系起来……"

　　汪："练兄说得有理。"但他岔开话题，"不过，你回军队，为什么不直接回北京？反而要去银川？"

　　韩："我这是离职休养。或重新出山，或彻底退休，还要看需要。"

　　韩在银川住的房子，是按照他的要求，由任震英定的方案，位于中山公园湖东岸边。房子是由兰州军区拨款、宁夏军区负责、宁夏回族自治区建筑设计院设计、宁夏回族自治区建筑公司施工的，工程代号65039，建

---

①《尉缭子·武议》第八。

226

筑面积227平方米，连院子、工作用房和车库、锅炉房，决算5.9万元。

盖的时候，韩自费请建筑公司的每一位工长班长一起吃饭、喝酒；搬进新居时，韩曾挨家挨户去拜访过公园家属院住的每一个干部职工。

住定以后，宁夏回族自治区党委第一书记、自治区主席杨静仁，第二书记、政协主席李景林，书记、自治区副主席马玉槐和宁夏军区司令员朱声达等党政军领导和西北军区时代的老部下都先后来探望，韩再三表示："我这是回到故乡离职休养，没有任何公职公事，也没有非分的私事，绝对不会干扰同志们。"

韩的日常起居，除了看书、习字、打拳，也经常凭湖垂钓，在外人看来，真是功成身退，颐养天年了。

心中的军情

然而，从1963年春与周恩来的阳台上的那次谈话以后，韩就认真地为自己的承诺做出山的准备了。

直到1966年5月，在韩的日志上，一项一项、一类一类分别记录着：

1964年10月，我国在西部地区成功进行了第一次核试验；1965年5月，第二次核试验；1966年5月，在西部地区上空热核爆炸成功。

1960年7月，苏联单方面决定召回在华专家1390人，终止257个科技合作项目；1962年4月至5月，苏联制造伊犁、塔城事件，12月中共代表团在捷共十二次代表大会发表的书面声明，首次直接披露了中苏分歧；从1963年9月到1964年7月赫鲁晓夫下台，人民日报、红旗杂志编辑部先后发表《苏共领导同我们分歧的由来和发展》等"九评苏共中央的公开信"。

1962年9月，我军首次击落美制蒋军U-2高空侦察机一架；1963年6月，击落美制蒋军P2V侦察机一架；11月，击落美制蒋军U-2侦察机一架；1964年6月，击落美制蒋军P2V侦察机一架；7月，击落美制蒋军

U-2 侦察机一架；12 月，击落美制蒋军 RF-100 侦察机一架；1965 年 1 月，击落美军无人驾驶高空侦察机一架，美制蒋军 U-2 侦察机一架；3 月，击落美制蒋军 RF-100 侦察机一架，美军无人驾驶高空侦察机一架；4 月，击落美军无人驾驶高空侦察机一架；8 月，击落美军无人驾驶高空侦察机一架；9 月，在海南岛上空击落美军机一架，俘美军飞行员一人；10 月，在广西上空击落美军机一架；1965 年 1 月，在华东上空击落美制蒋军战斗机一架，在西南上空击落美军无人驾驶飞机一架；3 月，在中南上空击落美军无人驾驶高空侦察机一架，在西南上空击落美军无人驾驶飞机一架。

1962 年 10 月至 11 月，中印边界自卫反击战。

1962 年 10 月至 1963 年 10 月，广东沿海军民全歼从海上登陆和空投的 24 股 324 名美蒋特务；1963 年 11 月至 1964 年 6 月，广东、福建、浙江沿海军民全歼 9 股 74 名美蒋特务，缴获和击沉船只 11 艘。

1965 年 6 月底，北京等 27 大城市 27 万军民举行反对美帝侵占台湾 15 周年示威大会和军事演习，人民日报社论《中国人民一定要解放台湾》；7 月，前国民党政府代"总统"李宗仁和夫人从海外归来。

1965 年 8 月，海军舰艇部队击沉窜入广东省南澳岛、福建省东山岛附近渔场的美制蒋舰"剑门号"和"章江号"；11 月，在福建崇武以东海域击沉美制蒋军护卫舰"永昌号"，击伤美制蒋军猎潜舰"永泰号"；1966 年 4 月，我国对美国提出第 400 次严重警告。

…………

在面对美帝国主义、蒋介石集团、苏联修正主义、印度的大包围，韩无法设想怎么能四面迎敌、四面出击？他开始怀疑这种树敌过多的战略是否出了判断上的错误？但无论他怎么想，还是密切注视着形势的走向，他自知：在他没有奉召出山之前，他不可能知道中央的意图和决心，一旦他受到召唤，他一定会竭尽全力。他期待着为保卫国土、统一祖国的出征，不管是台前还是幕后。

"文化大革命"

到了 1966 年 5 月 16 日，中共中央发出关于发动"文化大革命"的"通知"（后称"五一六通知"），韩知道自己感觉到的某种重大政治运动是正式地以"无产阶级文化大革命"的名义开始了。

8 月 1 日，中共八届十一中全会在北京召开。8 月 5 日，毛泽东发表《炮打司令部——我的第一张大字报》。8 月 8 日，全会通过《中国共产党中央委员会关于"无产阶级文化大革命"的决定》（即"十六条"）。8 月 12 日，全会改组了中央领导机构：选举毛泽东、林彪、周恩来、陶铸、陈伯达、邓小平、康生、刘少奇、朱德、李富春、陈云为中央政治局常委，林彪名列第二位，虽然全会没有重新选举主席、副主席，但从此不再提及刘少奇、周恩来、朱德、陈云的副主席职务。

8 月 1 日，毛泽东写信给清华大学附中"红卫兵"，热情支持他们的造反行动。8 月 18 日，毛泽东在天安门首次接见来京进行大串联的全国各地的"红卫兵"，毛自己也戴上了"红卫兵"袖章。

不几天，全国已是一片红色的海洋！

"大鸣、大放、大字报、大辩论"席卷全国！

到处在批四旧、揪走资派、"横扫一切牛鬼蛇神！"

从 1966 年"五一六通知"的公开发布到 8 月 10 日毛主席在中央接待站直接对革命群众说"你们要关心国家大事，要把'无产阶级文化大革命'进行到底"之后，中央或者是毛主席的许多最高指示似乎不再需要党的各级组织的传达，直接就可以在大字报上看到了。为了看清形势，韩也不得不到大街上去"看中央文件"。

在布满大字报的银川大街上，大家对这位带着警卫员、挂着拐棍的老军人，有认识他的当面叫他"老首长"，也有人在背地里说他是"国民党的中将"。

他自己的前"国民党中将"的显性身份还没有对他本人构成什么危害，反而从两个女儿身边出现了异动：在"老子英雄儿好汉，老子反动儿混蛋"的"红又红""纯又纯"的"红卫兵"运动中，在北京师大女附中读高三的二女儿韩英和在兰州十四中读初二的小女儿韩斗，分别都被同班的军界干部子女排除在"红五类（革命烈士、革命干部、革命军人、工人、贫下中农）子女"之外。虽然在银川二中读高二的儿子韩兢（原名韩京）和在北京外语学院读大二的大女儿韩蓉还没有被明确地排斥，韩也意识到必须自卫了。

对于在革命胜利近 20 年的执政党仍然用"家庭出身""阶级成分"来组织群众，对于用"红卫兵"这样的群众组织取代共青团，他感到很荒唐。对于党的中央领导机构的重大变化，甚至各地各级党的组织也纷纷被抛弃，他更是十分不理解的。但如果他以提出不同意见的方式反对正在形成的"革命"潮流，肯定是愚蠢的。

他没有采用直接的自卫行动，他口授了一封以儿子的名义写给副总参谋长彭绍辉的信。信中请求彭伯伯，通过军界家长的干预，保护他的姐妹们不再受到同学的歧视；同时告诉彭伯伯，爸爸曾心情沉重地说："如果当年我死在国民党统治区，你们的周恩来伯伯一定会追认我为革命烈士的！"

韩知道，彭绍辉一定会采用适当的方式、从适当的渠道、在适当的政治层面处理孩子们的事，而更重要的是，彭绍辉一定会向周恩来、陈毅、叶剑英等人提及对自己的适当保护。

不久，彭绍辉打来电话："你那里怎么样？有没有人去冲击你？"

韩："暂时还没有。造反的人要的是权，我一个离职休养的死老虎，没价值的。"

彭："周总理给叶帅、给我都打了招呼，让我们跟下面交代：要对你采取必要的保护措施。你要不要搬回北京来呀？"

韩知道：只要有周总理的这一句话，自己身边的一切危机都可以化解。"真是要谢谢总理、谢谢叶帅，也要谢谢你呀。我想，北京是权力中心，我往旋涡里钻是不是有点蠢？我从来没有在银川这个小地方担任过任何职务，退到这里休息，也才不到一年，知道我的人不多，认识我的更没有几个，我想我不去招惹是非，恐怕还是安全的。"

彭："要不然我让兰州军区给你派一个警卫班去？"

韩："我的安危完全系于总理、董老，他们不倒，我就安全；他们倒了，就是一个连、一个团也保不住我。"

9月中旬，韩英在大串联的洪流中回到银川，这时，她已经被学校的"红卫兵"组织接纳。在离开父母再次投入到她心中的"革命运动"中去之前，姐弟俩和妈妈一起留下了这一张照片。

汪萍和韩英、韩兢 1966 在银川自家院中

10月底，从兰州传来了消息，邓宝珊在家里被北京丰台区来的"红卫兵"用马刀抽打，邓对探望者痛哭失声："我和共产党做了这么多年朋友，这是什么事呀？"事后不久，邓被周总理派人接去北京。据说同时有几十位党外知名人士也都被周恩来点名保护起来了。

韩对自己主动、提前采取的自卫措施感到满意。但他对这场运动的"革命目的"的确定、"革命阵营"的划分、"革命行动"的原则等问题，仍然看不清楚。

尽管他还不明晰整个运动的走向，但他知道：既然叫"文化大革命"，在"文化"层面上是一定要"革命"的。他及时地对自己的书房做了调整。

墙上一幅仿倪瓒的"高士图"换成毛泽东手书《沁园春·雪》；书架上的十几套线装书、平装《二十四史》《资治通鉴》《全唐诗》等全部换上《马克思恩格斯全集》《列宁全集》《斯大林全集》《毛泽东选集》《鲁迅全集》等。

面对这个书房和书架，宁夏军区派来"协助首长处理四旧"的干部说："韩副司令员这里倒是马列主义、毛泽东思想的课堂。"

韩并没有让他们空手而归，给了他们一些旧文件，还亲自领他们去儿子的屋里，把韩兢的《西游记》《红楼梦》《三国演义》《水浒传》《儒林外史》

《三言二拍》《牛虻》等书都拿走了。

对此，儿子回家以后大发脾气，韩却笑道："你的书以后还都能买得到，我的书、我的那些字画、瓷器，让人拿走可就再也回不来了。"

11月，穿了冬装的韩练成让儿子给他照了这张照片（右图）。

虽然他对毛主席发动的这一场政治运动并不理解，也不赞同，但他仍然愿意继续跟着毛主席的路线走，做毛主席的好战士。

对他不理解的问题，他开始认认真真地读《马克思恩格斯全集》《列宁全集》《斯大林全集》，他是认真地希望从这些原著当中找到答案，以破解疑惑。

韩练成 1967 年在银川家中

1967 年的韩练成

心系国难

当时光流转到 1967 年"一月风暴",全国的造反派陆续夺权、在各地建立"革命委员会"的时候,韩意识到了党的"七大""八大"路线也将逐步被"无产阶级革命路线"所替代,他密切注视着从中央到地方的领导层的变化。

甘肃省委第一书记汪锋、宁夏回族自治区党委第一书记杨静仁都已经被罢官,由革命群众随意揪斗。宁夏的"红卫兵"想从汪锋那里得到批斗杨静仁的材料,而汪锋正在被兰州军区的干部子弟看管着,他们想让韩兢去外调。韩练成也希望知道老同志的近况,让儿子在外调的同时相机行事。

在宁夏的"红卫兵"、造反派们夺权的热火头上,韩兢独自一人去了兰州,见到汪锋时,一老一小谁都当面没说破韩兢是韩练成的儿子,在谈到杨静仁等宁夏党政领导人的历史情况时,汪锋没有一句微词:"这些人都是好同志,都是忠于毛主席的好干部。"他请韩兢转告兰州军区和宁夏的"红卫兵小将":"我虽然犯了方向性、原则性的错误,但是我绝不是'三反分子'①,不管党和人民怎样处分我、处理我,我永远都是忠于毛主席的。"

韩兢带回来的资料对批斗宁夏的走资派没有一点用处,但韩练成知道了汪锋的近况和立场,十分欣慰。韩对汪的气节和技巧都很赞赏。

在日益深入的运动和日益高涨的夺权斗争中,军队奉命"三支两军"②,介入地方"文化大革命"。

听说驻防银川的独立师师长涂宗德在一次群众冲击军事机关时被造反派殴打,韩立即让儿子去看望,涂请韩兢转达:"谢谢老首长关心。请首

---

① "反党、反社会主义、反毛泽东思想"。
② "支(持)左(派)、支工、支农,军管、军训"。

长放心，我保证约束部队，打不还手、骂不还口。我同时也向首长保证：不管发生什么情况，我决不会让任何人抢走一枪一弹！"

韩练成只能看到、听到身边的动态，却并不知道1967年1月至2月发生在北京的"大闹京西宾馆"和"大闹怀仁堂"，那次党政军高层老同志和中央"文化大革命"之间的短兵相接的激烈争辩，主要围绕着三个问题："文化大革命"要不要党的领导？老干部应该不应该都打倒？要不要稳定军队？直到3月下旬，造反派在全国范围"反击自上而下的复辟逆流"开始时，韩才得知陈毅、徐向前、谭震林等老同志因为"二月逆流"被停职检查、受到批判。

事态发展到1967年7月，江青对造反派发表了支持"打砸抢"的政治口号——"文攻武卫"。8月初，上海发生了最大规模的"上柴联司"武斗事件，打死18人，打伤983人，121人致残，663人被关押。宁夏青铜峡地区也发生了"支左"部队镇压"保守派"的事件。

韩在听到消息之后，立即以个人名义，通过宁夏军区机要室，向代总参谋长杨成武发出稳定军队、停止部队参与地方武斗的建议，韩同时建议总参对被划为"贺龙分子""黑帮分子"的宁夏军区司令员朱声达采取组织措施加以保护。

当时，朱声达夫妇正在被军内外造反派揪斗，盛传在朱家浴缸里停放着一位战死的造反派的尸体，韩的夫人汪萍别的什么都没想，只是挂念朱家的小女儿晓丽，让韩兢去军区大院找了一整天也没找到。她最担心那小姑娘没人照顾，有家不能归。

韩夫妇在这一阶段的行为已经超出了"韬晦自保"的界限，韩练成并不是没有想过引火烧身的后果，但他仍然无法明哲保身，置身事外。

对来找"老首长"请教、支持的各个群众组织，他一概直陈利害，劝阻他们停止武斗，恢复学习、恢复生产劳动；对"支左""支保"的两支解放军部队，他也直言己见，提醒他们保持高于派别纷争的中立地位。他说的这些毫无"无产阶级革命斗争精神"的话当然令各派人士失望，他当然也不会因为支持任何一派而被作为"革命领导干部"进入"三结合领导班子"。

在社会形势一天乱似一天的1967年底，彭绍辉再次打来电话要韩迁居北京，韩还是老话："北京是政治中心，我还是蛰伏银川更安稳一点。"

彭再次提出："让兰州军区给你派一个警卫班去？"

韩更明确地回答："现在部队也分两派：军区从支持保守派的部队派警卫班，支持'左'派的不高兴；由支'左'部队派人，支保守派不干。就为这一个班的兵力，我就已经惹来麻烦了，反而不如我现在一兵一车（音驹），唱空城计，不惹眼，最安全。"

韩不仅没有接受一个班的警卫，反而把兰州军区配给他的专车和司机一起退了回去，只留下一个警卫员，他对汪说："非常时期，人多事杂，用减法比用加法更安全。"

1968年夏，韩让儿子韩兢去北京，送一封亲笔信给周总理："一定要送到总理办公室，能见到他最好；见不到他，信一定要送到；送到以后，马上回来。我这可不是让你去搞大串联。"信中有稳定军队、稳定生产、稳定干部队伍的具体建议。他说："工人不做工，农民不种地，部队不练兵，学生不念书，商店里没东西卖，还搞什么'文攻武卫'——这种现象，是谁在革谁的命？革命是解放生产力的嘛，再这样下去国家就垮了！我想总理心里一定有本账。但是，西北、宁夏、军队的一些具体下情，不一定上达；再说，也会有人有意往上报假情况。这封信起码是我的判断，不能直接为他分忧，给他做一个参考也好。"

韩练成的《即事有感》记录了他在这一时期的心境

235

这封信的内容和观点比 1967 年那封机要电报更具体、更明确，不宜经过别人的手。韩知道，这年头，只有自己的儿子最可靠，夫妇两人也都希望儿子早点懂得为国分忧，他们必须让儿子去经历一些别的孩子不可能经历的政治风险，但他们不希望儿子在这场敌我难辨、鱼龙混杂的纷争中去创立什么山头、谋取什么政治资本。

萧萧落木悲同志

1969 年 3 月，苏联边防军侵入我国黑龙江省珍宝岛，制造了严重的流血事件。我军对登岛苏军予以还击，毙伤其一部，其余苏军撤回。

1969 年 4 月 1 日至 24 日，中国共产党第九次全国代表大会在北京召开。九大通过的党章，根据"无产阶级专政下继续革命"的错误理论和"文化大革命"的经验，对八大党章的正确内容做了错误的修改；对党的理论基础马列主义、毛泽东思想做了歪曲的阐述；砍掉了党员的权利；违背党的组织原则，规定林彪为"毛泽东同志的亲密战友和接班人"。

1969 年 10 月 17 日，根据毛泽东关于国际形势有可能突然恶化的估计，林彪在苏州做出"关于加强战备，防止敌人突然袭击的紧急指示"，要求全军进入紧急战备状态。10 月 18 日，总参谋长黄永胜等人以"林副主席指示第一号令"下达了这个指示。

虽然这个指示被毛泽东及时制止，但在北京许多已经被冲击的元老、将帅被纷纷疏散：刘少奇去河南开封，邓小平去江西南昌，陶铸去安徽合肥，朱德、董必武去广东从化，陈毅去河北石家庄，叶剑英去湖南长沙。

韩也接到通知，准备疏散，出发时间和目的地待定。他一连几天陷入沉思："'一号命令'？他根据什么判断苏联要对中国开战？"

汪："你离开军队工作岗位这么多年，又不了解情况，怎么知道会不会打？"

韩："我研究了一辈子战争，战争不是儿戏！苏修能在这个时候发动侵华战争，挖我的眼睛！"

汪叹了口气："那咱们怎么办？"

韩："还能怎么办？只有服从！如果真要打，我们这些人就肯定会被重新起用！可现在是怎么做？我是被疏散！这算什么战备？"

汪勉强笑笑："疏散？也比被斗得家破人亡好得多。"

韩冷静下来："唉，战争是国难，'文化大革命'也是国难，咱们就只能用这种被动的方式共赴国难吧。"韩指着崭新的棉军服："穿这一身号衣是打仗的！不是去跑反！"

汪："打仗也罢，跑反也罢，既然是国难，就往过熬吧。说来也怪，这些天我老是想起我那支枪来。"

这一句话，说得韩练成一股凉气从背后窜到头顶！

12月2日，汪萍在打点行装时昏倒，被诊断为脑出血；6日，病逝于银川市人民医院。从昏倒到去世，没有留下一句话。

1969 年深秋，汪萍

汪的突然离世，对韩的打击很大，他吞泪写下的《悼亡》诗三首，寄托了悲凉深沉的思念：

一

老病交加雪上霜，白头失伴剩堪伤。

君能恬死千愁尽，我苦偷生百虑忙。

儿女各奔天一角，弟兄零落雁孤行。

相思有待魂归去，偏着悲风入梦凉。

二

萧萧落木悲同志，惨惨题诗吊故娘。

欲哭无声偷滴泪，避愁何处可为乡。

独眠枕上梦魂好，一省人间忧患长。

叹息年来亲旧尽，追思空余碎文章。

三

患难成夫妇，于今四十年。

相看犹不厌，何况是长捐。

我也逾甲子，此身宁久全。

终当寻君去，未死泪涟涟。

他们的儿女——老大韩蓉没上完大学，正在河北固安的农场劳动锻炼；老二韩英高中毕业，在北京房山的矿区学校教书；最小的女儿韩斗在甘肃天水的毛纺厂当挡车工，她们回来办完丧事就都走了。唯一的儿子韩兢，在银川的机床厂当学徒。

不久，韩练成被通知去陕西临潼，他们的这个家马上就要四分五裂了。

疏散在陕西

1970 年 1 月初，即将起程的韩练成命韩兢焚毁一批无法随身携带的藏品，韩兢不忍，将其一部深埋在亲手挖掘的防空洞里，其中有两件，是韩练成在 1945 年率部接收侵占海南岛的日军投降时，得自日本海军海南警备府司令长官伍贺启次郎献出的名贵瓷器。

其一彩绘大盘，底款为"大明成化年制"，绘有人物八个，画面多处描金，满地绘龙、凤形图案；周边满绘菊花纹样；底面凤鸟、海藻；有支钉痕。另一彩绘花鸟罐，底款为"萨摩寿官制"，彩绘菊花、大丽花、牵牛花、粉蝶、麻雀。

韩无法带走的还有部分书籍资料，他亲手把其中最重要的一包交给韩兢："这是 1961 年，中央军委让中将以上的军队干部每人写的一份自传，当时正是我往甘肃调的时候，这份东西写了个大半就放下了，这是我前半生的记录，一直写到 1959 年。有些年代、史实还要查证以后才能定稿。你留好。我这一去，还不知是什么结果。这东西对我已经没有什么价值了，不过，藏之深山，传之后世，或许对今后研究党的、军队的历史会有些用处。只可惜我那些论文的文稿，也就只剩下一些提纲，一点皮毛了，这是'焚书遗稿'，或许以后有人用得着。毁了——你还记得那把火吗？"

韩兢记得在军事科学院自家后院里的那场焚书，但当时的他可借着"给爸爸帮忙"玩够了火！

1970 年 3 月，韩练成迁居陕西临潼，在解放军二六医院旁的干休所里选了一套最靠边的师职住房，在窗前放了一块大石头，种了一丛细竹、一蓬马兰，取郑板桥的诗意："一石一兰一竹，有节有香有骨。满堂君子之人，四时清风拂拂。"

韩练成与"岁寒三友"

那一阶段，住在那里的还有被贬黜的装甲兵副司令员程世才（1955 年授衔中将）、广东省委候补副书记曾志（陶铸的夫人）等老同志。

韩与程结识于 20 世纪 50 年代，程告诉韩，他打了几十年仗，公开的敌人见过无数，肉搏的、拼杀的、遭遇的、炮击的、俘虏的……简直多得不计其数。可自"文化大革命"以来竟从身边一下子冒出来一群意想不到的敌人：有多年的老同志，有跟随了很长时间的秘书、警卫员，还有根本不认识、八竿子打不着的人也跳出来"揭发"自己！被隔离审查时，看押自己的是战士，打骂、虐待自己的也是战士。他简直搞不明白：他们过去对日本鬼子、国民党俘虏也没这样过！这些小鬼怎么学得这样坏？

对这位"政治待遇降为十八级"的长征老将，韩仍然像以往一样待他，每逢传达文件，韩常常借口"没听清楚"，让协理员把文件送来，请程到自己家来看；他还向程传授了收听外电广播判断形势的经验。

1971 年，韩练成和韩兢在临潼自家院中

对曾志，韩不仅自己当面尊称她"大姐"，还常常告诫干休所的工作

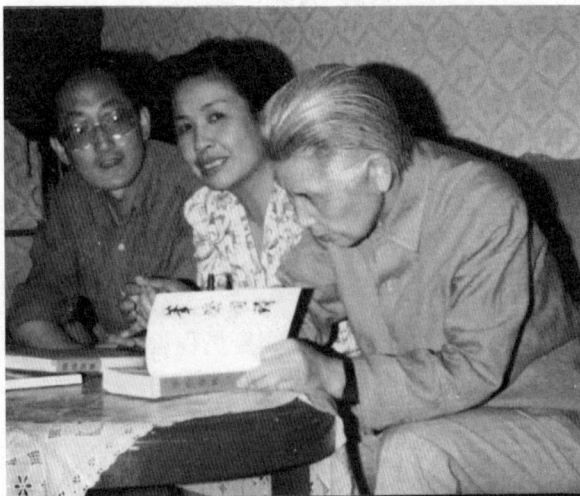

1991 年，韩兢在北京看望曾志、陶斯亮母女

人员："什么叫'陶铸的老婆'呀？她是井冈山时期的老红军，是广东省委副书记，她的党龄比你们的年龄都大，你们怎么那么没礼貌呀？"

对那些歧视她女儿陶斯亮、欺负她外孙小亮的人，他更是直接批评甚至斥骂。

陶斯亮回忆那几年的时光，总是说："从妈妈到临潼以后，韩伯伯一直就是我们的保护伞，核保护伞。"

看到曾志常常在房前屋后种这种那，韩说："曾大姐，歇一歇吧。"

曾说："他们可以不让我再干革命工作了，但是谁也不能剥夺我劳动的权利。"

和她的坚忍、刻苦相比，韩感到自己真是太养尊处优了！

在那个干休所，只有韩一人配备了一兵一车，而他的车，也经常给其他老同志应急使用。他对司机交代：不管谁要用车，都要先经他同意；但程司令员、曾志同志要用，你可以出车后回来再报。

和皮定钧的对话

1970 年秋，韩练成去兰州军区总医院检查身体，军区司令员皮定钧（1955 年授衔中将，当年 56 岁）、政委冼恒汉时常来探望。

入冬以后，皮定钧专门来用了整整三个下午的时间听韩讲解"军官养成""训练基地"等专题。韩的这些想法只在极小的圈子里说过，尚未完善，尚未正式提出，就被当成"资产阶级军事思想"给否定了。研究笔记大部分失散、小部分被他自己烧了，没烧完的一点点留在儿子手里。

那几天正是韩兢在医院陪住，靠一台电子管的"钟声"601 型磁带录音机，留下了一个口语化的大概轮廓。

韩："'军官养成'，算不上新玩意儿，是综合了国内外的一些做法，加上我自己的经验想出来的，其实咱们'正规化'的那几年也用一些，只不过没有形成制度，也缺乏条理性就是了。我的想法是把这变成一种军官养成的条令性规定，建立起这么一种制度，那么军官的素质就有保证了，人呢，也就慢慢'标准化'了。哪个干部适合哪种工作，经过几个职务轮换，也就看出来了；能升到哪一级，是退出现役转预备役呢，还是有继续提升的可能呢，都有制度；自己也知道自己可以干到哪一级。这样一旦战争爆发，无论是现役还是预备役军官，谁是个啥料，啥地方缺啥样的军官，都便于掌握，动员得快，这才叫'招之即来，来之能战'呢！不然，呼啦啦一大堆，谁都行，谁都不行，谁指挥谁都行，谁也都不服气谁。

"具体说是这样，军官可以从士兵中选拔，但要有严格的考核，也可以从军校产生，就是从初中毕业生里考，我先说这一种。

"初中毕业生，男娃娃，十五六岁，身体健壮，经过学习成绩和体质的考试进入军官学校。这个进校后的阶段，我考虑过放到普通连队去的办法，要再细细琢磨，这样带有片面性，因为他去的那个连队执行的勤务不可能是具有普遍意义的，只是一种特定的常规勤务；再说呢，连队对新兵的训练科目是针对兵，而不是对军官，不一定合适。后来我考虑还是由高年级学生，或者叫学兵当班长、排长，教员担任连长，进行一个非常紧张和艰苦的野操，即步兵基本训练，把他的娃娃气、学生气、自由散漫、吊儿郎当的毛病全治了，建立起一个军人起码的责任感，再上正式课。我说的是陆军军官学校。

"正式课程一定要学完高中全部的数理化外，历史、地理要用带有军事内容的军校教材，这样的话，他三年上完了高中的课，第四年学习专门的兵种课程，毕业以后，定向地分到各个兵种去当见习军官。每天的课程，除了早操之外，都要有一定时间、一定强度的军事体育课，体力不支的学生，在这个时候就该让他退学，转入普通高中去。都像咱们现在的这些提了干的娃娃，到了地方啥也不会干怎么行？

"军校毕业只能当见习军官、准尉，经过一年的考察，合格了才能升少尉，当正式军官。那么这个少尉在执行正常勤务的同时，要担任高一级指挥职务的值星值周任务，还要参加团级单位定期或不定期的营连战斗条令的训练。少尉、中尉的最短晋级年限都是一年，停年至多三年，三年之后提不上去就退出现役。当少尉、中尉的时候，除了当下级指挥员以外，还应该担任军校课程和做一个时期的下级参谋。少尉、中尉不许结婚。这时候他还要准备上陆军大学——当然，海军、空军差不多也这样，我只干过陆军，不敢妄谈。

"那么上尉阶段就是他作为军官的第一个关键阶段，这决定他是否可以升入陆军大学。如果不能，他就只能干满停年退出现役，或者，在上尉停年内晋升大尉，但只能当完大尉就退到预备役去，没有上过大学不能晋升校级以上军官。当然这个上尉可以结婚，成家立业，上不上大学随他自己。

"如果一个中尉考上大学，可以在学习期间晋升上尉；如果本来就是上尉上大学，也可以在学习期间晋升大尉。因为一个大学上完要用四年时间，应该按照服役条例规定，取最短晋级年限和停年的平均数作为大学期间的晋级年限，大学毕业起码是大尉，资深的上尉从毕业日起可以晋升为少校。

"一个上尉主要应该担任连级单位主官和营级单位的副职、军校的教官、师团级单位的参谋。没有上过大学的大尉，基本上和上尉差不多，职务可以稍高一些，除了个别情况之外，一般不能担任团级单位的主官。

"团级单位的主官只能由大学毕业的少校担任。这个少校的停年是三至五年，在少校、中校期间，他至少应该担任这么几类职务：

"指挥类：起码要干过两个以上兵种的团级单位的主官，一两个师级单位的兵种主任或者处长。参谋类：军师级单位的参谋、参谋长、作训处长、大军区或某个兵种司令部甚至总部的参谋。情报类：驻外武官或专题出国考察；还要临时担任陆军大学的某一种课目的教员，在部队组织下级军官的训练，等等。

"一个中校经过这么几年严格的考验，逐渐成熟了，开始接近终身职业军人的第二个关口：做进入国防科学院的准备。只有经过国防科学院深造的军官才能进入将军序列，否则干满大校停年，退出现役。这样，你一年一年像过筛子一样过来的将军，才能担任一个军、一个兵种、一个大军区或者总部的高级职务，而且人人年龄都不大，精力充沛，阅历丰富。到了战争时期，那你看看，谁怕谁呀？"

皮定钧问："按你说的那种陆军大学和国防科学院都应该研究些什么？"

韩："陆军大学至多研究一般的战役理论，国防科学院就不仅仅是陆军一个军种了，它要研究的是现代战争已经出现了的问题和还没有出现的问题，主要是战略性的。

"陆军大学，既然叫大学，就必须达到大学的水平。'文化大革命'以前的地方大学和军事学院，都用一种三段式教育，就是'基础课、专业基础课、专业课'，你不搞好基础，往上盖什么卵子！我们这个陆军大学，也还是要搞基础课，这种基础课当然和地方大学不一样，可是你一点也不懂物理、化学、无线电，那原子弹、芥子气和电子对抗你咋办？陆军大学培养的不是技术军官，可培养的是使用技术手段的指挥军官，不懂自然科学不行，所以自然科学要学。军事科学完全是研究人和人对抗的社会关系，社会知识太少行吗？我们准备打仗，主要是准备和外国人打，'知己知彼，百战百胜'，你连一句洋话都不懂，怕说不上'知彼'吧，陆军大学毕业生不是去当翻译，可什么样的翻译能理解军事指挥员需要什么？所以你自己还是要懂，那外国语要学，还最好能掌握两门，一门精些，一门懂一点。过去我们有一次缴获了一个日本什么佐的日记，不是日文，也不是英语，让懂的人一看，是土耳其文！这个日本鬼子，真是鬼得很！还有，历史不学也不行。我对这个历史，有一个看法是挨了批的，我认为，应该专门讲讲我们的国耻、军耻，什么时候让人侵略了，要讲，要记住，什么时候打了败仗，让人俘虏了多少战士，也要讲。军人嘛，不知道自己受过屈辱的历史，就不会培养起复仇的精神，我还觉得专门设立一门'国耻课''军耻课'是很有好处的，这对一个军人的精神教育也很必要，培养了仇恨，也总结了经验。结果我的这种提法成了'大国沙文主义''军国主义''长敌人志气，灭自己威风'等一大堆帽子，真他妈的啥都不懂。

"接下来就是专业课，首先要学的是各种条令。这种学习不光是背条令，而是学习和研究制定条令的依据和出发点，让学生们都了解条令为什么要这样写，那么他学了出去就不是机器人，他就懂得了应该怎么在瞬息万变中审时度势，使用条令。你不要看上大学的是个小小的上尉，二十来岁儿不到三十的毛头小伙子，学出来就要掌握军师合成军队的战役指挥，只有掌握了高级的指挥原则，他才会用全面的眼光看问题，指挥自己的那个小单位。我们以往的指挥员，有很多同志是掌握这种方法的，可惜的是他自己没有条件去系统学习一下，总结总结，结果时间一长，和平时期慢慢就忘了。如果现在的连排长们就这么跟着混，再过些年怕就只知道个'冲啊'，其他啥都不会了。

"这个国防科学院，是个常设机构，但研究人员是轮流的，比较好的校级军官，是这个科学院的招收对象。它是专为培养高级指挥员而设立的，有普通的战略理论课程、外军的作战方法、新的武器装备、新的实战战例，还有介绍新的科学技术、新的国际经济动态、民族纠纷、什么社会大变动等凡是和军事行动有可能发生关系的课程。对我们现行的各种制度，像什么战斗战役条令啦、军官服役条例啦、兵役制度啦、合成军队的编组训练啦、什么各种军事机构的设立和制度啦等问题，它都要涉及，都应该进行探讨，定期或者不定期召开学术座谈会，或者学术讲座。这样，研究员谈，请现职的总长、总部大军区的指挥员讲，还可以请其他国防技术方面的专家，像什么原子弹、飞机、原子医学这些方面的专家，大家各抒己见，把每次的学术讨论会、报告会的材料送现在军事科学院这样的专门研究机构汇总，这样的话，造成了一种良好的学术气氛，也为我们的国防建设提供了各方面的智能，集思广益嘛！这样出来的研究人员再回到指挥岗位上去，他就不是个简单的军人，而完全可以成为一个有现代科学、现代政治头脑的军事家。我们有这样一大批年轻有为的将军，恐怕就不用担心后继无人了吧？"

皮问："听说你有一个'军官养成'的挂图，能让我看看吗？"

韩："咳！最早的那一份给了张宗逊，搞条令的时候又画了一张，也让彭绍辉拿走了，说借去看看，看到现在了——你怎么知道的？"

皮："就是彭副总长告诉我的嘛！我们说，你的这一套肯定在哪一天还有用得着的时候！"

韩："老了，过去钻的东西想不起来了，过些日子我再想想画画，再画一张给你。不过，我的这一套，只要不恢复军衔制，就行不通。还有，家属娃娃，像现在这样，也行不通。你想，一个小军官一天到晚要换勤务，他老带着一大家子人从这儿跑到那儿，光搬家了，还搞什么事呀！咱们这军队到哪儿，家属跟到哪儿，可不是个办法。军人就是军人，军事机关就是军事机关，部队更不行，不能走到哪里把家属带到哪里，又不是'杨家将，婆娘娃娃一起上'！"

关于《合成军队训练基地的建立与运用》，韩说："这个想法形成得早，1954年全军参谋长会议，我就想过这个问题。慢慢成熟是在训练总监部时期，时间不长，我成了资产阶级军事思想的一个反映，就没有继续搞下去，只是个设想。

"训练基地要根据我们国家特定的地形、地貌、地理条件而建立。目的是为了部队在各种自然环境、各个季节进行各类战役战术的训练和学习。我当时就设想了这么几种类型的基地：

　　"高原山区基地，像唐古拉山、巴颜喀拉山、喀喇昆仑山，海拔 5000 米以上，终年积雪，环境恶劣，交通很不便利。如果设立训练基地，只有一个优点——高寒，不具备普遍意义。因此，不合适。我认为，可以在兰新线上，张掖、高台一带向南北划出一两百公里，伸到祁连山和巴丹吉林沙漠里去，作为内地部队的训练基地，便于调动，也便于供给。那么，这么一个基地，包括两种地貌：高原山地和沙漠。

　　"但是，仅仅有这么一个山区基地还不够。像小兴安岭，东面是三江平原，南面是松嫩平原，如果在这里建立起一个基地，同时可以进行山地和平原的综合训练。

　　"那么，广西十万大山南面钦州湾，北面是四方岭丘陵地带，热带气候，降雨量大，也是很好的基地。如果再在秦岭山脉，商县终南山一带划一块，那就差不多把山区基地搞全了。

　　"沙漠基地，假如设立了祁连山—巴丹吉林基地，就不用另设了。现在那里搞原子弹，另说。

　　"平原基地，东北设了一个。如果长江中下游或者是洪湖、洞庭湖，能尽量少占农田，搞一个平原的稻田地形基地，就全了。

　　"用舟山群岛，或广东的上下川岛做登陆、反登陆训练基地。

　　"如果可以完成这个设想，那么陆军的各种训练就没有问题了。"

　　皮："基地建立起来，怎么个用法？和现在的编制有什么冲突吗？"

　　韩："对，能不能建基地的关键就是这个问题。我认为和现在的军区、野战军、省军区、独立师、守备师都有冲突的地方。

　　"每个军、每个师都有自己固定的军部、师部，楼堂馆所什么都盖，婆娘娃娃养了一大群，一天不训练，光在那儿'三支两军'，种地喂猪……老百姓养几百万军队不就是为让咱们搞国防吗？要你种地、做工，你还穿军装拿枪干什么？要是继续这样干下去，我的想法全用不上。

　　"这些个基地地盘很大，人员很少，基地只负责两个方面的工作。一是训练工作。按照总部的计划安排各个受训部队的受训课目，指导受训部队的训练，和指挥员一起把受训部队组成多兵种的合成军队进行对抗演习。二是后勤管理工作。负责管理受训部队的营房、固定性训练设施和训练用品，参与制定受训部队的运输指挥。其他什么吃喝拉撒睡，由受训部队自己解决。

"只有负责训练和军运的军官是现役指挥职军官，可以从总参抽，可以从各部队抽，全是短期的，一年半或两年陆陆续续换一批，既训练了部队，也培养了自己的能力。要有一定的流动性、互换性。负责营房勤务的可以用预备役军官，再加一批老军士、老准尉、老上士，具体负责每处营区、每一项具体的设施设备。这样，相对稳定性大一些。

"在这些老军官、老军士当中，也要有一定数量、一定质量的人可以给受训部队上课，主要是介绍基地所在地区的环境气候、自然条件和当地的可食性水源、动植物特点，提高受训部队的单兵生存能力。

"全军每个野战部队的每个团级单位每年都要参加两个以上的基地训练，每个基地起码可以容纳两万部队同时训练，但每个基地的部队可以不属同一军区、同一个军，甚至可以是好几个不同兵种的团，这当然要执行总参下达的训练计划，按总参命令进行调度和训练。那么，到了基地，由基地指挥员和受训部队军衔最高的指挥员组成受训的合成集团军司令部。这样，每个团、每个团级指挥员都养成了混编、联合作战的习惯，什么通信方法啦，军语应用啦，很快就统一起来，全军统一就容易得多。

"祁连—巴丹吉林基地以原子、空降反空降为主。当然，这不是步兵一个兵种进行，而是包括炮兵、装甲兵、机械化步兵、防化兵一窝子上，主要搞运动战。

"小兴安岭就不搞原子、空降了。内地的秦岭基地可以加强电子干扰和电子对抗的坦克集群训练。十万大山搞阵地的攻坚与反攻坚。舟山和长山群岛主要搞登陆作战，这个要和海军、空军配合，搞好了可以成为三军联合训练基地。受训的部队可以少一点，干部不能少，陆军学院的在校学生可以参加这个基地的参谋工作。

"其实许多基地的训练计划、受训部队的编组，都可以由陆军学院、国防大学的研究生拟定，送总参核准下达执行。这样，在校生不脱离训练，部队也可以为某种新的战役战术设想做实验性演习，分析导致战局向完全相反方向变化的可能性，使受训部队明确看到每个稍纵即逝的战机，很有好处。

"阵地攻坚战的训练要从阵地的实地构筑搞起。一招一式都马虎不得，让每年受训的团以上单位对防御地带、掩护地带、障碍配系都有一个完整的认识，这样你不管是进攻，还是防御，心里都有数。"

他越讲越想往细讲，越想细分支越讲得多，七岔八岔自己也弄不清哪个问题讲过，哪个问题没讲，一时不知接下去说什么了："哈，乱七八糟讲到哪里啦？我这是想到哪里说到哪里，你也就姑妄听之，不要太认真。"

皮边记边说："你的设想很全面嘞，我也想过这个事，可总没有你这么完整的时间，你真应该把这些设想整理出来。我早有个想法：先在咱们军区建两个小型基地，搞团、营级的训练，最大搞到师。今天有了你这一堂课，又给我增加了些新的想法。怎么样，能不能帮帮我，找个地方，选几个团来试试？"

韩："我这身体，腰来腿不来，咳嗽屁出来，也就只能动动嘴了。"他接着补充几点："第一，学习战斗条令，不是基地的主要训练任务。因为你不去基地，平时的训练、执勤都离不了条令，在基地主要是用条令指导演习，进行实战训练。也为修改条令，使条令更全面、更准确、更具备科学性，这是完成'理论—实践，实践—理论'循环的最好方式。

"大比武的方式并不是不好，这对每个单兵、每个小作战单位的技术水平、意志品质都是很有用的，如果每个兵都经过这种训练，就不是穿军装的老百姓！可这仅仅是一种群众性的练兵运动。训练绝不能停留在这个水平上，作为整个军队来讲，军、师、团、营的合成战斗战役训练才是主要的训练方式。

"第二，城市攻防战斗在老条令上有。这个在训练基地里是不进行的。为什么呢？训练基地是为野战部队设立的，城市攻防战应该作为地方部队的主要训练科目进行。我们国家的地方部队主要应该进行的是防原子、防化学武器、反空袭空降、反'第五纵队'的训练，同时还应该训练战争动员、后方补给、兵援补充等科目。这都是我们作为军人的本分，不能一说战争就是靠人民战争，用人民战争的汪洋大海来淹死敌人。既然有八九亿、十来亿人的汪洋大海能淹死敌人，那就不要搞军队，不要搞国防了嘛！让大鬼子、小鬼子、老毛子都来嘛！淹死就行了嘛！要军队干什么呢？养着几百万军队就是要让全国人民不再受战争蹂躏，有一个铜墙铁壁，可以保卫后方。一天都种了田，搞了'三支两军'，糟蹋老百姓的血汗哪！

"第三，每个基地有每个基地的特点，要用每个基地的特点搞训练，不能搞小而全，啥都练，啥都练不精。要充分利用我军的战斗经验，把什么上甘岭啊、孟良崮的经验都找来。志愿军的阵地积极防御战，能攻能守，最后一仗突进去4个军，25公里的正面防御阵地几个小时就突破了。还有石家庄的攻坚战，保卫运输补给的朝鲜反绞杀战，三军联合的一江山岛登陆战，1953年东山岛抗登陆作战……都可以多次使用嘛！这些成功的战役经验是很宝贵的。当然，还有教训很深的战役，像朝鲜第五次战役，进得太快，接济困难，部队交替掩护部署不周，被美军的空军和机械化部队包围、切断，损失很大。这种战役经验也要总结，光研究解放战争以来的各次战役，把它们的经验运用到各个不同的基地训练当中去，就是一笔很丰富、很丰富的……"

这几段录音，韩在每次谈话当晚都让儿子一字不落地记录下来。韩兢要替他整理，他说："先记全，再整理，不然由你替我整理的东西还不知道会变成什么'四不像'呢。"事后，他把整盘整盘的录音带都给了皮定钧。

保护老同志

1971年春，韩在临潼干休所自己家里接受了对冯白驹的外调，两个不同单位的介绍信反映了两种不同的政治立场。

一张是兰州军区政治部写给临潼干休所的："请韩副司令员为浙江省革命委员会提供有关历史背景材料。"——韩练成是首长，是"我"。

另一张是浙江省革命委员会写给兰州军区政治部的："介绍×××（中共正式党员）×××（团员）两同志前来向韩练成了解冯白驹叛变经过。"

——"韩练成"后面没有缀"同志"二字，是"敌"是"友"还难说。

来人中之党员："我们来调查冯白驹叛变的情况，你谈谈吧。"

韩："你们说，冯白驹是哪年叛变的?"

党："1937 年。"

韩："什么时候做了他'叛变'的结论?"

来人之团员："早就做了。"

韩："具体讲是什么时候?"

团："这和你没关系。"

韩："既然早做了结论的事，还调查什么?"

团："因为你是国民党司令，让你出个旁证材料。"

韩："我从什么时候到什么时候是国民党司令? 我怎么会知道冯白驹的情况?"

党："冯白驹的交代材料里说：1945—1946 年，你在海南当国民党司令的时候打他们打得最厉害。"

团："他也没说你什么好话，你就不要包庇他了。坦白从宽嘛。"

"混蛋!"韩"啪"地一拍茶几："你们是来审问我?"

两人没想到会有人这样答话，韩大声逼问："哪个王八蛋叫你们来查我?"

团："省革委会常委叫我们来。"

韩："是查冯白驹还是查我?"

团："当然是查冯白驹。"

来人之党员改换了口气："我们是想请韩司令提供一些旁证材料，给冯白驹叛变经过提一点旁证材料。"

韩一字一顿地说："冯白驹同志 1937 年被捕的情况，我毫无所知。因为 1937 年我正在南京住陆大，当时我还不知道有他这么个人。后来我听人说，他被捕以后表现很坚定，结论早就做过了，根本没有变节行为。你记下了吗?"

团："1937 年你在南京'煮'什么?"

韩："住陆大。陆军大学，特三期，懂不懂?"

来人之党员一面飞快地记，一面点头说："懂，懂。"

团："你怎么知道冯白驹的结论没有问题?"

韩逐渐冷静下来："我怎么不能知道冯白驹没有问题？"他要过记录，指出："记错了。这里有'同志'两个字你怎么不写？"他强调："重写。你不要按你自己的想法记，我怎么说，你怎么记。我不签字，你写的没用。"

来人只好翻过一页重写，韩说："写——我 1937 年在南京住陆大，冯白驹同志的被捕与获释，当时我不可能知道。开第一届全国人大会议期间，听人说起他那次被捕的结论是清白的。具体听谁说记不清了。此证。——拿来我签字。"

来人显然不甘心拿了这几个远离自己要求的字就走，坚持问："他和你谈判是怎么回事？"

韩："那是 1945 年，不是谈判，是我请他来见面。他自己没来，派了个代表来。"

来人："你能详细回忆一下吗？"

韩："不用回忆，记得很清楚。不过这和冯白驹关系不大，也不是随便给什么人都能说着玩的事。"

团："浙江省革委会派我们来了解……"

韩："一个省的革委会无权了解党的机密。"

团："哪个党的机密？"

"共产党的机密！"韩大声说，同时重重拍了一下茶几，"凭你们这些人，拿着个小本本子到处乱跑，打着个革委会的卵子招牌就想打听党的机密？如果我们这些个老不死的把什么都告诉了你们，那可就真成叛徒了！回去告诉你们革委会的头头，中央档案记得很清楚，你们要查就去中央查吧。"

来人离去以后，韩陷入沉思：看来，这么多年，冯白驹还真是没弄清楚我究竟是敌，是友，还是自己人。他并没有在心里怪罪冯，反而对这位固执的地方党政军领导人在"反地方主义"的冲击中经受的磨难带有几分同情。想想自己目前的平安和"国民党司令"的身份，他不禁摇头一笑："我这'隐形人'，真是隐了快一辈子啦。"

"文化大革命"开始以来，直至 1981 年，总是不断有人来找韩外调，被调查的有：

夏衍，韩在桂林时帮助过他和其他身份公开的共产党员，但韩在 1942

年和周恩来建立了单线联系之后就中断了和他的接触，直到新中国成立以后才有机会见面。对文化界来的调查人员，韩比打发外调冯白驹的还简单："去去去，毛孩子，你们不懂革命历史的复杂性，告诉你们也听不懂，叫你们爷爷辈的人来问我吧。"

杨斯德，1947年莱芜战役之后再没见过，1964年晋升为少将；张保祥，1948年南京分手之后只见过一面。对这两位在莱芜战役前后给他当联络员的晚辈同志，韩不仅接受了外调，还大加赞扬："年纪轻轻，深入虎穴，是机智、勇敢、忠诚的好同志！你们要好好向他们学习，回去转告你们的领导，对这样的好同志要大胆提拔、好好重用！"

谢淙淙，是韩当"国军"中将时的上尉副官、专车司机，新中国成立以后再没见过。得知他在河北某单位工作，正在当"潜伏特务""牛鬼蛇神"被关押着，韩说："这是一个有正义感的好青年，他给我当副官的时候，我的事情他不是太清楚，但是他从来没有向什么中统、军统漏出一点点对我不利的口风。这样的好青年，怎么能是反革命？要想反革命，当年把我卖了不就什么都有了？还用'潜伏'到现在？赶快解放他，让他工作！"

他不管自己的"证词"能不能解放这些身陷逆境的老关系，但他从来如此。

"九一三"事件

1971年9月下旬，干休所传达了中共中央《关于林彪叛国出逃的通知》："林彪于1971年9月13日仓皇出逃，狼狈投敌，叛党叛国，自取灭亡。……出境的三叉戟已于蒙古境内温都尔汗附近坠毁。林彪、叶群、林立果等全部烧死，成为死有余辜的叛徒、卖国贼。"这一文件，根据内外有别、有步骤地传达的原则，先传达到省、区、市党委常委以上的领导，再传达到地、师以上干部，然后传达到全体党员，10月下旬传达到全国人民。

韩练成、程世才、曾志等人早在传达之前就从不同的渠道得知这一消息，但在正式传达时程世才仍然是被安排在"十八级"的时段，韩不管，传达当日就请程来家一起畅饮茅台一瓶！

不久，叶剑英主持中央军委工作，许多老同志的处境有所好转。程世才、曾志等人先后返回北京。

解放任震英

1972年秋，韩在兰州军区总医院休养，任震英、侯竹友夫妇来探视。

任开口就谈工作："我从牛棚出来到现在还一直没工作干。"他还是想干城市规划，侯说："他在家里待不住呀，我就跟他说让他来找韩大哥。"侯竹友目前虽然只是一个家庭妇女，但她可是1931年入党的地下党员。

韩笑了："找我？我都靠边七八年了吧？能有什么用？"

任："怎么没用？大哥是大军区老副司令员，现在我们兰州市革委会主任是省军区胡司令员，大哥跟他说说，他肯定会听的。"

韩："胡定发？是个长征干部，原则性很强，人也很好。但给你恢复工作，要靠大环境的改变，我替你说话，只能起一点催化作用。"

韩没有马上接下这项委托，反而给任支了一招："你得另请一个人出面，我策应，才有希望办成。要请尊翁出面。"

任夫妇不解："我们老爷子？他一个普普通通的老人家，谁听他的？"

韩："我是让你们借令尊之名，写一封信给胡定发同志，借老人家的名义做一个局，信应该这样开头：'胡司令、冼政委：小儿任震英如何如何'……"

任："大哥，应该是'冼政委、胡司令'吧？"

任说的是常规，"冼政委"是兰州军区政委冼恒汉，"胡司令"是甘肃省军区司令员胡定发，按常规应该是大军区政委在前，省军区司令员在后。

韩解释："咱们是假老人家之名，'老人家'不知道谁是大军区政委、谁是省军区司令，'他'不懂得省军区和大军区谁领导谁，谁先谁后，只要这封信表明是位老人替他报国无门的爱子找一条路，而他儿子学有专长，又有一颗拳拳报国之心，可是还在当牛鬼蛇神——是不是可以调查调查、了解了解？而且，最了解他的人是韩练成，看信的人跟着我们设定的思路走，一定会找到我这里来，这事就算成了一半。"

任夫妇半信半疑，韩说："找个人把信抄正，越快越直接送到胡司令员手中越好。"

不久，胡定发果然拿着"任老爷子"的信来看望韩，韩边看信边说："任震英？这人是个宝，也是头牛，干活的老黄牛，多少年一直勤勤恳恳搞城市规划，他又没什么权，也不挡谁的路，老关在棚棚里太浪费资源了吧？"

胡定发有些犹豫，说："他是个反动学术权威。"

韩："学术权威不假，可绝不反动，他是 1933 年入党的老同志啊！1949 年解放兰州，还打着炮人家就来修黄河铁桥。把他当反革命，这不是胡闹吗？"

胡很干脆，也很有担当："我马上派专人调查，如果整他的材料都是那些查无实据的屁话，我马上就解放他！"

一个星期以后，任震英就恢复了工作，重新担任兰州市的规划局长。

由于韩的直接帮助，兰州军区副司令员杨嘉瑞、宁夏军区司令员朱声达、高等军事学院兵团级教员郭汝瑰等老同志也陆续得到了重新工作的机会。

9—10 月，商震从日本回国参观，叶剑英会见。叶曾请韩到北京陪同接待，韩仍然向当年对周总理一样回复叶帅："虽然我当年在国民政府参军处和商启予

1995 年，韩兢在兰州看望任震英、侯竹友夫妇

先生有过共事的经历，但那时的我已经是他们身边的不定时炸弹，由我参与接待，仍然难以表达诚意。"婉言谢绝了叶帅为他提供的上镜、复出的机会。

第四届全国人民代表大会

1975 年 1 月，韩练成作为军队代表出席第四届全国人民代表大会。

会前，他只接到兰州军区的通知：在兰州参加重要会议。到兰州之后，他被告知：这届全国人民代表大会的代表人选是经过中央多次讨论确定的——其实也就是经多次激烈争夺而平衡出来的，没有选举的过程，也没有公布名单；人大代表们将在各地秘密集中，秘密进京，秘密召开会议。

1975 年，韩练成的全国人民代表大会代表证

虽然在秘密状态下召开的人民代表大会本身就不正常，好在许多在"文化大革命"初期被打倒的党政军领导人又以代表身份重返政治舞台，邓小平被任命为国务院副总理，韩心中也稍微安定几分。

周恩来做《政府工作报告》

看到周总理抱病做《政府工作报告》，韩在心里流泪。

会中，和周恩来的最后一次见面的环境纷乱、时间短暂，两人只是紧握着手，四目对望没说一句话。事后提起这次最后的握手，韩练成总是忍不住要落下泪来。

宋希濂和杜聿明

1975 年 3 月下旬，返回临潼不久的韩练成又被通知到北京开会，是出席释放最后一批在押战犯的仪式①，他在会前外出时碰到了宋希濂和杜聿明。

韩："本想明天在会场上见，没想到今天就碰到了。"

宋："不耽误你的时间吧？"

韩："我已经离休 10 年了，有的就是时间。我这是去看周士观，听说你们常见面？"

宋："我们经常黑白大战（下围棋），杀得难解难分，难分胜负。"

韩："你是一个杀将，一定棋风凌厉。"

宋："士观可是老谋深算，我经常遭他暗算。"

韩对杜："光亭，一向可好？"

杜聿明："练成兄，这么多年，你不记恨我？"

---

①全国人大常委会从 1959 年开始特赦改恶从善的战争罪犯。1959 年 12 月 4 日第一批，特赦战犯 33 名，其中有伪满洲国皇帝溥仪、徐州"剿总"中将副司令杜聿明、第二"绥靖"区中将司令兼山东省政府主席王耀武、川湘鄂边区"绥靖"公署中将主任宋希濂等；1960年 11 月 28 日第二批，特赦 50 名，有第二"绥靖"区中将副司令李仙洲、东北"剿总"中将副司令范汉杰、保密局云南站少将站长沈醉等；1961 年 12 月 25 日第三批 68 名，有第九兵团中将司令廖耀湘、第七十三军中将军长韩浚、天津市市长杜建时等；1963 年 4 月 9 日第四批 35 名，有第十五"绥靖"区中将司令康泽、第四十七军中将军长严翊等；1964 年 12 月 28 日第五批 53 名，有第七"绥靖"区上将司令、四川省政府主席王陵基等；1966 年 4 月 16 日第六批 57 名，有第七十九军中将军长方靖、江阴要塞中将司令孔庆桂等；1975 年 3 月 19 日第七批 293 名，有第十二兵团中将司令黄维，徐州"剿总"前进指挥部中将副参谋长、军统局北方区区长文强等。至此，在押的战犯全部特赦完毕。

韩："我听听，我该记恨你什么？"

杜："我在老蒋面前告你，说你是共产党。"

宋："练成，光亭和我常谈起这个话题。我的看法是，你还真没有记恨过他。"

韩："何以见得？"

杜："我们被关押的时候，没人要求我交代过这件事，也没人让我为这事做检讨。我想，你可能从来就没对任何人说起过。"

宋："你说说，我们这样分析对不对？"

韩："知我者，荫国、光亭也！作为军人，你们战败、被俘，已经很痛苦了，我怎么会落井下石呢？"

杜："我有好几次想当面向你道歉……"

韩："道什么歉哪？都过去了，再不要去想它了。当年的你我是政治斗争，又不是个人恩怨。再说，你也没说错呀，这不，我就是个共产党嘛！"

宋："你跑了以后，何应钦去向校长报告，校长气得把杯子都摔了！但他一句都没有骂你，反而大骂何应钦，说都是他们把你逼走的。"

韩："从个人角度讲，我是有负于校长的知遇之恩。"

杜："张文白先生曾对我谈到过你，说他起初也不理解，你为什么会跟共产党走？你是校长最信任的'白袍将军'啊！他问过周总理，总理的解说很简单：这就是信仰的力量。"

宋："我永远忘不了文白先生的一句话：新中国的建立不仅仅是共产党、共产主义的胜利，也是国民党革命派、三民主义的胜利。当年文白先生力主和谈，同样也是受信仰的推动啊！"

韩："只可惜张老师去世得早。独立、民主、统一、富强，不仅是中共中央在新民主主义革命胜利前提出的奋斗目标，也是绝大多数中国人的一致认同。我想：随着国际国内形势的变化，校长也一定会向这个方向靠拢的，如果趁他们都在世的时候重开和谈，再搞一次国共合作，多好。"

宋："练成兄，你说实的，能用和谈的方式解放台湾吗？"

韩："解放台湾，从根本上讲，是政治问题；政治问题，应该政治解决。和谈，优于动武啊。"两人点头，韩又说："台湾问题，是毛主席、周总理直接抓的。其谋、其略，也决不在中美关系的改善、中日关系的正常化之下。此等军国大事，也绝不是几个戴眼镜的造反派能染指，更不是他们能左右的。"他画了一个半圆，说道："我们都是军人，我想你们心里也都和我一样吧？"

宋："光亭，知我弟兄者，练成也！"三人大笑。

三位特殊的老军人，能在这个特殊的历史环境下，这样直率地互陈己见，也真够特殊的。但，在他们心中都有一块阴影，谁都没有说出来。毕竟毛主席和周总理已经年迈而且病重了。

蒋介石死了

1975 年 4 月 2 日，董必武病逝，韩练成心情沉重。

不几天，韩在临潼自家小院竹、石、兰旁，边慢慢饮茶，边浏览报纸。忽见《人民日报》一个不起眼的位置，上面报道蒋介石死了。

韩让警卫员拿来茅台和酒杯，双手端起满杯，遥对蓝天："校长，走好！"慢慢地把酒洒在地上。

尽管他从 1942 年追随周恩来所代表的共产党以后，就已经把自己的政治立场完全转移到蒋介石的对立面，他也清醒地知道自己当年的选择是出于政治取向、理想取向，但他永远不能忘记蒋在归德战后对他的知遇之恩。他知道：如果自己对人生的选择是利害取向、利益取向的话，"校长"对他救驾的回报足够他享用一生。

他祭奠的是对"校长"个人的感情，他忠实的是自己终生追求的信念。

一月的哀思

从邓小平主持国务院工作以来的整顿和毛主席批评王洪文、张春桥、江青、姚文元搞"四人帮"的传言后，韩以为"文化大革命"会在毛主席的亲自引领下转向，但总理病中以后的"评水浒""批周公"，又让韩看不清时局的政治走向了，他甚至怀疑：毛主席还有没有对局势的判断力了？今天的政局是不是还在毛主席的掌控之中了？

1976 年 1 月 8 日，周恩来在北京逝世。韩当时正在北京解放军 301 医院住院，得知噩耗，欲哭无泪。1 月 10 日，抱病前往北京医院告别周恩来遗容，当夜写下挽诗：

> 大星陨落天欲坠，四海悲歌动地哀。
> 身系安危繁毁誉，功高中外有嫌猜。
> 匡时力尽非无计，医国心传应有裁。
> 眼见乌云忙作乱，洗天风雨几时来！
>
> 昔日结识风尘际，正是中原水火深。
> 指点迷途归大道，相携同步见知音。
> 而今直失先生面，终古难忘后死心！
> 风雪鸡鸣增百感，潸潸泪下满衣襟。

1 月 11 日下午，周恩来的遗体送八宝山火化，百万群众伫立在寒风中向这位伟人告别，几十里长街一片悲泣。

不日，韩又写出《千秋岁·周恩来总理挽词》：

> 恨天昏聩！夺此完人去。天下恸，哀思泪。德高名益重，位

极人不醉。人未老，丰功遗爱千秋岁！

一意风波起，十载刑章废。眼看看，山河碎。安危身所系，毁誉谁能计。今往矣，是非功过留人忆。

这是任震英的侄子任世民拍摄的"千里长街送总理"，由韩兢转韩练成

天安门事件

1976年2月初，中共中央通知停止学习和贯彻邓小平、叶剑英1975年7月在中央军委扩大会议的讲话。

3月底至4月初，北京市上百万群众在天安门广场悼念周总理，声讨"四人帮"，遭到残酷镇压。史称"天安门事件"。

韩心情沉重地写下一首《满江红》：

清明后，忆周恩来总理，感时伤事，慨然而作。

一代完人，归去也，苍茫大地。独游向，山川深处、海疆边际。向日劳谦家国好，而今饱看家乡美。听人民，聚语望长安，心忧悸！

真马列，凭谁记？忙动乱，何时已！叹空前事业，一程风去。国老凋零元老尽，前波未定重波起。算年年，覆雨又翻云，人间泪！

4月7日，根据毛泽东提议，中共中央通过了《中共中央关于华国锋同志任中共中央第一副主席、国务院总理的决议》和《中共中央关于撤销邓小平党内外一切职务的决议》。

在全国范围的"批邓"浪潮中，时任甘肃省革命委员会主任的兰州军区政委冼恒汉突然谨慎地问韩："听说你曾经是邓小平的学生？"

在周总理、董老都已离世的今天，冷不丁有人提及这种"师生"关系，不能不叫韩心惊。

起因是1964年春，邓小平在一次对甘肃省的视察过程中，问到省级领导的组成时，得知韩是副省长之一，但未见到韩，他问汪锋、邓宝珊："韩是我的学生，怎么不来？"

那是1926年11月底西安解围，1927年初，冯玉祥成立"国民军联军驻陕总司令部"，于右任为总司令、邓宝珊为副总司令，推行孙中山"联俄、联共、扶助农工"三大政策，创办了两所干部学校——中山学院、中山军事学校。共产党人史可轩任中山军事学校校长，邓小平任政治处处长兼政治教官，刘志丹等任教官。当时韩已经是国民革命军的小军官，不是中山军事学校的学生，但韩所在的部队请过邓小平等国共两党的教员授课，邓说的"学生"应该是这一段关系。

汪、邓答："他身体不好。"邓笑："身体不好？那就让他休息吧。"

汪锋及时来看韩，笑问："练兄，听小平同志这话，你是出山呢还是继续休息呢？"韩抱拳作答："如果总书记要回话，就请锋哥转报，韩练成恭听帅令"。

韩如实讲了这段历史，冼只是静静地听完，并没有多说什么。

早在"文化大革命"初期，韩练成就曾告诉韩兢："我还有一个潜在的危险，就是江青。我曾在毛主席西柏坡'赐宴'时举双手大拇指说她'不仅戏演得好，菜也烧得好'。看这女人对赵丹、孙维世的迫害，是个记仇的、忌讳别人说她往事的恶妇。"他担心的是江青"四人帮"真正掌权之后对党内、军内高层及元老的大清洗。

"批邓"带来的这个意外的波及，使韩不得不准备接受这一场无法躲过的灾难。

但，从此以后，却没有任何人再提这一段。

7月6日朱德逝世，7月28日唐山地震，9月9日毛泽东逝世，一个个天灾人祸让韩的心理不堪重负。尤其是毛泽东的离世，更让韩感到一个英雄时代的结束。

虽然他从1967年夺权的"一月风暴"开始，意识到对毛泽东的个人崇拜会把中国引向倒退，但他除了用诗词之外从来没有在公开场合表达他的不满。1966年8月的《此日》、1967年2月的《六十感言》、1967年7月的《蜀葵》、1969年的《"九大"》、1971年的《病中书愤贻诸同志（为陈毅元帅代作）》等都明确地表达了韩对"文化大革命"的批判，其中多首也已经由韩兢等晚辈以传抄的方式传播出去了。

虽然他对毛泽东的感情已经从崇敬转为抵制，但他仍然对毛主席所代表的一代开国英豪充满怀念。在举国祭奠的秋雨中，他竟然在房中独自流下泪来，他对自己亲身参与建立的新中国走到了这一步，深感忧虑和伤感。

风雨一叶秋

就在"四人帮"有计划、有预谋地加紧动作的时候，在1976年10月上旬，以叶剑英主导、华国锋支持的行动粉碎了他们的夺取最高领导权的阴谋，韩练成心情有所好转。当即作出《粉碎"四人帮"有怀喜作三首》寄达叶帅：

今日复何日？生死之关头。

千钧一发际，焉得再夷犹？

快刀斩乱麻，一洗苍生忧！

鬼蜮四向时，风雨一叶秋。

吕端知大事，周勃必安刘。

无负相得意，今古堪媲俦。

拥护党中央，循轨继大猷。

鞠躬惟党性，此外无所求。

谦谦君子德，高风自远流。

在总理逝世一周年纪念日，韩作词《水调歌头·纪念周恩来总理》：

弱冠接真理，战斗至终年。六十年如一日，无役不争先。俯仰百年身世，功过千秋事业，尽付后人看。磊落始居易，高处自平凡。

笑魍魉，不自量，逞凶残。赫然雷火一击，顷刻化灰烟。最忆弥留之际，指点江山如画，春到暖人间。大德泽天下，足与日争鲜！

对这几首诗词，韩同时也作了注释寄给韩兢：

粉碎"四人帮"有感盖作也。

1）上述两句二句，君自清，不解。

2）鬼蜮四向时为句。指"四人帮"活动时，叶年已身等而加以讨目。一叶秋，一叶知秋之意。

3）吕端知大事句，毛席晚从史：叶帅大事不糊涂。四德亦也像这刻那临而说过的一句话"安刘者必勃也"。叶做到了，没有辜负"相得益彰"义。吕端宋宰相，周勃汉太尉。

4）循轨继大猷句，继承毛主席革命路线，并毛主席指示办事。循，依也，顺也。难南子本经："上星循轨"。大猷，大道也，诗火然巧言："秩秩大猷"。

5）谦谦君子德为句，颂叶。谦，敬也，让也。史记乐书"君子以谦退为礼"。谦之者，卑逊貌。易谦"谦谦君子，卑以自牧"。

韩练成寄给韩兢的诗词注释

1977年夏，韩曾病重抢救过一次。此后，他彻底戒了烟。

在兰州军区总医院休养时，有受过迫害的老同志来约他一起揭批"四人帮"在军区的代理人，他说："你们受了委屈，有的同志甚至妻离子散、家破人亡，应该洗雪冤情。"有人鼓动他一起诉说在"文化大革命"当中的冤屈，他说："我在'文化大革命'中没有受到任何冲击，没有受屈，我不能无中生有。"有人说他没有斗争精神，他说："我最不喜欢在自己人的圈子里斗！我不希望人们永无休止地冤冤相报！"他甚至挑明了说："冼恒汉同志没有迫害过我，我不会落井下石的。"

老朋友周士观通过韩兢带给韩练成的诗作

全国政协第五届会议

1978年2月，作为军队的特邀代表，韩练成出席了全国政协第五届第一次会议，当选常委。他所在的第五十二组40位委员全是老军人，由5个军区和炮兵司令部组成，他本准备在分组会议上谈有关军队现代化方面的议题。毕竟，将不谈兵，谈什么？

他并不在乎与其他老同志之间存在的实际掌兵时差，在战争——这个通过暴力手段延续的政治斗争领域里，不间断的思想者不一定会比搞了10年"三支两军"的指挥员离时代的要求更远。

会前，他让他的警卫员记录了一些提纲。

然而，到了会议讨论的时候，环顾左右几乎所有与会者对"气势磅礴"的《政府工作报告》中提出那样规模宏大的新时期总任务，拥护与振奋的情绪皆喜形于色。他再次发现真正需要谈的内容仍然不是他所想说的，而仅仅是慷慨激昂的表态。这——才是最最现实的"时代要求"。

他明白，无论是作为人大代表，还是作为政协委员，他都不是自己所在选区的选民挑选出来的代言人，来这儿"听"回那儿"说"，比在那儿"听"到这儿"说"更合乎让他来开会的目的。他戒骄戒躁地关闭了思潮溢出的流道，谦虚谨慎地学习起大会散发的文件来。不在其位，硬谋其政，不是守本分的表现。

常委中有韩的许多老朋友：习仲勋、孔从洲、叶道英、庄田、刘少文、刘景范、刘靖基、孙毅、杜聿明、李维汉、李景林、杨拯民、何贤、何基澧、宋希濂、张克侠、陈养山、陈锐霆、周士观、郑洞国、屈武、侯镜如、费彝民、贾亦斌、夏衍、陶峙岳、阎揆要、董其武、程思远等。从1978年2月的第一次会议到1982年12月的第五次会议期间，韩遍访政协、人大两会的老朋友，倒是心情舒畅，尤其是由中央统战部副部长张执一联络安排与刘靖基、何贤、费彝民的重逢，更为难得。

国防部　　兵役局

1. 部队顾问委员会　人事局　法制局
计划……务局　研究发展局　军事出版局
部长办公厅　外事局　图书馆　军……
联合参谋部　联合后勤部　总政治部
军……协调部　训练总监部
（察）军事……察部　军事法院　国防大学

陆军……学校（1年）招收青年毕业生.
陆军各兵种学校（3年）预备生升学.
陆军学院（3年）（上、大）尉
国防大学（2年）（中、上）校

陆军学院

1. 各兵种教授会. 2. 海空军研……座.
3. 历史、地理、经济、国际关系等讲座.
4. 外语教研组授会. 5. 实验部以 6. 免疫基地

国防大学

1. 陆军……会 2. ……教授会 3. 海军……教授会
4. 联合学院 5. 国际战略研究所
6. 科技情报研究所 7. 编译馆 8. 图书馆

军事科学院

1. 学术教书处 2. 战争理论研究所 3. 战略
研究所　　4. 战役 战术研究所
5. 战史研究所 6. 军事地理研究所
7. 现代后勤研究所

韩练成准备在第五届全国政协常委会的发言提纲

政协第五届主席是邓小平，一次会中，在给高龄委员、常委们用的休息室里，韩正和友人谈话，邓小平突然进来，他无意中看到穿着军服的韩，问："你怎么在这里？"韩答："我也老了，可以到这里来了。"邓笑："你老了？在我面前你都敢说老？"他不知道这话里是否有别的意思，但邓的态度使他必须认真考虑：应该怎样回答是否复出的问题。

不几天，副总参谋长彭绍辉前来正面询问："天晴透了，叶帅让我问你：你该出山了吧？很多老同志都陆续恢复工作了嘛！"

韩："他们在'文化大革命'中受了冤屈，就应该用这种方式给他们恢复名誉。至于我——有总理、叶帅和你们的保护、关心，一次冲击都没受过，一根汗毛都没伤着。我就不必再来凑热闹，硬要占一个现职的位置了。"

彭："你不想再为国家出一把力？四个现代化还都没实现嘛！"

韩："我离开现职 13 年，离开军队岗位也有 18 年了，思想、观念落伍了。五届人大通过的国民经济十年规划纲要，指标订得那么高，我看又是一个大冒进。别说让我一个古稀老翁来实施，我就是退回 20 年，也鼓不起这种吹大炮的干劲。你想想，我带着这种观念，怎么干工作？"

彭："这可是叶帅让我问你的。"

韩真心实意地说："谢谢叶帅，谢谢你。我总不能接了任命，消极怠工吧？到那时，辜负了你们的重托，我这张脸，你们的脸，往哪搁？倒是你，老彭，工作要抓，也要保重身体，岁月不饶人哪！"

4 月底，彭绍辉突然病逝在工作岗位上，终年 72 岁。

作为军人，作为为革命献身的斗士，战斗到最后一刻，的确令人敬佩，也着实感人。但如果撇开个人感情，冷静地思寻一下：几百万大军的繁忙军务压在几个古稀老翁肩上，是否合适？参加追悼会的生前友好大都过了六十近七十岁，不少人还将重新进入第一序列。时过二三十年，眼见还得当年气吞万里如虎的一代精英白发出征，以远不及当年的余勇为现代国防拼出自己的最后一口气，不觉使韩在这多少有些悲壮的阵容面前不寒而栗。真到了锐气大减、后继无人的最后时刻啦？好在世人深信"老将出马，一个顶俩"，且不管十年后会不会将才辈出，于今天的军心民心，倒还有几分安定感。

退隐一生虚名

在此前后，叶剑英曾多次直接或间接向韩发出"廉颇老矣，尚能饭否"的问询，但韩已无意复出，常常以诗词代言寄达叶帅。

1978年9月，韩作《中秋夜坐偶得（兼答叶帅）》：

> 年年秋雨送秋光，今夜天晴净夜长。
> 老去时逢新际遇，梦回屡省旧词章。
> 身闲不觉人心险，风疾犹闻桂子香。
> 绣女炫工她自得，庸才碰壁我何妨？
> 早惊白发羞看剑，肯为浮名斗巧妆？
> 吟罢哑然无说处，半窗落月照清凉。

10月下旬，韩接到副总参谋长王尚荣的电话询问："有人让我问你：廉颇老矣，尚能饭否？"

韩笑答："饭量还好，只是'腰来腿不来，咳嗽屁出来'了。"

王说："军事科学院、军政大学，都可以为你安排现职的工作岗位。"他强调，"我这可不是说着耍，是军委首长的意思。"

韩郑重回答："我明白。请转告军委首长：我已难当重任，就让我以退休老兵的身份，站完最后一班岗吧。"

韩对儿子祖露心迹，自己绝不是革命意志衰退或者是假装谦虚，"谁都有个三昏四迷、七十二个不知道的时候，更何况老了？怎么能保证不犯糊涂，不出错？如果再有点权，再少点监督，还不捅大乱子？"

他说："离休、退休，是让我们这些有点功劳的人，能有一个保持晚节的时间段，让我们在还没来得及出丑的时候，给自己留下一点尊严。

"别说是军人、政治家，就是诗人、文学家、艺术家，上了年纪，一

韩练成（1977 年）

样走下坡路呀，郑板桥说自己的诗词风格是'少年游冶学秦柳，中年感慨学苏辛，老年淡忘学刘蒋，皆与时推移而不自知者。人亦何能逃气数也'。"

韩聊以自慰地说："我过去是'进取天下公利'，今天要'退隐一生虚名'了。"

1978 年 12 月，中国共产党第十一届中央委员会第三次全体会议在北京召开，从根本上冲破了长期"左"倾错误的严重束缚，端正了党的指导思想，使广大干部和群众从过去盛行的个人崇拜和教条主义中解放出来，在思想上、政治上和组织上全面恢复和确立了马克思主义的正确路线，结束了 1976 年 10 月以来党的工作在徘徊中前进的局面，将党领导的社会主义事业引向健康发展的道路。

12 月初，陶斯亮《一封终于发出的信——给我的爸爸陶铸》发表，韩见报后知，陶铸的冤屈有望洗清了。12 月底，在北京举行了对彭德怀、陶铸的追悼会。

1980 年 5 月，北京隆重举行追悼刘少奇的万人大会。

直到此时，韩才认定："文化大革命"成为历史了。

直到此时，韩紧绷着的心弦才真正放松了下来。

迟暮的回忆

1980 年 4 月,《老战士诗文集》要求韩练成供稿,编委杨采衡还给他写了信。

1980 年 5 月,韩练成由临潼迁居西安红缨路 31 号,那里是兰州军区干休所。从那时开始,韩练成在韩兢的协助下,有针对性地为党史研究部门提供史料。

第一篇是 1980 年 10 月答《董必武年谱》编写组"洪为济"问题的摘要(由韩兢记录并整理):

中华人民共和国地质部

1980 年,杨采衡致韩练成信片段

1946 年 10 月,国民党第四十六军由海南岛运去青岛之际,蒋介石召我去南京住了几天。在这期间,除了汇报、听指示外,我列席了由蒋介石主持的有白崇禧、陈诚等人参加的一次最高级军事会议。我了解到蒋全面内战的战略计划,西北、东两战场的战役部署,同时还了解到蒋美之间的微妙关系。这都是极为重要的军事、外交情报。我想找到周恩来同志向他汇报,但此时梅园新村中共代表团和周本人都受到特务严密监视,无法见面。通过地下交通，周指示我："速去上海设法找董老谈。"我到了上海排除种种困难，终于与董老会面了，我把全部情报交董老速转党中央，董老并和我约定一个与陈毅同志联系的暗号（可能就是这个"洪为济"，到现在我都记不起这个暗号的具体名称了），请董老转报中央指示陈毅同志并向陈说明我和党的关系。

以后的事情，魏文伯、舒同同志他们都是亲自经历的，他们会比我说得更清楚……

第二篇是应广州市委党校《冯白驹传记》编写组之请，在1981年3月间口授，由韩兢记录整理的《韩练成同志谈话记录——回忆在海南的一段经历》：

1945年9月，国民党第四十六军登陆海南岛，表面现象是接受日本投降、遣俘和恢复秩序，实际上，蒋介石想用这支部队去消灭中共领导的琼崖抗日游击纵队（以下简称"琼纵"）。

渡海前夕，我在雷州半岛接到周恩来同志的信。信中说："……现在只能运用你个人的影响和你手中的权力，在无损大计的前提下，尽可能保护琼崖党组织的安全，并使游击队不受损失或少受损失。注意！从实际出发，能做多少，做多少，由你酌定……"

一个演员在同一幕戏剧中，扮演敌对的两个角色，不论是导演还是演员自己，都不敢设想能把戏演得"天衣无缝"，不出大的纰漏就算不错了。当时我是这样想的，可能周恩来同志也是这样想的。

怎样才能和琼纵通上气？一时没能找到答案。到海口后，我发现军统特务蔡劲军（广东省政府海口办事处主任）抢先一步从投降的日军手中劫走的琼纵的被俘人员和大批有关资料，这是很危险的。于是，我以"行政院特派海南区接收协调委员会主席""中国陆军海南区受降司令官"的名义，斥责蔡劲军越权行事，跟他即日将全部在押人员和一切资料交海口警备司令巢威处理。

释放这批被俘人员时，我从中挑选了一位县级干部（姓名、具体职务记不清了），亲自和他谈了话，并亲手把写给冯白驹同志的那封公开信交他带去。信的主要内容是说战争已经结束，必须尽快恢复秩序，要求琼纵派人出来，商谈有关整编游击队的问题。我特别嘱咐这位干部，请琼纵领导人不要过分重视那封信的表面措辞，而是要好好考虑派人出来的实际意义。

琼纵派史丹同志和我接触。我向他交了底："我和共产党是老朋友，早在北伐大革命时代，我在国民革命军第二集团军（冯玉祥部队）时，和许多共产党员一块工作过。我对共产党有认识，党对我也有了解。至今党和我的关系还是很密切的。"所谓交底，只能说到这，不可能再多了。我还向史丹同志介绍了当时的形势，并向琼纵指出，应当好好研究一下，究竟采取什么样的行动才对自己的生存和发展有利。是破坏几段有线电信线路，向当地驻军碉堡放几枪这样一些行动，把敌人逗引出来打自己好呢，还是把武装力量隐蔽起来，在全岛开展非武装性的组织宣传活动，以人民的名义呼吁和平，反对内战，休整部队，等待时机更有利呢？这里所说的"等待时机"，是指等待中共代表将琼纵问题提到"三人小组"议事日程上来，事情就好办了。交谈中，史丹同志一般没有说什么话，他的神态好像只是一位老练的侦察员。我暗暗会心，史丹同志走后，我放下了心，认为至少和琼纵通了气。但是，要完全实现周恩来同志的指示，还有许多事情要做。

——必须设法限制蔡劲军军统和曾三省中统对琼纵有害的活动。

——必须解决汉奸詹松年的伪军部队。军统头子郑介民告诉我，詹松年是他的人，陈诚同意把这支部队改编成一个独立旅，以詹为旅长，暂时编入四十六军战斗序列，作为向导部队。从长远利益来说，这支土著伪军部队的存在对琼纵是很不利的，解决这支部队，是要冒大风险的。但我还是把这支伪军部队全部缴了械，并处死了汉奸、特务詹松年。

——必须限制海南岛保安团队的扩编。这是由蔡劲军指挥的，当时只有一个团和三个县保安队。张发奎、罗卓英我把它扩编成三个团，用缴获的日军武器装备充实它。我用种种借口，没有办这件事。对于警察部队，也是如此。

蒋介石秘密命令消灭海南岛共产党，为什么张发奎在公开场合又不承认海南岛有共产党呢？当时正处在"三人小组"和平调处时期，在国内外政治形势的压力下，对中共领导的抗日武装力量，蒋介石还不能公然以武力去消灭它，比如东江纵队（曾生纵队）就是如此。琼纵与外界隔绝，它的存在还没有被提到"三人小组"的议程上来，蒋介石认为趁此机会，以狮子搏兔的力量，神不知鬼不觉，一夜之间把琼纵掐死在这个孤岛上。张发奎的说法正是为这个阴谋打掩护。

"保护琼崖党组织的安全，并使游击队不受损失或少受损失……"党和周恩来同志对我的这种政治信任，使我十分感激。可是形势逼人，情况越来越复杂，事情越做越棘手。游击队的活动经常刺激着国民党统治者的神经，特务、政客们叫嚷：海南岛遍地都是游击队！好像每走一步都必须和死神打交道一样。只有把这种紧张气氛缓和下来，才有可能勒住四十六军这头恶犬。为了使人们相信海南岛是平静的，我只好动用自己手中的一切宣传工具，把我个人的每次行动都公开发表，表示前途平安，没有什么危险。像去石碌视察铁矿，去前的几天就发表消息了。当然我更希望琼纵能理解这种微妙关系，并且善于利用这种关系麻痹敌人。可事后看来，这只是个不切实际的主观愿望。

大约在1946年1月，我带了一个副官、一个医生、六个卫士乘坐专用小火车，由三亚到石碌视察铁矿，驻在三亚的十九师师长蒋雄表示这一带游击队活动频繁，他不放心。我笑了笑说："这是自己吓唬自己。"火车向石碌前进途中，突然遭到伏击，车翻了，我被压在车厢底下，腰椎摔伤了，随行人员死伤过半。袭击者走后，蒋雄派出的一支装甲快速部队赶到现场。

回到三亚，蒋雄似乎有很多话要向我说，可是并没有说出口。我心里是酸甜苦辣什么滋味都有！

第二天，我回到海口，哪知史丹同志第二次又来了，我很快接见了他。非常失望，史丹此行并未带来可以使我与琼纵之间想见面的新东西。这就意味着今后的工作将更加困难，但我还是反复向琼纵暗示：要善于利用形势，麻痹敌人，保存自己。我被袭击的消息在广州、海口之间传说纷纭，海口气氛更加紧张。为了史丹同志的安全，我即刻把他送回。此后35年，再未见到这位老战友。

不几天，蒋介石电召我去南京参加全军整编会议，实质上这是一次全面内战的准备会议。去南京前，我指定一八八师师长海竞强代理军长职务。到了广州，张发奎嘲弄我说："我们的军事政治家，腰骨被共产党打断，不觉得痛吗？"第二天，飞往南京途中，张发奎告诉我，他已派广州行营副主任徐景唐、参谋长甘丽初去海口代表处理接收协调委员会的工作，同时帮助海竞强开展"剿匪"工作。我想，张发奎背着我做了这样的安排，是要对我下毒手？事后了解，张确有此意，想以甘丽初接任四十六军军长，但没有得到蒋介石的同意。

2月底，我回到海口，徐、甘出示他们的所谓"广州行营剿匪方案"："把四十六军编为十五至十八个强力突击部队，分两个攻击波向琼纵根据地白沙地区合围扫荡：第一波使用九个营，向心进攻；第二波六至九个营，在外围搜索捕捉突围部队。"这时第一攻击波正在进行，徐、甘和四十六军三个师长将被召去参加广州行营整编会，我松了口气，可以着手收拾这个可怕的局面了。

历史是人们在自己走过的道路上留下的足迹，历史的真正价值是让事实自己说话。今后我们给冯白驹同志写传略，主要是写琼崖党组织和冯白驹同志的历史功绩，四十六军是敌人，韩练成是四十六军的军长，该怎么写就怎么写。这里提供的一些背景性质的资料，只不过是让后来的同志知道当时敌人内部的情况而已。至于真正的我和我做过的事，还是让人们去读我的回忆录吧。

第一次见到冯白驹同志，是1950年冬季，在北京经周恩来同志介绍才认识的。当时在座的有贺龙、陈毅等同志。陈问我和白驹同志："昨晚怀仁堂晚会你们去了吗？《三岔口》这出戏你们看了吗？"白驹同志说："看了，看不懂。"陈毅同志说："两个互不相识的自己人在漆黑的夜里恶战了一场，天亮了才认识，真有趣呵！"我说："惭愧，没有完成任务。"周恩来同志说："这是我没有给你们接上线。"他又对着我和陈毅同志说："莱芜战役你们不是合作表演得很好吗？要是没给你们接上线呢？"他同时面向着白驹和我说："为什么没给你们接上线，只是单独向练成同志打个招呼呢？这个问题以后有机会再说吧。"可以后再也没有听说过。

此后十多年，和白驹同志见过不少次面，那都是在历届人大和党的"八大"会议期间，在会场上匆匆忙忙说几句，没有深谈。

至今觉得遗憾的是，白驹同志在世时，没能和他坐下来好好谈一次话，对他的了解只能是表面观察，或者听一些有关同志的介绍。总的印象，白驹同志是一位卓绝的党的组织家和军事活动家。从各方面了解，白驹同志为人诚恳、朴实、磊落光明。从许多同志口中听到对白驹同志的评价是很高的。他们认为：白驹同志自始至终把党和人民的利益放在第一位，个人虽然受很多无妄之灾，但他对上从无怨言，对下更无怨意。要说我对白驹同志的印象嘛，就只能说到这里。

这个记录稿说得很简单，建议抄一份给史丹同志看看，请他核实补充，如何？

这两份史料是韩在世时留下的正式文稿，都已经被列入正式的党史资料。

起初，韩是不愿意撰写回忆录的，回复"洪为济"问题时，他在文尾还专门有一段话：

回顾过去是为了有补于现在，更是为了有益于将来，这是大人物们的事，像我这样的干部，还是多做些现实要求我做的事情，踏踏实实研究今天的问题，争取多做些明天急需要做的事

韩兢记录、韩练成口述回忆录文稿　　广州市委党校《冯白驹传记》编写组回信

情。可是真遗憾哪！我连眼前的事想做都做不成，哪有精力奢谈过去装饰自己呢？

1982 年 2 月，兰州军区政治部主任方唯若来信。信件片段如右。

方唯若是李克农的外甥，韩对他有特殊感情，韩认为他懂得历史。

1982 年 3 月，韩开始了撰写回忆录的准备。

一天下午，《保卫延安》的作者杜鹏程来拜访韩，他和写《红日》的吴强谈过，他们想拿韩当模特，再写个新的文学作品。韩知他们是好意，不好当面拒绝，就让韩兢推说身体不舒服，没跟他见面。

1982 年，方唯若给韩练成的信

那天，父子俩谈了很多。

韩兢问："听说《南征北战》就是根据莱芜战役写的，是吗？"

韩练成点头："那电影倒是个好片子，可历史比它要精彩得多。"

兢："那为什么不让他们去还原历史的真相呢？"

韩笑了："不到时候。1962年《红旗飘飘》编辑部找我，我也是让秘书推说身体不适，没见他们。再说，有些史实，也跟变魔术的手法一样，秘而不宣，更好一些。1961年，有一本被毛主席点名批评的小说《刘志丹》，你看过没有？"

兢没看过，韩："书里有个韩友诚，是刘志丹发展的地下党员，那就是以我为原型写的。幸亏那书挨批挨得早，要是在'文化大革命'的热头上批起来，造反派顺藤摸瓜，我往哪里躲？"

韩："时机——在很大程度上决定了一个事物的成败。如果套用'真理多走一步就会变成谬误'来说的话，也可以说，真理早说一天也可能被人当成谬误。"

兢："那么什么时候才适合呢？"

韩："我的真实历史面世，要有两个必备条件：一、政治清明，国泰民安，年代久了，可以解密了，盛世修典，盛世治史嘛——这是外部环境；二、要有认真的传记作者。你看《戴高乐回忆录》第104页，戴将军就懂得：'他们（指给名人写传的记者）对症结所在和问题的重要性并不感兴趣。他们只追求能用来草草结束一篇文章的轶事，他们喜欢无关紧要的东西。'"

韩强调："一定要有认真的传记作者；或者，自己掌握了充分的史料，核对了史实，具备了不求功利的修养，自己把它写出来。"

兢点点头，韩说："但是，你要记住：老子这一生，不过是棋盘上的一颗子，不管是车、是马、是炮，还是卒，不过是一颗子，可真没有什么值得炫耀的。尤其是在国军的那一段，那只是隐在大人物身影后面的一个小人物，在关键的历史时刻，借大人物的手，也就是韩非子一贯强调的、只有大人物独有的'法、术、势'之中的'势'，微微牵动了一点点历史的轨迹。"

兢不解，韩："假如你是一个参谋，能不显山、不露水地让统帅跟着你的思路走，并把你的建议化作他自己的决心，你才能算是一个好的参谋。"

兢点点头，韩："我在蒋介石身边，是一个最合格的好参谋，但我也是一个把他引向失败的最坏的参谋。"他微微停了停，"千秋功过，历史已经做了结论，但，还是要留给后人评说的。"

兢点点头，韩："你拿我纪念周总理的那首古风来。"

兢看诗稿，韩："'功成念功人，良怀终不已。'这意思你懂吗？"

兢摇摇头，韩指指书架："《史记》，找卷五十三，看萧相国世家第二十三。高帝曰：诸君知猎乎？"

那段文字是：

> 汉五年，既杀项羽，定天下，论功行封。群臣争功，岁余功不决。高祖以萧何功最盛，封为酂侯，所食邑多。功臣皆曰："臣等身被坚执锐，多者百余战，少者数十合，攻城略地，大小各有差。今萧何未尝有汗马之劳，徒持文墨议论，不战，顾反居臣等上，何也？"高帝曰："诸君知猎乎？"曰："知之。""知猎狗乎？"曰："知之。"高帝曰："夫猎，追杀兽兔者狗也，而发踪指示兽处者人也。今诸君徒能得走兽耳，功狗也。至如萧何，发踪指示，功人也。且诸君独以身随我，多者两三人。今萧何举宗数十人皆随我，功不可忘也。"群臣皆莫敢言。

兢很快看完："不太明白。"

韩："对毛主席来讲，总理、董老，乃功人也；我、我们这些将军们，不过功狗而已。"

兢不以为然："你这观念陈旧了一点吧？"

韩摇头一笑："但这是现实。虽然我也希望化剑为犁，可是对国家而言，无牛无犁不富，无狗无剑不安……"

兢："你的富国强兵之梦、军队现代化的设想，怎么一下子变成这么俗的表述？"

韩大笑："孙子曰：'兵无常势，水无常形，能因敌变化而取胜者，谓之神．'①"

整理回忆录时，韩惊异地发现在 1970 年初交给儿子保管的自传底稿已经被改成了密码文件，儿子说："1973 年上大学以后，在'上、管、改'大学的同时，我一点一点看，一点一点改，把那份自传稿改成了一个密码本——全是液压系统符号、电器符号和一些只有我自己认识的符号组成的计算公式。1975 年查政治谣言，1976 年'批邓'，为防不测，我烧了原稿。"

看到儿子在"和平年代"使用自创的密码保留史料，韩的心里很不是滋味，但他同时也很赞赏儿子的政治敏锐性和应变能力。

1982 年 5 月，叶剑英会见海外归来的原"国军"将领李汉魂，事前曾电请韩赴京参加，韩因病未赴约。

1982 年 5 月，叶剑英会见海外归来的原"国军"将领李汉魂

后事遗言

1982 年 6 月，韩练成与北京国际关系学院教师广玉清结婚。广是西北军区时期的俄语翻译，1980 年丈夫去世以后，曾为落实政策的事来西安向韩求助。

9 月底，韩以录音的形式留给儿子韩兢一份《后事遗言》：

> 我死后，用最简单、最节约的办法办理丧事。遗体不供解

---

① 见《孙子·虚实》第六。

剖，把它洗干净，用白布裹起，送去烧掉。已故妻子汪萍同志的骨灰，这次连同我的遗体一起烧掉。骨灰全由火葬场处理，不再装殓。免去那些丧事仪式，如遗体告别、追悼会、骨灰安放等。这件事对我来说，只能是个人虚荣，公家浪费，对社会没有其他积极意义。工作忙的子女，不要请假奔丧；农村的亲属，也不要通知，不要干扰领导和所有生前友好。

作为共产党员，几十年来，不论是在党外的时候，还是入党以后，党要我做的事，全都做到了，可以说毫无遗憾地、安详地闭上眼睛。我生前没有个人打算，死后也没有放心不下的事情。唯一愿望：祝愿我们伟大的祖国繁荣昌盛，各族人民团结、幸福。

别矣，亲友们，同志们。

同时，他让韩兢复制一盘交给广姨，三人一起，韩当面交代："这就是遗嘱，你们一人一份，保管好。"

10月，韩携广同去北京，这位新夫人希望他永久迁居北京。

但他只在北京的临时新家住了很短的日子，就参加了第五届全国政协会议。之后的时光，都是在解放军301医院、北京医院、协和医院里度过的。

1983年6月，韩练成参加第六届全国政协会议，当选为委员。在此阶段前后，韩和一批原大军区副职的老中将被调整为大区正职。

10月，韩在301医院给儿子寄回词一首：

水调歌头·九日随笔

春去我心乱，秋去我心伤。一年能几佳节，风雨又重阳。欲醉不胜酒力，欲睡不堪虫语，欲哭太轻狂。生意只今尽，不分菊花黄。

力先尽，时已逝，意难忘。多愁兼又多病，老至惜年光。愁也无人能解，病也无人可说，死也自家当。赢得一"愚"字，浮想费思量。

这是他一生最后的一首词。字句之间流露的那种孤独，实在令人同情，却又让韩兢无可奈何：他毕竟已经有了一个远在北京的新家，儿女们不能过多地插手他的新家的家事了。

12月，韩给儿子写了最后一封信：

兢儿、汀宁①：

你们健康，小宁宁②乖爽！

知道很挂念老父，写些你们怀念着的和我的一些打算。

在总政借了一套八间的公寓式房子，广姨③住在那里。

形势一片大好，思想一片混乱，这就是家事、国事、天下事的面貌轮廓。

说咱家自己的事，我不想丧着个脸要求进京做寓公或做官，老婆偏偏因多种原因不愿意住西安④。正在激烈地进行思想斗争，要么就是一方屈从一方，要么就是分裂。

看来，两种可能都存在，但我总不愿演"Y老将"的戏⑤。万一思想僵持不下甚至恶化，或者我根本不进北京，只好分裂。结果将是个什么局面，且听下回分解。

不管怎么说，儿子毕竟是儿子，有事只能和你商量，信纸太短，写不清楚，等我回来再说吧。总的说来，我晚景不佳，将在苦恼中度过。不怨天，不尤人，只能怨自己不智加上命苦。

从到北京来一直保护得不很好，现在就看过冬以后了。现在只好泡医院⑥。

老　父
十二·二十⑦

韩同时还做了两个部署：

---

①韩练成的儿子韩兢、儿媳孔汀宁。
②韩兢女儿的小名。
③韩1982年6月再婚的后妻广玉清。
④韩离休以后住在西安。
⑤某老将军再婚又离婚。
⑥解放军301医院。
⑦1983年12月20日。

第一，通知兰州军区：暂缓办理向总政转移组织、行政关系的手续；让军区转告西安红缨路干休所，他随时可能返回西安。

第二，委托老友装甲兵副司令员程世才：在韩兢来北京接他出院的时候提供协助。

1984 年 2 月，韩的病情加重。

在他弥留的最后一天，2 月 27 日上午，杨斯德去医院探望，见他已经处于抢救阶段，杨趴在他耳边喊："军长，我是杨斯德，我来看你了。要不要叫韩兢赶紧来呀?"杨只看到他的眼皮动了动，没能听到他的回答。

当天傍晚，韩练成病逝于解放军三〇一医院。

韩练成给儿子的最后一封信

哀荣极盛

1984 年 3 月 7 日，在简单而隆重的遗体告别仪式上，摆放着中共中央政治局常委胡耀邦、叶剑英、邓小平、赵紫阳、李先念、陈云送的花圈，送花圈的还有彭真、邓颖超、徐向前、聂荣臻、万里、习仲勋、杨尚昆以及中共中央军委、全国政协、中共中央组织部、中共中央统战部、国防部、解放军总参谋部、总政治部、总后勤部、兰州部队、中共宁夏回族自治区委员会、宁夏回族自治区人民政府和中共固原县委员会、固原县人民政府等。

习仲勋、王震、杨尚昆、杨得志、余秋里、宋任穷、秦基伟、廖汉生、张爱萍、洪学智、杨静仁、康克清、杨成武、萧华、陈再道、屈武、王平、萧克等领导同志在韩练成的遗体前默哀。韩练成的骨灰被安放在八宝山革命公墓。

中央政治局全体常委都送花圈给一位不常见报的"爱国将领"，这一大大超过常规的举动，实实让人感到这位职位并不算高、曝光率较低的将军确实非同一般。

韩兢：探密的遥遥心路

由于我是独子，在先严离世后的那一段时间里，我经常被父辈、同辈的友人问道："令尊到底做过些什么事？他真的什么史料都没有留下？他真的把所有秘密都带走了？"

起初我只是按实情作答："史料倒是有一些，但他仅仅给《董必武年谱》编写组和《冯白驹传记》编写组提供过两篇回忆文章。除了诗词稿之外，真的没有留下其他成文的东西。"

看到人们对这样的答复普遍都表示不满意，甚至有人怀疑我是在"揣着明白装糊涂"，我开始问自己：难道就真的让他的离去把所有的秘密都带走？难道我就不能去追寻他的历史足迹、拨开历史的迷雾、破解他在国共两党斗争中的隐秘？

在他有感而发写于 1960 年的《克农来访》一诗中，一句"'隐形'至今未足奇"概述了他的前半生，但是，究竟是什么外因或者内因又使他继续"隐形"，直至生命结束，也是我希望解开的谜底。

1984 年的我已经 36 岁，在建设银行陕西省分行做机关内部的行政管理工作。一个地方金融机构的小职员要揭开涉及国共两党秘史中的一页，谈何容易！

好在我手头留有一份先严基本写完但没有核实、没有上报的自传底稿。那是 1961 年，中央军委要求中将以上的干部每人写一份自传，当时正是先严从军事科学院调往甘肃的时候，由于在调动的同时转业，写了大半就放下了，转业以后也就没有上报。

1969 年中苏关系紧张，在时任中共中央副主席林彪发布"一号命令"

之后，先严奉命疏散，临行时交我保管一批书籍资料，这份尚未完成的自传手稿也在其中，他说："我这一去，还不知是什么结果。这东西对我已经没有什么价值了，不过，藏之深山，传之后世，或许对今后研究党的、军队的历史会有些用处。"

1973年，我被银川机床修配厂推荐并经过简单的考试，作为工农兵学员进入甘肃工业大学液压传动专业学习。

韩兢和大学同学

课余时间，我把那份自传稿改成了一个由液压符号、电器符号和一些只有我自己认识的符号组成的计算公式形的密码本，"批邓"刚开始，我就烧了原稿。

1984年，在我开始追寻历史、走出第一步时，这本"密码自传"就成了最重要的路标。

时人把做官称为"红道"，把经商称为"黄道"，把做学问称为"黑道"。在我踏上"黑道"时并不知道"追寻历史的旅途"会有多长，也不知道我要付出多少现实作为代价才能接近历史。我就这样一路走来，用我自己生命的20年，丈量了先严的历史足迹，也从一个鲜为人知的角度，记录了国共两党的历史侧面。

修史的人首先要掌握大量的史料，史料中最可贵的是第一手资料。

在先严的葬礼之后，我带着妻子、女儿从北京回到西安。半年内我工作之余的大部分时间都用在向先严的生前友好发信联络、征询史实方面。仅仅一个月内，来信、回信不下 30 封，其中有：先严在解放军西北军区时的秘书宋定年，莱芜战役前解放军派出的第一位联络员陈子谷，先严在国民党陆军大学时的同学王安世，先严在国民党国防研究院的同窗郭汝瑰，先严在国民党陆军大学时的同学尹呈佐，先严救助过的原国军将领刘宗宽，与先严在抗日战争中并肩作战的国军将领郑洞国，先严在北伐战争时期的长官卢忠良，莱芜战役前的中共华东局秘书长魏文伯，《董必武年谱》编写组成员林琼，先严在抗日战争时期结识的老朋友夏衍，先严在抗日战争时期结识的老朋友党必刚，等等。

从 1984 年夏天开始，我和我妻孔汀宁一起，经常在星期天提一壶水（军用水壶），在竹笆市买几个肉夹馍，就早早去陕西省图书馆排队拿牌查史料，一坐就是大半天，就连上厕所也要一个人占着座位，轮流去。无奈馆无熟人，每天递过几次索书单以后就要忍受馆员大姐或者小姐或者先生的不耐烦，在那个正处在不知"服务"为何物的年代，我们最最希望的只是：能在这个图书馆有个熟人就好了。

偏巧，那年刚刚入秋，1969 年和我一起在宁夏银川机床维修厂学徒的师弟丁力来西安出差，到建行看我。见面才知他也是工农兵学员，从武汉大学图书馆学专业毕业后回到银川，现在已是宁夏回族自治区图书馆的副书记、副馆长。听到我的难处，他倒简单："走吧，回银川去，和我一起干吧！你们老爷子是宁夏人嘛，咱们馆里的资料随你查！"

就为丁力这一句话，我和妻子很快就下了决心，并马上向行领导打了报告：请求双双调往宁夏图书馆。当时，陕西建行正在民主评议现任副处级以上干部和待提拔的干部，据民意调查结果，我已经在待提拔干部圈内，我妻又是深得全行干部职工好评的医生，领导和同志们都善意提醒我们慎重考虑。见我去意已决，有位比我年轻，也要马上被提拔的大学毕业生悄悄问我："宁夏给你个什么官？值得你放弃西安、放弃银行的金饭碗？"

当时的我并不懂得天下还有"取向选择"这一类词汇，也不知道他的问题是出于"利益选择"的取向，只是如实作答："倒不是什么官，只不过是我想去做我想做的事罢了。"

看着他完全不相信的眼神，我才开始明白：大多数时候，说实话比说假话反而更难让人相信。"我想去做的事"与银行的高工资、高福利和将要被任命的处级职务相比，无论在哪一位"利益取向"的人士眼里，绝对是芝麻皮和西瓜地！

正是为了这个难于取信于人的、又绝对个人性质的目的，在迁居银川之前，我甚至没有把搬家的具体日期告诉同在西安的二姐韩英。可以说，不仅同事、朋友不理解，甚至我的姐妹们也都不理解。我就这样，轻易地离开了已在脚下的"黄道"和即将走上的"红道"，拐进了自己给自己设定的"黑道"。

1985年春，我调往宁夏图书馆，承蒙陕西建行领导照顾，派了一辆卡车，把我们和全部家当送到银川。第二天早上，我们六岁的女儿蕃璠跟我们一起去位于新市区的图书馆职工宿舍打扫我们的新家，看到土路边的垃圾堆和臭水沟，看到没有暖气的、小小的三间房子、小小的厨房、小小的厕所，她感到很奇怪："这就是咱们的家？咱们就住在这里吗？"

西安红缨路 31 号

我和我妻还没在意："是啊，这就是咱们的家呀。"

女儿停了一会儿："咱们回红缨路31号吧。"

"红缨路31号"是西安红缨路兰州军区干休所。这栋房子是按先严的要求设计并专为先严盖的，在1981年建成，是一栋有半地下室、有阁楼的两层小楼，按当时大军区首长的标准，约300平方米，有

1981年，韩练成和孙女蕃璠

一个很明亮的厨房、两个很干净的卫生间。先严去世后，再没住过其他离休干部。我的女儿从开始记事的时候，就一直和我们一起陪她爷爷住在这里，她是爷爷的心头肉。

韩兢妻子孔汀宁在第四军医大学

在盖那栋大军区级房子期间，我们临时住在旁边的这一座军级干部楼，房前的月季花是先严带着他的司机和警卫员种的。花园只爷、孙、司、警四人可随便出入，其他人等（包括我）必须经先严批准。

女儿在环境突然改变的时候提出了这样的建议，不啻给我背后猛击了一掌：我真是走到黑道上了？我真的把老婆孩子也带到黑道上了？

已是灰头土脸的我妻笑

答女儿："你这么小点点的人，就学会挑挑拣拣的啦？"

辛亏有这样的贤内助，支撑我在"黑道"中走出了光亮！说来我妻也是将门之后，和我们那个年代的同龄人一样，福也享得，苦也吃得。她18岁参军，从护理员、护士做起，上过第四军医大学（工农兵学员），在兰州军区总医院、西安323医院当医生，转业到陕西省建行创建了医务室，眼看就要熬到主治医生了，却随我一起离开西安，调入宁夏艺术学校，离开了自己的专业。

如果说"夫唱妇随"的现象普遍反映着妻子对丈夫采取了"信任取向"的人生选择，那么我妻跟我"一条'黑道'走到底"的举动所体现的信任，让我怎么回报才是？

但，那时的我，已经把老婆孩子、家庭利益全部忽略不计了。

我在宁夏图书馆工作之余的大部分时间，几乎都给了史料的收集和整理，来信、回信过百，过手书刊不计其数。其中有直接关联的有：《董必武年谱》编写组成员马鸿儒回信；《夕阳颂》1985年第3、4期，秦朝英《当硝烟散去之后——记莱芜战役前后的韩练成将军》；《广东党史资料第5辑》1985年第1版，韩练成《回忆在海南的一段经历》、冯白驹《我参加革命过程的历史情况》、史丹

韓鍊成生平與《將軍的抉擇》　高瑜

△韩练成的一个谜

△韩练成与莱芜战役

陈毅有识　韩练成有胆

89（6897）

香港《中报月刊》高瑜文《韩练成生平与〈将军的抉择〉》

289

《谈谈与韩练成谈判过程中的几个问题》；香港《中报月刊》高瑜文《韩练成生平和〈将军的抉择〉》》；山东人民出版社 1986 年第 1 版《莱芜战役》；四川人民出版社 1987 年第 1 版《郭汝瑰回忆录》；《中华英烈》1987 年第 2、3 期，洛恪《传奇将军》；新华出版社 1987 年版《陈粟大军征战记》，康矛召《莱芜战役拾遗——追忆韩练成将军》；《莱芜文史资料第 3 辑》1987 年 11 月，解魁《在国民党第四十六军内部工作情况的回忆》。

其中《宁夏日报》刊发的李敏杰文是在省级党报上第一次公开发表的、关于先严历史的文字，命题准确、感人：《执着的追求 坚定的信念——介绍为中国人民解放事业而奋斗的传奇将军韩练成》。虽然著者李敏杰大校是兰州军区的编研室主任，但囿于当时的资讯环境，文中仍有许多未经核实的内容。

执著的追求 坚强的信念
——介绍为中国人民的解放事业而奋斗的传奇将军韩练成

韩练成，宁夏固原人。解放后曾任兰州军区第一副司令员，甘肃省副省长，第一、二届国防委员会委员等。1955 年被授予中将军衔。

（一）

1925 年 1 月，17 岁的韩练成考入马鸿逵的陆军第 7 师随营学校。不到两年他就被晋升为营长。此时，他结识了共产党在西北军的地下党员刘景桂（即刘志丹）和刘伯坚，并开展入士课堂先生结下了情谊。

1927 年，他参加了国民革命军第二集团军。当时，军集团军是冯玉祥的部队，北伐时期共产党在这支部队里是很有威望的。韩练成此时加入了青年团，受到了民主革命的洗礼。由于他办事清廉果断，很有军事头脑，很快被提升为团长。更是，在革命思想方面，他却刚刚启蒙。由于他有民主进步思想，曾被军队里的国民党特务诬为"共产党潜伏分子"，但经过他的机智解放，不仅免遭于难，后来还开始为骁兵做线。

1930 年，军阀混战全面爆发，蒋介石在豫东归德车站遇险，韩练成奉冯玉祥之命率领部队前去"救驾"。为此，蒋介石对他很感激，称他为"白袍将军"，送他就读于黄埔军校，并多次得到蒋的提携。

1940 年，韩练成入"国防研究院"学习，其义上是学习陆军空军联合作战，实质上是蒋介石企图训练一批忠于他个人的死党分子。韩练成毕业后，蒋介石调他当军事委员会委员，让他参加高级参谋。这期间，他亲身参与军的"核心"会议，目睹了当局从帝国主义和官僚资产阶级利益而毒害中国人民的行经，激发了他的正义感和爱国心。尤其是从特务给蒋的报告材料中，看到共产党领导的敌后抗日游击根据地和八路军、新四军的真实情况，识破了国民党的欺骗宣传，经过激烈的思想斗争，他决心冒险寻找共产党。

韩练成的妻子汪碧云（又名汪静）是一位很有学识，而又非常贤惠的"内助"。这期间他和妻子住在马鸿逵办事处周士观先生的公馆里。周士观在重庆办一个"多棱镜"，是马鸿逵驻渝代表，同国民党的要员关系很深。又同周恩来、董必武等中共要员也是进步人士沈钧儒、黄炎培、章伯钧的座上客。韩练成居住在这样的环境中，也就有机会熟悉地了解各方面的情况。并有机会把国民党人同共产党人比较，对于国民党的腐败看得更透彻了。因此，他请周士生作介绍给周恩来同志。

周恩来得悉韩练成的愿望后，考虑得非常仔细，了解到韩练成在委员长待从室的地位，为他的处境着想，于 1942 年，秘密地同韩练成单独会见。周恩来的谈话讲道理、谈时局，使韩练成从共产党高级领导人身上，看到了中国的出路和希望，立即明确表示要投身革命。当韩练成迫切地要求入共产党时，周恩来解释说，"目前的中心任务是抗战，团结国民党人一同打击侵略者是尤为重要的"。周恩来紧握韩练成的手，希望他在那边为党工作，还深情地说："这样做你会更隐蔽的。"韩练成爽快地答道："委员我是不怕的。只是担风险如也罢，我累着它背'黑锅'了。"周恩来沉默了一会，"嗯，有人误解你的，也许时间很长。不过，希望你理解，认准一个目标奋斗到底。"

这次会面，使韩练成的心更靠近共产党了。对周恩来产生了一种由衷的敬爱之情。

周士观同何应钦的关系很深，他常常在何的面前赞赏韩练成的才干。所以，何对韩练成的印象很深。一天，何应钦同白崇禧在一起研究时，向他推荐了韩练成。白崇禧是一位很想更的人，要求何应欣把近年卓有为的韩练成介绍给他。

白崇禧在桂系中有一定威望，白对韩的好感就像刀刻一样留在脑子里。韩练成言词敏捷又绝少废话，引经据典十分准确，显得博学而又通很深。尤其是他的军事知识和战略思想，根基深厚而决不除腐，白崇禧推崇运动战与阵地战相结合的战术思想。在国民党中如音甚少，如今有韩练成赞同，当然有"相见恨晚"之感。何应钦见白崇禧真爱韩练成之才，也忍痛割爱了。1942 年夏，韩练成遂命走马上任，到广西担任国民党陆军第 46 军副军长兼 170 师师长。

韩练成在桂系没有任何根基，又是单枪匹马匆匆上任，按一般规律，是很难留开头三脚的。但因为有白崇禧的鼎力支持，到 1944 年他就升任为国民党 16 集团军副总司令兼参谋长，不到一年时间，年刚 37 岁的韩练成，就成了 46 军中将军长了。也就在这之后不久，他就结识了共产党员夏衍同志。倾诉了自己要求加入中国共产党的愿望。夏衍伸出了热诚之手，表示愿作他的入党介绍人。在中国共产党重庆办事处，韩练成秘密地加入了中国共产党。从此，他成了共产党的同志人物，即使在党内，也仅仅只有夏衍和包括周恩来同志在内的个别负责同志。

韩练成虽然挂着"国军"中将军衔，但他却"身在曹营心在汉"，只要对共产党有利的事，他都不多汁地去自觉地完成。1945 年 7 月，他革命军第 46 反攻雷州半岛，依靠官兵的智慧，奋勇进击，打下廉江，并歼灭日军一个联队。1945 年 9 月，他被任命为海南岛防卫司令官。其间，何应钦、宋子文等国民党要员对海南首促韩练成"剿共"，每次他都按兵不动加掉捣鬼。可国民党的要员们谁会知道，韩练成本身竟是共产党员呢！ 《未完待续》

《未完待续》

党史人物

1946年冬末，国民党反动派要发动内战，韩练成所率的46军

执著的追求　坚强的信念
——介绍为中国人民的解放事业而奋斗的传奇将军韩练成

军革命被调到山东。

韩练成当机立断，确定首先不惜一切同党取韩军队。1947年初，46军开往胶东围攻解放军。路过上海时，韩练成顺道看望了周士观先生。还悄悄找到了直系武同志，消他转告华东野战军司令员陈毅和陈丰上去了。

陈毅同志接讯后，火速派到同志和当时敌工科长格思德化妆潜入46军，和韩将军接上了头。

当时韩将军是北上之军，因韩蒋介石石都署淮北会战，46军应和第二绥靖区剿司令李仙洲部会合。进军途中，韩练成接受陈毅派员传达的意图，决定与解放军作战，后来根据陈毅的意见主动放弃对46军的指挥，使全军成了乌合之众，失去战斗力，并与李仙洲紧密联系，向他提一些有利于解放军行动的意见，使李输入圈套。此时，陈毅派出一人纵队在临沂附近筑击，并且造成西进的假象，诱导蒋介石作出错误判断，同时派出7个纵队包围口镇以南山区。因此，蒋介石也就促使山洲快快撤军的诱惑之下，李仙洲于1947年2月到达韩练成选的莱芜县城北口北、口镇以南的山区。

这里的山四面全是顽石，没有树木，缺少饮水，更谈不上绿化。韩练成的46军和李仙洲所率的第四8个军，被华东军区的7个纵队紧紧围住，难以脱身。在猛烈的激战中，所谓的7个鳌级师的精锐部队6万多人，一举被歼。

就在战斗打响之前，杨思德遵陈毅之令，保护韩练成着冒险北，安全到达华东野战军司令部。

陈毅司令员见到韩将军，对他在虎穴之中为莱芜战役做出的贡献非常赞扬，接待得分外周到、热情，亲如兄弟自不必说，可仍然搂不住韩将军急起来。陈毅是个西北人，自认和韩练成有同乡之谊，加之平时韩将军对部下一向体恤，因此，他和韩练成是忠心耿耿的。

当全部战斗结束后，陈毅第三次韩将军面回之彬之难片。陈毅去也很坚，他相信蒋介石一直可能是有好感的，更相信白崇禧会力保他。他很自信地对陈毅说：我回去一定能再带兵，再送给解放军，为党多做贡献。

遵照韩练成司令的意旨，经过周密安排，在敌工作的青年共产党员张保祥接受了护送韩将军回南京的任务。组织上要求他一切行动服从韩练成的指挥。

韩练成为气地征询张保祥的意见。果断地将张保祥改名为王忠杰，他的父亲王汉聚是韩练成在济宁结拜的把兄弟，王为老大，韩为老大。张保祥虽然是个农民的儿子，但经过战火的锻炼，却也非常机灵，领时亲切地叫道：七叔！

韩将军微微一笑，又缓缓地叙述了他们在战火中逃脱青岛，返回南京的经过。王忠杰对韩将军的安排非常满意。

杨思德考虑到韩练成回去处境可能十分险峻，就告诉他，凡46军营以上的军官，一个也不放他们回去，全部保护韩将军的必要之举，韩练成对此是很感激的。

经过城转行进，韩练成带着王忠杰到了青岛。留守处负责人是46军后青岛的留守处。留守处负责人是46军政治部的主任甘科。他是西北人，自认和韩练成有同乡之谊，加之平时韩将军对部下一向体恤，因此，他和韩练成是忠心耿耿的。

当甘科见到韩练成直奔济南，要派专车接他去济南，但韩练成表示谢绝：只要我回到济南，莱芜一战的败责，就要我一人承担，我就成了替罪羊，王耀武这么追责推得一干二净了。

韩将军对韩军长的看法非常赞同，因为上海有他飞机已告完了，我就让韩练成说去买了船票。并发电报报告王耀武，韩军长已于今晨去矣。

到了上海，韩练成直奔四川路白崇禧的公馆。并同在南京的白崇禧通了电话。白崇禧要他在上海住两天，还很力安慰他，说正是蒋介石面前为他开脱。

第三天一大早，韩练成带着王忠杰乘火车回到南京。他的突然回来，一家人惊喜交集，夫人任嫂云自不必说，邢副官、司机谢深深以及保姆都乐里忙外地接他的归来。

韩练成到南京后，很快就向蒋介石汇报了莱芜战役的情况。因为韩练成是白崇禧的爱将，再加上他当年敦司有功，因此，蒋介石表面上对韩练成还算客气。他称韩练成是莱芜战役唯一生还的英雄，说如无过人的胆量和超群的智慧，怎么能从陈毅铁桶的包围圈中逃出来呢？并且称赞韩练成一何退出，即刻返京，极其忠贞可嘉。他向韩练成向中央训练团作报告，讲怎么作战，怎么脱险，以此来激励士气。

不过，蒋介石也并没有像韩将军估计的那样，再给他兵权，让他再带兵送礼，他激韩了46军番号，只委任他为国民党总统府参军。这是一个没有实权的闲职，是明升暗降。

韩练成做出一副于仕途无心的样子。每日上班读读报品报，沉默寡言。回来北京时，不是到白崇禧那里饮酒，就是在家里挥毫习字，有时还把他临摹的南木刻板二十四史书下几页。虽然表面与世无争，但暗地里却在思考筹再为党立功。（未完待续）（李敖杰整理）

执著的追求　坚强的信念
——介绍为中国人民的解放事业而奋斗的传奇将军韩练成

白崇禧同蒋介石的关系十分微妙，韩练成就想方设法反反白崇禧。1947年的秋天，正当他努力为白崇禧的工作时，突然一天韩练成的邢副官闯了长江。

据邢忠杰的了解，这是个人平时话很少，对韩练成是投诚的。韩夫人和孩子和他很亲近，但他从来不谈政治。谢深深是个很厚道的年轻军车司机。他曾对王忠杰说过：我和邢副官的关系在军队。按规定必须定期回局里汇报韩将军的情况。可韩将军一家待他们这么好，我们不对邢副自白。很可能意味着韩将军加紧审查自己，而不得不好好自省。

不久，周围的环境更加紧张。因为当时共产党为了争取白崇禧，在双方交换战俘时，白提出要把他的外甥放回来。白崇禧以为46军官当然是韩练成的俘虏，也要求要给放回来。解放军有关部门准备放回他，对韩将军来说无疑是很大的威胁。韩练成的外甥也是46军在旅京。他回来见到了白崇禧这个人有问题。忧无愁那样打？韩练成这个人有问题。但崇禧里人家去包围呢！白崇禧是相信外甥的话的，但他却瞒得对外那不怀好意，可是放回来的下级军官，都经得住军统局的查问和审查！

突然一天晚上，韩练成把王忠杰叫到书房，对他说：我要去西北了，现在西北行营当副参谋长兼任参谋长处。

他是位红心赤心的将军，如今有了兵权，又能给党献礼？了，他自然高兴。他对王忠杰说：这回用得着你了。你负责跟邢忠怀联系，只要你跟老德听联系！就算立功了。

很久，也就是1948年夏天的秋天，邢忠杰带韩练成坐飞机来到西北。此时，白崇禧的内心也十分矛盾。哪能把邢队装进口袋里人家去包围呢！白崇禧是相信外甥的话的，但他却瞒得对外那不怀好意表示什么。韩练成在莱芜的战绩太过了。他认为韩练成不是"叛变"，而没到他是共

随着战局的急转直下，中统、军统都派了我军一些往来的电报，加之经过一年多的审查，蒋介石已确认韩练成是共产党员了。

白崇禧的情报也非常快，韩练成的面貌一惊开，他就采取了措施。毛泽东也许由于韩练成是桂系的干，自己的嫡亲，也许由于他的爱才惜才之心。他赶在蒋介石下定决心之前，把韩练成推在南京。

白崇禧和张治中是保定军校的老同学，虽然思想观点不一致，但私交很好。这时张治中是西北行营的主任。白崇禧曾为张治中一定不会阻挠韩练成。因为白崇禧的确是想叫韩练成来西北的意愿。毛泽东不容韩练成，催他立刻动身。张治中不提他的意，他一提便这一年来苦苦劳地投靠共产党什么之意。只是说，西北战事频繁，一刻不准延误误，快走！

韩练成到了西北，抵张治中官邸报到。张治中深深地打量了这个佩带了三年中将军衔的人，年仅40岁，仅表不凡。难怪人说共产党里多是人才！他想说的话很多，但只归纳一句话：韩将军，明天给我办公！

第二天，酒宴之中，场面冷落。宴毕酥行，张治中急忙上前一偶。在韩练成见即将上汽车之前，留下一个纸条，无声道：走好！在车上，韩练成伸手看时，竟是两张从兰州飞往香港的机票。

原来，韩练成离开南京的消息一传到蒋介石耳朵里，他就恼火异常。并令张治中在兰州把他立即杀掉，以免后患。韩练成是共产党，令他立即逮捕，解回南京处置。

韩练成毫不慌乱，全家商定了办法，并采取具体会到白崇禧催促自己快走的苦衷。

在南京，韩练成的家里也不大好受。幸亏周士观先生由亲老那里的帮助和周，王忠杰亲自带着任嫂云和8个孩子悄悄经上海飞达香港，到香港后，王忠杰和王夫人住在九龙，没想到包到了谢深深！他也脱离了军统，决心经商了。夏后同志多次来看望任夫人和孩子们，并说，韩将军很好，请放心。

1948年11月，由中共华南区委设计将韩练成同志送在东北，后由大连渡海经烟台、济南、石家庄，到达平山

至中央所在地。1950年6月，因张汉逢、甘肃武都同志介绍，韩练成加入中央组织部。他始终也没弄明白，也从没有问过他1946年秘密入党问题是否得到承认。

当时，组织上批准韩练成有一大笔奖金。凡国民党将领，起义有功的，都有奖励，是以黄金支付的。韩练成经军委批准了的通知说，难以实许。他说：我不是愿义将这笔黄金，是不是可一报告，全部交了党费。因此，这笔奖金没有从国家内受过，即转入党费的帐上。

建国以来，韩将军还担任省第一、三、四届全国人大代表，第五届全国政协委员和第六届全国政协委员。1965年，韩练成经军委批准任军队中队。在生命的最后几年。虽然年事已高，但仍关心着祖国的四化建设和军队建设，为心国家的和平统一和四化建设的贡献做工，渴望祖国早日实现和平统一。1984年2月9日，韩练成病逝于交河北京医院，享年76岁。韩练成遗体于2月17日，韩练成同志因病医治无效，匆匆地走完了他壮丽的一生。他生前留下了遗嘱，希望在他身后丧事从简，不要行政悼念。

韩练成同志病逝期间，余秋里、廖汉生、韩先楚、汪锋等领导同志曾到医院看望他。1984年3月7日下午，党和军队领导人习仲勋、王震、杨尚昆等为这位传奇将军的遗体举行默哀告别。并同他的家属表示亲切慰问。宁夏、固原的乡亲们赶来向韩练成告别。兰州军区机关给韩练成的家属送来了一份单服，亲人们才得知他第二次入党后，家的党费除黄金外，还有人民币2万余元。这天，峥嵘岁月和他建立了深厚情谊的杨思德、张保祥（王忠杰）也从远道赶来了。他俩看到韩将军安详地坐卧在身旁鲜花丛中，似乎觉得韩将军那执著的追求、坚强的信念，进入了美妙的梦境。（李敖杰整理）（完）

党史人物

《宁夏日报》1988年8月17日、10月5日的"党史人物"栏目版面

我致信询问，作者回信：

中国人民解放军兰州军区政治部

韩兢同志：您好！

来函收悉，全让您猜准了。采写练成将军的过程中，我还访问了原兰州军区政治部副主任方唯若，他家中现在的二十四史，就是韩将军当年用过的。更重要的是我查阅了韩将军的档案，现将他写的自传复印一份给您，供研究将军的传奇一生参考。兰州军区司政后机关大院的布局，也是韩将军设计的，欢迎您有机会参观一下他的杰作。

我们准备出版一本《西北将军》，陕甘宁青新五省区共有上将至大将76名。如今正在撰写之中，故请您这位将门虎子多多赐教。我是新华社记者出身，今送上我写的一个小册子，请指正。

（旁注：保密材料勿外传，出了这次印不成了。请谅。88/10/14）

1988 年，李敏杰致韩兢信片段

这时，我认为“外围基本扫清”，可以“向纵深挺进”了。于是求助于许多老前辈，得到了出人意料的大力支持。

中国人民解放军总参谋部装甲兵部

李政委：

您好。很久未见面了。前段时间我身体有病，动了手术，现在家中休息。

现在，有件事情要麻烦您。原兰州军区副司令员韩练成同志，过去曾和叶帅一起工作过，您也知道他，是一位很好的同志。我们俩六十年代在南京叶帅主持下编写部队训练方面的条令和编写战役学。"文革"期间，又在一起度过了一段难忘的时光。韩练成同志八四年去世了。他唯一的儿子韩兢（现宁夏图书馆副馆长，共产党员）目前正在搜集和整理其父亲的历史资料，希望得到韩练成同志的供传和有关材料。根据总政的有关文件，要查阅韩练成同志这样一级干部的档案材料，需要大军区或大军区有关部门的证明。韩兢同志找到我这里，我想，这个忙我们老同志是要帮的，所以请李政委

1989 年 4 月，原装甲兵司令部副司令员程世才致兰州军区李宣化政委信片段

中 共 中 央 组 织 部

志民同志：

您好！我很冒昧的向您推荐一位同志去海南岛省工作，他叫韩兢同志。72年我同他父亲韩练成同志同住在陕西省临潼兰州军区干休所。他原是兰州军区副司令员，曾任国民党高级将领，解放前与周总理直接联系，为我党做了不少工作。韩兢同志学习很努力，工作积极。

1989 年 4 月，中共中央组织部原副部长曾志致海南省委组织部部长李志民信片段

1989 年 10 月，兰州军区致解放军档案馆函

1989 年 10 月，甘肃省委组织部查阅中央管理干部档案审批表

1989 年 12 月 6 日，是先慈逝世 20 周年纪念日。那天午饭后，太阳特别亮，一丝云、一点风都没有，积雪微微有些融化，我怀揣着父母的骨灰，独自一人骑着自行车，从银川新市区一直骑到银南新华桥。

上桥时正值日落，我在桥上顺着夕阳，把父母的骨灰撒进东去的黄河。

先严暮年常对我说："我这后半生不争名、不争利，也不喜欢扎堆凑热闹，死后最好落个清净，不管按规定先得装进个什么样的盒子（骨灰盒）、安放在哪个革命公墓，最后还是得靠你把我接出来，和你妈的骨灰合在一起，随便撒到哪条江、哪道河、哪条渠都行。"

我家没有祖坟，但我不知道他为什么要让我把骨灰撒进水中，是因为"仁者爱山，智者爱水"？还是他从小生长在缺水的山区？我不知道。

我们兄弟姐妹天各一方：大姐韩蓉远在坦桑尼亚，二姐韩英在西安，妹妹韩斗在兰州，我们不可能年年集合去拜八宝山。虽然我事先并没有告诉她们我将要这样做，但我知道：当她们得知父母魂归黄河之后，一定会在每年的清明节去水边祭奠父母的——天下人心不一，但天下的五湖四海、四大洲五大洋却是一水相连的。

这或许正是先严的原意？我不知道。但我真的把他从八宝山"接出

293

来"了。

1990 年 2 月，甘肃省委统战部部长邓成城寄赠《邓宝珊传》。成城兄是新中国甘肃省的第一位省长邓宝珊之独子，他让我披露一段史实："1961 年，韩叔由北京调往甘肃之前，叶剑英对我父亲打了招呼，说：'现在练成的主要任务就是养好身体，解放台湾的时候，还要请他出山。他是你的老乡，你看如何？'我父亲当即表示热情欢迎，并说：'练成是我们家乡出类拔萃的军中才子嘛！'"

1991 年夏，我趁出差之便，在北京稍事停留，去几个有关的档案管理机关查阅史料、档案。

在某一个档案管理机关，一位 40 岁上下的大姐似乎很随意地问我："您和韩练成同志是什么关系？"我答："都是宁夏固原人，都是共产党员。"她只微微一笑便打开了卷宗。

在某一个档案管理机关，一位年轻的中尉看到我对着录音机读入查阅内容，摇摇头说："韩馆长，您的办法真先进。"我答："这是为了遵守贵馆可以记录，但不得复印、拍照的规定啊。"

在某一个档案管理机关，到了午饭时间，机关负责人用自己的饭票请我吃了一顿工作餐——西红柿炒鸡蛋，更破例在午休时开门供我查阅。我知道这种"破例"的分量，我珍惜这一段一段"破例"得来的历史瞬间！

我不能更详细地叙述我是怎样由哪几位高人指路、用哪种方式查阅的，但我可以肯定地说：我看到了绝不可能让儿子接触的资料。

在广州，得到广东省委党史办的支持，也见到了书信交往多年、却从未谋面的史丹、洪流等老同志。

在海口，得到海南省委党史办主任邢诒孔、处长唐昆宁的支持和帮助。

这一次出行，查到了好几篇从未面世的第一手资料，已经"深入纵深"，可以"扩大战果"了。

1991 年，中央文献出版社出版了《董必武年谱》，第一次在公开发表的党史资料上披露了先严与党的同志关系："董必武向韩练成传达了中共中央的指示，交代了任务。"

1992 年 4 月，我从宁夏图书馆调往珠海市委台湾工作办公室。途径北京时，曾去探望几位老同志。

张保祥是第一机械工业部正局级离休干部，1947年莱芜战役后由华东野战军派遣跟先严一起返回南京，他那时的掩护身份是先严"老友王汉卿的儿子王忠杰"，对内对外称"王家大少爷"。新中国成立后我们一直称他"大哥"。

1992年，韩兢在北京看望张保祥

杨斯德是解放军总政联络部原部长、原中共中央对台办主任。莱芜战役中，解放军华中军区派他和解魁深入敌营，给先严当联络员。新中国成立后我们一直称他"杨叔叔"。他比张保祥大不了几岁，有一次，他跟张开玩笑：

1992年，韩兢在北京看望杨斯德

"'大哥'？你这个'大哥'可真行啊！"

从1993年初开始，我曾不知多少次独自一人往返于香港、澳门之间，出入过许多街巷楼宇，见过各色人等，听过很多论点，说过很多话，也经常在北京和珠海之间飞来飞去。我不能一一叙述其中对现在、对未来的内容，但对过去的事，尤其是有关先严的过去，我了解到的、去伪存真的、可以公之于世的就更多了。

何厚铧的父亲何贤，是1948年由潘汉年介绍与先严相识的老朋友。

大澍兄是香港政府退休公务员，谈到当年跟随关将军抗战，如同昨日。但关将军佯病为先严放行的事，关姐夫妇一无所知。

吕老是先严在国民党国防研究院（1942—1943年）结识的挚友，曾在

何厚铧用笺

澳门大豊銀行大廈新馬路32号
電 話：377935
電傳掛号：88503 FUNGC OM

Edmund H. Hau Wah
32 Av Benal Bulting
35 Av Anal
Te 377935
Tlx 88503 Fng Co

韩兢先生台鉴：

　　顷接大函，欣悉先父与令兄为多年好友，交情甚笃。去年闻下曾阅道荣澳公幹，惟因时间上未能配合，你我始终缘悭一面，未能多聆教益，憾甚！尚祈今后能保持联络，他日台驾有便涖澳，尤盼惠临一叙，为幸！耑此，顺颂

台安

柯厚锋 启
一九九三年十月二十日

隐形将军

　　1993年10月，澳门大丰银行董事长何厚铧致韩兢信

1948年担任北平"剿总"司令部参谋长，当时的吕老夫人是一位中学校长，她的学校里居然有许多教职员是中共地下党员。如果把他们夫妇的奇特经历写出来也是一大本书！

　　1994年7月1日，郭汝瑰寄出《韩练成同志传奇事迹》。当时我正在成都参加一个会议，7月5日接到我妻电话说：郭老来信了！

　　7月7日会议结束，我立即去重庆看望郭老。那一天，谈了很多很多，郭老书赠《郭汝瑰回忆录》一册，还给了我许多在台湾、美国的友人的地址和电话，其中许多老人也是先严的朋友。

　　8月，原中共中央调查部部长罗青长回信："寄给我的信、照片收

1994年2月2日，韩兢在香港看望关麟征将军的女儿关伯琨、女婿柯大澍

1994年2月，韩兢在澳门看望吕文贞、戴丽仪夫妇

1994年，韩兢在重庆看望郭汝瑰

296

到。寄的两份资料也已收到，我看后觉得很好。已批转中共情报史研究处阅存，择要编入中共情报史中。"

罗老是原周总理办公室副主任、原中共中央调查部部长，是情报界的老同志，1949年初与先严结识于西柏坡东黄泥中共中央社会部。当时的罗老虽然还年轻，却已经跟李克农一起在毛主席、周副主席身边参与机要，至今谈到往事，让我如同看到当年。

他常对人说起，"韩练成同志要党员不要上将"，但我从未查到过这一段记载，罗老说："这是周恩来副主席亲口讲给我

中华人民共和国国家安全部用笺

1994年，罗青长给韩兢的信

们听的，你到哪里去查？我说的就是史实，你在给韩练成同志写传的时候，一定要写进去。"他曾不止一次说过："写韩练成同志，不仅仅是你写自己的父亲；更重要的是：你写的是周总理领导的秘密工作，写的是共产党的一个历史侧面，写的是共产党人的高贵品质。"

1994年10月，韩兢和罗青长（中）、秦川（左）一起在深圳考察

10月，我和先严的好友罗青长、秦川一起参与中国战略与管理研究会在深圳的考察活动。秦老是《人民日报》原社长、总编辑，先严去世的前一年，他们一起在北戴河休假，古今中外、

297

天南地北谈得投机。他的儿子秦朝英是军事科学院战略部的研究员、中国战略与管理研究会秘书长，学战史的时候就一直感到"莱芜战役有疑点"，1983年经秦老引见，得到先严真传：一篇《当硝烟散去的时候》写得活灵活现。

11月，先严陆军大学校友、旅居美国的原国军将领杨业孔回信。杨老将军去台后曾任"国防部副部长"。

1995年1月，我去解放军总后勤部看望先严的入党介绍人张宗逊老将军，张老书赠《张宗逊回忆录》。张老的长子张新侠时任中国长城公司总经理，次子张又侠时任解放军第十三军军长。说来也真巧：我的岳父孔俊彪老将军曾在20

1994年，杨业孔致韩兢的信

1995年，韩兢在北京看望张宗逊

世纪 50 年代担任过十三军的政委。

1995 年 1 月，先严陆军大学校友、旅居美国的原国军将领范诵尧回信。范老将军去台以后曾出任"战略顾问"。

6 月 24 日，我应常嘉煌之邀，去敦煌参加常书鸿的骨灰安放仪式。

当晚，樊副院长

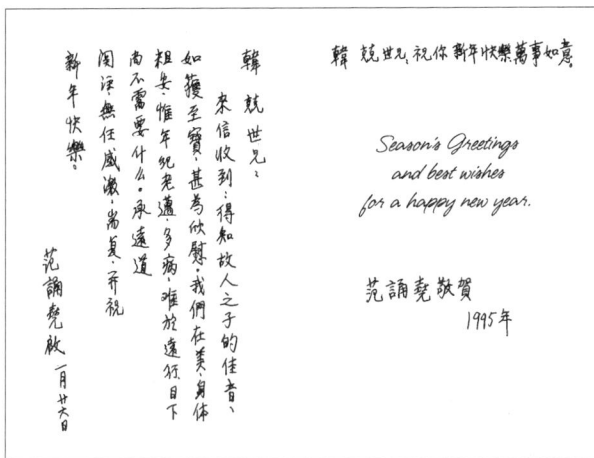

韩兢世兄 祝你 新年快樂萬事如意

Season's Greetings
and best wishes
for a happy new year.

范誦堯敬賀
1995年

韩兢世兄、
来信收到；得知故人之子的佳音、
如獲至寶，甚為欣慰。我們在美身体
粗安。惟年邁多病，難於遠行且日下
尚不需要什么。承遠道
闆讯，無任感激。耑復，并祝

新年快樂。

范誦堯敬啟 一月廿六日

1995 年，范诵尧致韩兢的信

设宴敦煌宾馆，席间嘉煌一一介绍来宾，轮到我时，嘉煌让我自我介绍，

我说："我和嘉煌是两代人的交情了：我本人是珠海市委从事祖国统一的干部；我的父亲是一位曾经关心、支持过常老保护敦煌文物事业的省领导。"因为那天有许多日本友人，我不禁脱口而出："同时，他也是一位将军，他曾率领着他的部队抗击过日本侵略者……"一时语惊四座，中日来宾神情各异。好在日本客人中致力日中友好的人士居多，更有和才诚、和才光子夫妇主动发问："令尊曾在哪个战区作战？光子的父亲是在东北失踪的……"

和才诚来信告知：1945 年向先严投降的日本海军海南警

左起：常老次子常嘉皋、韩兢、常老夫人李承仙、敦煌研究院副院长樊锦诗、常老长子常嘉煌。石棺内是"敦煌保护神"常书鸿的部分骨灰，骨灰下葬在莫高窟中寺

备府司令伍贺启次郎战败遣返日本以后的情况。

1995年，韩练成在敦煌与和才诚夫妇

1996年，和才诚致韩练成信

拝復　梅雨明けの日々は、毎日猛暑に見舞われて、御地では如何でしょうか。先日は敦煌での字英、伍賀特軍よりの字英を偕えたお便りを頂き有難うございました。お返事が大変遅くなってしまったが、伍賀将軍のこと二三ケ所で調べてみた。次の通りご報告致します。将軍は戦後帰国された際、横浜で四・五ヶ月間拘留されたようですが、その後は一九五二年四月八日死亡される迄、ご実家とふ一緒に生活され、子供さんの働きで経済的にも特にお困りではなかったとのことです。そのお子さん夫婦も亡くなって、その後に伍賀将軍の奥さん

1995年6月，韩练成和杨斯德在宁夏银川的黄河边合影，用这种简朴的形式祭奠韩练成

读《韩练成诗词选》

一九九五年十月

钟钟西北汉

默默隐身人

廿载曹营里

一朝建伟勋

1995年6月，韩兢在兰州看望兰州市原副市长任
震英、侯竹友夫妇，任老赠诗一首

任震英诗

1996年初，我看到一本由名"解军"者编著、民族出版社出版的《20军传奇——天下第一纵》的书，其中涉及"韩练成"的文字与史实完全不符。我把有关文字复印寄给熟悉的军史专家，共赏奇文。

南京军区编研室研究员夏继诚回信

兰州军区编研室主任李敏杰回信

1996 年 10 月，我去北京看望全国人大原副委员长廖汉生、白林夫妇。20 世纪 50 年代初，在彭德怀司令员赴朝作战、西北军区大批领导他调之际，作为副政委的廖老和担任副参谋长的先严负责军区日常工作。罗青长老说"韩练成同志要党员不要上将"事知之者寡，其实廖老让上将衔的事迹也不多为人所知。1955 年授衔时让衔者有之，争衔者亦有之，从对待革命成果、名誉地位的态度，可以清晰地看出人们的选择取向不同。

1996 年，韩兢在北京看望廖汉生、白林夫妇

1997 年，我在北京看望张学忠、李桂枝夫妇。学忠兄时任国家人事部部长。他曾在 20 世纪 60 年代担任过先严的秘书，是一位我十分敬重的老大哥。

我 1997 年在北京看望贾亦斌，贾老书赠《半生风雨录——贾亦斌自述》。

1997 年，韩兢在北京看望张学忠、李桂枝夫妇

1997 年，韩兢在北京看望贾亦斌，左一是贾亦斌长子贾宁

隐形将军

1997 年 5 月，我的大姐韩蓉、李松山夫妇回北京办《坦桑尼亚马孔德艺术展》。

展前，韩兢拜访常书鸿夫人李承仙，碰巧李老正在作画。右二是坦桑尼亚国家艺术委员会主席恰里

海军原政委李耀文老将军 1947 年曾参加过莱芜战役，20 世纪 70 年代曾任过驻坦桑尼亚大使，在坦桑尼亚艺术展前，我和我大姐夫妇一起去看望他。

左起：韩兢、李耀文、李松山、韩蓉于李耀文宅

展览在劳动人民文化宫太庙举办，我请了许多老朋友、老前辈来参观。

左起：张学忠、秦川、韩兢

韩兢与全国政协原副主席汪锋。韩练成20世纪60年代担任甘肃省副省长时，汪老是省委第一书记

韩兢与王政柱、王老夫人、王老之子王延。王政柱老将军是原总后勤部副部长，20世纪50年代初，他和韩练成都是彭老总麾下的副参谋长

韩兢与郑惠(左)、李松山(右)。郑惠曾任中共中央党史研究室副主任，在胡绳撰写《忆韩练成将军——并记一次不寻常的旅行》时，曾为胡老向韩兢核对史料

左起：胡济宁、韩斗、韩蓉、韩英、朱济筠、韩兢。胡济宁，韩兢二姨的独子（大宁子），天津轻化工专家；朱济筠，韩兢大姨的独女（大筠子），新中国成立后第一批去海南广播电台的播音员

　　1997年11月，我去西安拜望胡景通。陕西省政协副主席胡景通是先严在抗战时期结识的老友，是民国初年拥护孙中山北上主政的靖国军总司令胡景翼的五弟，我们一直称他"五叔"。五叔书赠《胡景翼传》。背后的条幅是于右任手书"浩歌待明月 含笑看吴钩"。

韩兢与胡景通

1997年12月，韩兢和女儿蕃璠在珠海看望邓宝珊之子邓成城夫妇（左）

1998年2月，我在澳门和台湾"经济部中小企业处处长"黎昌意（中）相见。黎昌意是台湾原"海军司令"黎玉玺之子，曾在香港担任"中华旅行社总经理"。

韩兢与黎昌意

1998年3月，我与陈履安在珠海相见。陈履安是去台的国民党元老陈诚长子，曾历任台湾"教育部长""国科会主委""国防部长""监察院长"，1995年辞职、退党与李登辉竞争竞选"总统"。

韩兢与陈履安

广东高等教育出版社

韩练成诗词选

洪流 李中 蒋玉瑛 注释

1998 年 6 月，广东高等教育出版社出版了《韩练成诗词选》第二版。张爱萍老将军题写书名，贺晋年老将军画竹

1998 年 6 月下旬，得知曾志老妈妈去世，韩兢到北京，在她的遗像前与陶斯亮大姐合影

当时，我给先严作的小传文稿已寄往中共中央党史研究室，大传尚未起笔，以我频繁往返于京珠港澳的工作状态、频繁往返于历史与现实之间的思维状态，实在感到难于分身、分心、力不从心了。当时国家公务员的任免离退制度正在实施的起步阶段，我向一位现职部长说明情况，希望按照《公务员暂行条例》提前退休、专门写作，他同意帮我，并以私人名义致函珠海市委有关领导。北京、广东友人看到这一私函，都不免诧异："你有这么好的关系，为什么不早说？动用这么硬的中央关系，在地方上给自己谋个厅长、厅级职务应该也不困难，反而自己主动提前退休，你是不是有毛病啊？"

当年我已 50 岁，早已习惯自行其是，也早已不再希望别人事事理解，照常省略"详细解说"的程序，向市委组织部正式提交了退休报告。

1998 年 9 月，中共党史出版社《中共党史资料》第 67 辑发表了拙文《韩练成小传》。

时任中共中央党史研究室副主任的郑惠同志曾对我说："韩兢同志，儿子给老子写的、在中央级党史文献发表的传记中，你的这一篇，不是第一篇。"我想知道谁是第一，郑惠老说："你是唯一的！"他告诉我："你写的《小传》是一篇真正的史学作品，别的子女只是从儿女的角度回忆爸爸，怎么能当传记用？"

有看到拙作《小传》和《诗词选》的友人说："你真是给你父亲树了个好碑、立了个好传！可是你自己丢掉了改革开放搏击商海的大好时机，也丢掉了靠先辈扶植走上政坛的机遇，你认为用这样的方式'尽孝'，值得吗？"

我还是按实情作答："我并不是不想挣大钱，也不是不想做大官，只因为破解'历史之谜'的诱惑太大、太具有挑战性，使我迷失了自我。而当我解开这个谜、环视现实的时候，早已换了几重天地。这时回过头来，不要说做，就是想'挣大钱，做大官'，也为时晚矣！"

对这样的答复，友人仍不满意。

然而，年过半百的我已经从先严的历史中，清晰地看到他成长、成功、成熟的轨迹，也从自己并不成功的经历中成熟了。我不需要事事被人理解，也不期望时时被人认同，更没有奢望处处受到欢迎。因为我已经悟出一个道理：在人与人的关系中，最可贵、最理想的状态本应该是"相知"。但，人们并没有、也不可能生活在真正"相知"的状态当中，人们就是这样世世代代、时时刻刻生活在不相知，甚至相互猜疑的环境中，人们就是这样从各自不同的角度、用各自不同的眼光回顾历史、对待现实。我愿意做的，仅仅是把我对历史的发掘、对现实的理解写成文字、搬上银屏，与读者分享、与观众分享。

10月中旬，《人民日报》发表了习仲勋、马文瑞《善做团结工作的模范——纪念刘志丹同志诞辰95周年》，文中写道："1927年国民党反共'清党'，志丹被逐出冯军，但他已在这支军队交了不少朋友。例如四集团军一营长韩练成，志丹见他本质好，就向他讲革命道理，要他做革命的人，不久他加入了共青团。志丹对他说：'不管在哪里，不管跟着谁，都不要忘记做革命的人，处处为民众的利益、为国家的利益着想，绝对不做反对革命的事。'韩此后长期在国民党军队中做事，并升为中将，但始终记得志丹的教诲，利用他的身份为党送情报，为我军华东的几次重大战役

1998年10月18日 星期日 第四版　　人民日报

善做团结工作的模范
——纪念刘志丹同志诞辰95周年

习仲勋　马文瑞

《人民日报》1998年10月18日第4版刊登习仲勋、马文瑞文

的胜利作了贡献。新中国成立后，他又被授予解放军中将军衔。1984年他病逝前，汪锋同志去看他，他深情地说：'刘志丹将军为咱西北培养了大批人才，我是从他那知道要走革命道路的。'"第一次由党的高层前辈在公开发行的党报上公开了先严早期接触党组织的情况。

10月底，我曾赴台考察，会见过许多政界、商界、学界人士，收获颇丰。同年12月，我去香港。

韩兢与香港有汉公司董事长潘汉唐

汉唐的父亲是1945年代表中国政府参与接收香港的观察员潘华国将军，他曾对我频繁往返港澳，却又从来不做生意表示很不理解。

左起：郑介初、董锡权、韩兢。董锡权是潘汉年夫人董慧的弟弟；郑介初是定居香港的原宁夏政协委员

1999 年 3 月，按照《公务员管理暂行规定》中"公务员工龄满 30 年，本人提出，经任免机关批准，可以提前退休"的原则，我被珠海市委组织部批准退休，开始了对先严历史足迹的梳理、归纳。

同月，我受聘于国家科委高技术研究发展中心，协助开展涉及港澳台地区的联络工作。

1999 年 5 月，我专程去深圳探望习仲勋老前辈。习老与先严是好友，先严的后事正是在习老主持中央书记处工作期间，由习老亲自过问，在习老直接指导下办理的。

国家科委高技术研究发展中心

国科高发便函字〔1999〕005 号

关于委托韩兢同志开展有关项目
外事联络工作的函

珠海市人民政府：

为更好地开展"中国—欧盟中小企业高增值投资园区"项目的可行性研究工作，我中心委托原珠海市委台湾工作办公室主任韩兢同志协助我们开展有关"港、澳、台"地区的外事联络工作，请在工作上给予韩兢同志指导和帮助为盼。

国家科委高技术研究发展中心
一九九九年三月十九日

国家科委高技术研究发展中心致珠海市政府函

1999 年 5 月 8 日，韩兢和习仲勋，习老手中是新版《韩练成诗词选》

312

1999 年 10 月 26 日，左起：韩兢夫妇、习仲勋夫人齐心、韩蕃璠

1999 年 6 月 23 日，韩兢在西安和韩练成生前的司机姜普诚夫妇合影。姜和韩兢同岁，从 20 世纪 70 年代起做韩练成的专车司机，开车、务花，直至韩练成去世

2000年7—9月，韩兢在甘肃省定西军分区撰写电视连续剧《隐形将军——韩练成》的初稿

2000年10月，我为撰写电视剧本《隐形将军——韩练成》致罗青长先生函。

珠海市人民政府台湾事務辦公室

2000年10月，韩兢为电视剧《隐形将军——韩练成》致罗青长函

罗老批示："韩练成电视剧过去部里议过也做过规划。现韩兢送来初稿，我看过基本属实，可作为基础。具体筹划请你们同他商量办理。"

2001年，我受秦朝英之请，到北京参与中国战略与管理研究会的管理及对外联络工作。

2001年，韩兢代表中战会和美国管理技术大学洽谈合作，和美国管理技术大学校长弗雷姆交换合作文本

2002年4月，北京炎黄国医馆，在我主持的文化沙龙上，北京故宫博物院研究员叶佩兰主讲"古瓷鉴赏"。反映极佳！叶老师左右那只直径60厘米的彩绘大盘、那只30厘米高的彩绘花鸟罐，是先严在担任国军第四十六军军长，于1945年秋，率部接收侵占海南岛的日军投降时，接受日本海军海南警备府司令长官伍贺启次郎海军中将献出的藏品。

叶佩兰做古瓷鉴赏讲座

2002年7月，宁夏电视台请我去银川面谈，决定为电视剧《隐形将军》立项，由一位副台长为制片人、我为编剧，开始改稿及前期准备。

11月，剧本在中央电视台初审，重大革命历史题材影视创作领导小组杨伟光组长说："我认为韩练成将军的事迹很传奇，故事很曲折，主题很昂扬，值得拍成电视剧。"李准副组长说："这个题材很新鲜，具有与时俱进的感召力，人物有性格，有个性，有独特的人格魅力。"

2003年7月，济南军区政治部宣传部贯彻刘冬冬政委的指示："韩练成将军的传奇一生中，有几个辉煌的阶段都是在济南战区实现或与济南战区有关的。同意韩兢同志的邀请，军区参与作为联合摄制单位。"

同月，宁夏回族自治区党委宣传部贯彻自治区党委书记陈建国的指示，自治区党委常委、宣传部部长李东东代表陈建国书记对电视剧《隐形将军》表示支持，由宣传部作为联合摄制单位并投入部分资金。

2004年2月，在威海，我和先严生前的警卫员鞠传先相见。他和司机姜普诚一样，是在先严身边时间最长、"像儿子一样的"工作人员。他俩真的和我很相像，在首长生前没有被提拔，在首长离世后安守本分，转业、回家、当司机，他们也肯定会和我一样，勤勤恳恳地一直工作到退休。

韩兢与鞠传先

2004年5月，在兰州，我和康庄相见。康庄是兰州理工大学的正局级离休干部，新中国成立前曾任洮衔工委西北师范学院支部书记，组织并参加了兰州地区的学生运动，在20世纪60年代曾经担任先严的秘书。制定甘肃省科技工作条例、扑灭口蹄疫等工作，都是在他的直接协助下完成的。

韩兢和康庄

2006年5月，中央文献出版社出版了《韩练成画传》，印数虽不多，但反响很强烈。

《韩练成画传》封面

2006年7月，电视连续剧剧本《隐形将军》被北京亚环影视公司选用，计划在2009年播出。

20年探秘的遥遥心路，已经看到终点了。

掩卷之前的思考

今年，2007年，已是先严离世23周年。

作为他唯一的儿子，我编了一本诗词选，写了一本画传、一部电视连续剧本，用我的心血来纪念他。

作为一个钻牛角尖的史痴，回望自己20多年跋涉的遥遥心路，却只剩下一些磕磕绊绊、疙疙瘩瘩、平平庸庸的记忆，除去实践了"坚持""执着""忍耐""专注"这一类充满压抑的褒义词，几乎没有什么值得回味的事。

至于1996年出版的长篇小说《幕》，那只是我在作史、作传时活动脑细胞的副产品，饭后茶余，随便翻翻看看而已。

在我探询历史之谜的过程中，曾无数次不由自主地想过：如果当时"不是这样、而是那样"发展的话，会是什么样的结局？

假如韩练成"没有投军，而是当了小地主的上门女婿"，会怎么样？

对这个假设，先严在世时已经分析过：按他的脾气、禀性，肯定会成为一个恶霸地主，而且，肯定会在土改时被枪毙掉！说到这个假想的"下场"，他哈哈大笑。

假如韩练成"在'四一二'政变前后已经加入了共产党"，会怎么样？

先严生前也分析过：他不会在清共时叛党，他肯定会逃离国民党部队，但之后会怎么样，他不知道。

假如他"在海南死于琼纵的伏击"，会怎么样？

肯定会像他在"文化大革命"时对我们说的那样："你们的周恩来伯伯一定会追认我为革命烈士！"

假如他"没有在 1948 年底逃离国统区，而是继续留在蒋介石身边、甚至跟去了台湾"，会怎么样？

吕文贞在 1993 年对我分析过：如果他去了台湾，肯定会在"韩战"给蒋介石提供的喘息期间被挖出来，尽管他曾经救过蒋，但他毕竟是隐藏在蒋身边的共谍，其下场，还用说吗？

假如他"到了平山东黄泥，就留在社会部"，会怎么样？

他肯定会正式地成为隐蔽战线高层中的一员，但他不一定能平安地度过"文化大革命"。

假如他"离开军事科学院就去了外交部"，会怎么样？

他同样会成为外交战线有建树的一员，但他也不一定能平安地度过"文化大革命"。

假如他"没有在 1965 年返回军队离休"，会怎么样？

他肯定不能平安地度过"文化大革命"。

假如他"在'文化大革命'后期接受了重新出山的召唤"，会怎么样？

他会在更长的时段内，甚至永远成为秘密。而我，也绝不会有可能去探寻他的一生。

假如……

然而，历史是没有"假如"的。同样，历史也绝不可能"重来一遍"。

我从先严的历史足迹中看到：

在他成长初期，虽然他已经有了反帝、反封建的热情，有建立大同世界的理想，但他在人生的每一个转折点，对前途的选择仍然多是在利害、利益这两种取向中摇摆。抗战爆发，责任和道义开始出现在他的选择取向中，他经常思考作为军人的意义，他逐渐固化了救国救民的人生目标，个人的利害和利益已经不足道、已经无所谓了。直到他下定决心追随以周恩来为代表的共产党，他的人生取向就再没有改变过。而这种责任和道义的取向选择一直跟随他走到人生的尽头。

因此，"国军"中的韩练成，能从一个入伍生、见习排长，以智勇征战由排、连、营、团、旅、师逐级晋升到军级主官，能经历多次高层深造，能自如周旋在蒋介石、冯玉祥和李宗仁、白崇禧三个对立的政治集团之间，甚至供职"大内"，如果从个人名利得失的角度看，绝对是成功者。

但他不满足这种个人的成功，他有更高的理想要实现，他居然在自己仕途的上升阶段，也是共产党处于劣势、抗战最艰苦的1942年秘密联络了周恩来。

与周恩来"相携同步"之后的韩练成，以特殊的身份协助达成了解放战争的胜利，如果从人民利益的角度看，他也绝对是成功者。

但他只接受了荣誉：一级解放勋章。他同样没有享用成功给他带来的经济利益：他把党和政府奖给他的黄金全都交了党费。

他一生期待的成功是：亲自参与解放台湾、统一祖国的行动。

最终，他没能实现这一愿望。虽然在他的遗言中，他自信（甚至有些自负）地表示"作为共产党员，几十年来，不论是在党外的时候，还是入党以后，党要我做的事，全都做到了，可以说毫无遗憾地、安详地闭上眼睛"。但我知道：他还是带着这个遗憾，无声地走了。

无论他在自己心里是不是一个成功者，在别人眼里功成名就的他，从入党、授衔前后却极少提及自己的功绩，这多少也标志着他成熟的开始：这种平心静气地"不谈当年勇"，超越了军人"耀武扬威"的浮躁，体现了一种大彻大悟的淡泊。

在包括"文化大革命"在内的一次次风浪中，他能善待每一位身处逆境的老同志、老朋友、老关系，他从不因为其中某些人曾对他伤害、误解而幸灾乐祸、落井下石，这种雍容豁达的大度，更体现了以德报怨的修养。

根据我的回忆和分析，他的淡定应该是建立在对"兵以诈立"的反思中。

我在"文化大革命"中常听他说起："兵者，凶也、祸也、诈也。对人对己对社会，都是害呀。"在临潼的一次彻夜长谈，他说到了蛇：蛇是没有手、没有脚，甚至近于盲、哑的动物，它还必须年复一年地在毫无御寒被覆、毫无能量补给的状况下熬过漫长的冬季，但它却具有远超于其他动物的忍耐力和感知力，它居然能在不声不响的匍匐中突然出袭——完成那致命的一击！他说：蛇是一种令人恐怖、令人厌恶的动物，但它绝境求战致胜的精神和能力却不得不令人敬佩。

他在晚年曾让我帮他分析"军人"和"武夫"的同异，分析"和"与"战"、"诚"与"诈"的时空需求和道德价值。当时我不懂，也没有联想到其他方面。

直到我完成了电视剧本，我才慢慢地悟到那是他在体味自己的一生：为军人者，可以像恐龙、猛犸、狮、虎、熊黑一般惨烈拼杀，死它个惊天动地！为谍者，却必须像蛇那样，隐忍终生，死也死得无声无息。

写史、写传远不如写小说那么痛快、那么随意、那么自由、那么信马由缰地任思维驰骋，史和传都不能臆断。我无法演义他的反思过程，我只能在传外，用我自己的语言表达我对他的反思的推想，更准确地说：只是我自己的感觉。

虽然我尚在襁褓之中就已经生活在枪口下，但我毕竟没有亲历过战争，我甚至没有从军的经历，我只能从我身边的世界，在我生存、生活的时空里"纸上谈兵"。

听到时人"商场如战场"的高论，我总是打心底里抵制。

中国古代思想家韩非在《韩非子·难一》中有一段文字："繁礼君子，不厌忠信；兵阵之间，不厌诈伪。"他把君子的忠信之道和用于战场的诡诈、权术截然分开，这位"术"的大师早在2200年前已经说明了战场和商场的不同。

商场本不应该是战场，它最需要公平、公正、公开的交易环境，最应该讲诚信，最需要君子之交。商场要研究的重点，是"和"的学问。

而战场是你死我活的的斗争："兵不厌诈""兵行诡道""兵者，诡道也""兵以诈立"……战场要研究的重点，是"斗"的学问。

在人类社会的生存与发展中，只有"和"能成为"道"，在和平发展的年代，应该是"与天和、与地和、与人和，其乐无穷"。

在人类社会的生存与发展中，"斗"只是"术"，而且仅仅是许多术当中的一种。可以在道许可的范围内，有控制地使用包括斗在内的术，但决不能用术指导道，甚至取代道。——《商君书·画策》论："以战去战，虽战可也。"范晔《后汉书·耿秉传》："以战去战，盛王之道。"

毛主席曾有名言：与天斗、与地斗、与人斗，其乐无穷。——可谁都别忘了：他的大半生是处在战争年代、革命年代，不斗行吗？到了建设年代，他还沿用斗的原则，就不符合社会发展的规律了。

用我的这些杂感去揣测，我想：先严不仅是军人，而且更是曾经为间、为谍的军人，是否在他的内心深处有对"诈伪"行为的反思？是否在许多军人"不提当年勇"的谦虚中都有对"凶"、对"祸"的忏悔？

再引申去想：果然是"商场如战场"，又有多少成功的商人炫耀自己以诈行商的"战"例？

再过两年，2009 年，就到了先严诞辰 100 周年的纪念日。

我相信：一本《韩练成诗词选》、一本《韩练成画传》、一部电视剧本，还有我在这部作品里的文字，展示了先严"高谋一著潜渊府，淡泊半生掩吴钩"的独特经历，一定会"对那些对共产党、解放军的历史感兴趣的人们有些帮助"。

这，将是对他最好的纪念，也是对我的解脱。

韩　兢

2007 年 8 月 23 日第四稿于北京爱民街

《隐形将军》读后

邓成城[1]

韩练成将军和我父亲邓宝珊将军结识于大革命时期，北伐战争中西安解围之后的 1927 年初，当时我父亲 33 岁，担任国民军联军驻陕总司令部副总司令，韩叔还不到 19 岁，是国民军联军第四军的一个"娃娃连长"，但两人一见如故。

作为那个时代的革命军人，他们秉持着"救国、革命"的信念投身于民主革命的大潮，在抗日战争、解放战争中，他们在不同的岗位上、用不同的方式，为祖国、为人民、为新中国的建立，都做出了独特、重大的贡献。新中国成立以后，他们又担负起不同的领导责任，殚精竭虑。1961 年，韩叔因病转业，调任甘肃省副省长时，叶剑英元帅专门给我父亲（编者注：邓宝珊老将军时任甘肃省省长）打了招呼，说："现在练成的主要任务就是养好身体，解放台湾的时候，还要请他出山。他是你的老乡，你看如何？"我父亲当即表示热情欢迎，并说："练成是我们家乡出类拔萃的军中才子嘛！"

两位老人的友情一直持续到"文化大革命"我父亲逝世，以至传到了我们这一代。

在我的印象中，韩叔性格开朗，才思清晰、敏捷，也很健谈，但并不对人多说他前半生的传奇经历。看过韩兢的文稿，解开了韩叔"高谋一著潜渊府"的历史之谜，也体会到了韩叔"淡泊半生掩吴钩"的大彻大悟。

---

①邓成城，邓宝珊之子，第九届、第十届全国政协常委，第十届全国政协文史和学习委员会副主任。

韩兢的文稿只有20多万字，用他自己的话说，却是"跋涉了20多年的遥遥心路"：他丢掉了银行的金饭碗，调去图书馆钻书堆、查史料，在工作之余遍访其父故交，又在51岁时，主动申请提前退休、潜心写作——这个"拨开历史迷雾"的过程，在当今社会普遍浮躁的心态中，实在是难能可贵的。

这部作品追寻了父辈成长、成功、成熟的历史踪迹，也记录了作者探秘、解密的过程。我是作者的老朋友、老大哥，读后深感真实、亲切。

司马迁写《史记》，"亦欲以究天人之际，通古今之变，成一家之言"。我们研究历史，为的就是"通古今之变"，但最难"究天人之际"。

韩兢的"一家之言"，我很喜欢。

2007年，韩兢在北京与邓成城（中）、罗援（左）合影

大谍无形，大爱无声

罗　援[1]

　　我的父亲罗青长，曾任中共中央调查部部长、总理办公室副主任。长期在周恩来同志的领导下分管情报的指导和协调工作。也许因为父辈遗传基因的传承，我自幼就非常崇拜那些战斗在隐蔽战线上的无名英雄。我注意到，在和我爸爸经常交往的伯伯伯母、叔叔阿姨中，有许多传奇式的人物。他们平时看起来和蔼可亲，温文儒雅，而在他们每一个人的背后都有一段叱咤风云、鲜为人知的故事。饭后茶余，爸爸经常津津乐道地给我讲起这些我党打入敌人心脏的无名英雄，他们有打入到国民党特务核心部门的"龙潭前三杰"李克农、钱壮飞、胡底；有打入到胡宗南身边的"龙潭后三杰"熊向晖、陈忠经、申健；有打入到蒋介石身边担任速记员的沈安娜阿姨；有打入到傅作义身边担任机要秘书的阎又文和打入到白崇禧身边担任机要秘书的谢和赓；还有一位是深得蒋介石器重的韩练成将军。

　　爸爸称韩练成将军是"隐形将军"，说他为我党立了大功。韩练成出生于甘肃省同心县（后迁居固原县）一个贫民家庭，自幼受父亲爱国情操熏陶。成年后，凭着满腔热血，征战沙场。北伐战争期间，受共产党员刘伯坚、刘志丹启蒙、指点，在心中埋下了革命的火种。他在敌营蛰伏二十余年，巧妙地周旋于蒋介石、冯玉祥和李宗仁、白崇禧三大派系之间，特别是在中原大战中，韩练成孤军率部营救蒋介石于危难之中，深受蒋介石赏识、提携，被蒋介石钦点列入黄埔系，号称"赏穿黄马褂的人"。随后，他一路平步青云，先后官拜师长、军长、"委员长"侍从室参谋、参军处

---

　　①罗援，罗青长之子，少将，第十一届全国政协委员，军事科学院世界军事研究部原副部长。

参军等显赫要职。然而，信仰使然，他始终在黑暗中徘徊、探索，寻求救国救民之路。终于，历史给予了他机遇。1937年8月，韩练成结识了周恩来；1942年5月，经周恩来介绍正式加入中共情报系统，成为周恩来布局在蒋介石身边的一颗秘密棋子。以后，他屡建奇功，多次为我党提供了敌人的战略情报，特别是在莱芜战役中，韩练成以敌整编第四十六师师长（相当于军长）和蒋介石亲信的特殊身份，刻意搅局，按韩练成将军的话来说，是在"蒋介石、白健生（白崇禧）心窝子里捅了一刀"，使敌军陷入我军圈套，促成我华野以较小的代价获得了莱芜战役的胜利。战后，陈毅司令员对情报工作在此役中发挥的关键作用给予了高度评价，他称"要说莱芜战役第一功，当属恩来同志和董老！"（韩练成将军直接在周恩来同志和董必武同志领导下工作）听爸爸讲，陈毅同志事后见到负责情报工作的李克农同志，一定要请他吃饭，以示对我党隐蔽战线无名英雄的敬意和感谢。可见，韩练成将军在历史的关键时刻起到了"牵动历史轨迹"的作用。但是，韩练成将军从来不居功自傲。爸爸曾以钦佩的口吻对我讲，1955年授衔时，周总理曾询问韩练成的意见，若以国民党起义军长论，可授上将衔；若以党内职务论，只能授中将衔。韩练成将军毅然选择了后者，一时被传为"要党员不要上将"的佳话。这样，在国民革命军和解放军的序列里，同时出现了同一个"韩练成中将"。这在古今中外的军战史中实为罕见。

　　韩练成将军的一生是战斗的一生，是传奇的一生。国民党党史专家称韩练成将军为"导致神州陆沉的军事共谍"，蒋介石次子蒋纬国称他为"潜伏在老'总统'身边时间最长、最危险的共谍"。然而，毛泽东却称赞他，"蒋委员长身边有你们这些人，我这个小小的指挥部不仅指挥解放军，也调动得了国民党的百万大军"；周恩来称他为"没有办理入党手续的共产党员"；朱德赞扬他"为党、为革命立了大功，立了奇功"。韩练成将军传奇的一生，从一个侧面反映了我党情报工作的辉煌。正是"大谍无形""大爱无声"。

　　感谢韩练成将军的儿子韩兢以文学的形式将这段辉煌由隐形变为显形，为我们还原了一个活灵活现的隐形将军，为我们奉献了一个大智大勇的"红色间谍"，为我们再现了一个忠贞不渝的共产党员——可亲可敬的韩练成将军。我们的父辈用他们的鲜血和生命谱写了一曲无言的歌，他们的后代则以文字为音符将这段英雄交响曲化为了时代的最强音。韩兢同志为了追寻父辈的足迹，拨开历史的迷雾，于1985年主动辞去陕西省建设银行的优厚职位，请调到将军故乡的宁夏图书馆工作，以后又调到珠海市委台办任职。他潜身史海，遍访群贤，书鸿海外，埋头著书。二十余年成一剑，终于完成了他的鸿篇巨制《隐形将军》。

在韩兢同志的辛劳付梓之前，他想让我为他的大作说些什么，我说，我只有两句话：一是同为中共情报工作者的后代，我由衷地为他的敬业精神而感到钦佩；二是同为中共情报工作者的后代，我和他一样为我们的父辈所创造的骄人业绩而感到自豪！

敬礼，共和国的无名英雄们！

回忆韩练成同志

——并记我在南京那段难忘的经历

张保祥[1]

1947年2月下旬，莱芜战役胜利结束，我受组织派遣，随韩练成同志到国民党占领区工作。

当时我22岁，是中共华东局联络部干部，受华东局组织部长兼联络部长胡立教同志领导。接受任务时，上级告诉我：韩练成将军是国民党第四十六军中将军长，是党的老朋友，为我军在莱芜战役打大胜仗做出了重大贡献。我的任务是做他的联络员，为他和党组织之间传递情报。

韩将军让我化名"王忠杰"，"是他北伐后期老朋友王汉卿的儿子"。我们以叔侄关系为掩护，我称他"七叔"。

2月底，我们两人从山东胶南县红石崖夜渡胶州湾，抵达青岛后，暂住国民党四十六军青岛留守处。第二"绥靖"区司令王耀武得知他从战场逃脱，于第三天清晨，拍发紧急电报给留守处主任屈申，说已经派了专机，当天下午7时接韩军长去济南。韩将军与屈申研究，认为此去凶多吉少，决定由屈申立即回电报告：韩军长已经在电报到达之前离开了青岛。我们在上午8点多钟登上去上海的轮船，避开这一险关。

到了上海，我们径直住进了北四川路国民党政府国防部长白崇禧公馆，韩将军主动向在南京的白崇禧和自己家里打了电话，第二天乘火车去南京。一到南京站，韩将军被国防部派来的人接走。由于我的身份是"他

---

①张保祥，1925年生于山东单县，1938年参加革命，1940年参加中国共产党，1985年离休，2014年11月病逝于北京。

朋友的儿子"，是"家属"，只能和韩将军的夫人、副官一起回家，我不能采取任何措施去保护他，反而眼睁睁地看着他被敌人带走，那时的心情是非常复杂、非常紧张，也是非常着急的。

当天晚上，韩将军回到家，马上就开始准备第二天在国防部的汇报材料。他告诉全家：我是他的老朋友王汉卿的儿子，我称他的夫人汪萍同志为"七婶"。同时又把我介绍给他的少校副官邢松泉、上尉司机谢淙淙："王家大少爷刚从乡下来，你们要多操点心。"

韩将军夫妇当时只有一个两岁的女儿大妹，家里还有七婶二姐的儿子大宁子和七婶大姐的女儿大筠子，他俩也只有十五六岁，正在上中学。另外包括厨师、保姆、勤务兵，全家有十几口人，怎么看都是真正的国民党大员的大家庭，一点都不像自己人。出于保密的需要，他特意提醒我："这些个副官、司机、勤务兵，谁是军统、谁是中统，我都搞不清楚，平时少和他们掺和。"

南京傅厚岗，韩宅近照　　　　南京傅厚岗，李宗仁官邸近照

这所房子是韩将军在 1946 年初买的住宅，特意和李宗仁官邸处于同一个十字路口的对面。韩家在东北角，一个院子，一栋小楼；李家在西北角，一个院子，三栋小楼。为了便于出入，韩将军安排我住在离后门最近的一间卧室。

1947 年 5 月，韩将军被蒋介石任命为"国民政府"参军处参军，除了在"国民政府""总统府"办公之外，还经常跟蒋介石一起飞赴各个战场。

在此期间，我曾向组织上送出三次情报。

第一次是 1947 年底，冬天。情报的内容是什么，我不清楚。由于部队转战，很难确定野战军司令部的位置，我假借"回家"名义，从南京去泰安找屈申帮忙，设法进入解放区。屈申时任国民党泰安行署专员，正在指挥一个保安中队配合国民党某荣誉师打通泰莱路，他知道我是"韩军长的侄子""王家大少爷"，命令他的巡逻队照顾我。头一天我看好了地形，第二天就在刺骨的西北风中上了泰山，上午九点左右，遇到敌人的一支便衣小部队远距离鸣枪示警，要我站住接受盘查，我拔腿就跑，敌人一路开枪紧追，一直追了四个多钟头：我上山，他们也上山；我钻林子，他们也钻林子；我蹚水过河，他们也蹚水过河，那小河结了薄冰，一踩上去就塌了，很难蹚，敌人越追越近，我几乎在那时被打中。等我过了河，和敌人的距离拉大了，又跑了一两个钟头，天色暗下来，我躲进一个石头山洞，回头往山上看去，还有三个敌人在山脊上往下张望，我心想：这几个敌人也真不含糊，追了我七八个钟头！由于又困又累又饿，我歇了一下就睡着了，很快又被冻醒，裤腿结了冰，两条腿又麻又硬，活动了好久才能走得动路。我趁着天黑，走到沂河边上，对岸就是解放区，我又一次蹚水过河，河面二三百米宽，河边河上没有人迹，我是唯一的活动目标，不管是敌人还是自己人，谁开枪我都难逃活命，但那天实在太冷，一个人影也没有，那冰更厚一点，好在水不及腰，双腿被冰碴子划得血迹斑斑。我过河以后不敢停留，尽快跑过对岸那片大沙滩，刚进村就被民兵截住了，我不能告诉他们我的真实身份，只求把我送到解放区的县政府去，那时候县政府也是流动的，没个准地方。他们给我做了一盘韭菜炒鸡蛋，派了两个民兵，算是送，也算是押，带我找到了县政府，我要求县政府送我去鲁中军区。因为1944年我在滨江军区大股伪军工作团策动伪军莒县大队长莫正民起义时，和鲁中军区联络部有过工作关系，和他们联系上，情报就送到了。他们给我弄了些吃的东西，我歇了一夜就赶紧往回返。我碰巧搭上了泰安火车站站长的轧道车，在漫天大雪中回到泰安。如果不是坐了轧道车，我恐怕就会迷了方向，永远回不去了。几天的超负荷跋涉，几次涉过冰河，棉裤始终结着冰，我腿上今天这病，大概就是那时候落下的。

第二次，是一封发往香港的信，内容我不清楚。我骑自行车转了很久，确定没有人跟踪盯梢以后，在下关找了一个邮筒投了进去。

第三次，是1948年4月，韩将军即将调出参军处，去兰州担任保安司令之前，他拿了一封信，让我交给组织，那时已经不能再回解放区找部队了，我只得启用最后的联络办法，用胡立教同志在上海的秘密联络地址，把信发了出去。信的内容是什么，我同样也不清楚。

七婶在1947年5月生了一个女儿，小名叫"小妹"，1948年9月生了一个儿子，小名叫"小弟"。因为韩将军夫妇曾失去过两个儿子、一个女儿，现在又有了儿子，全家都高兴。中统局长叶秀峰以贺喜为名来韩家，韩将军沉着应对，不露破绽。叶秀峰走后，他告诉我："叶秀峰还是来问莱芜的情况。你不用担心，没事的。"他交代我："过几天我又要去兰州，时机成熟以后，你就该跟我一起去了。在南京，你施展不开；到了那里，我可以在我身边给你安排一个军职，咱们再想办法直接和解放军联系吧。"

在那段时间，曾有陆军副总司令关麟征、国防部第三厅厅长郭汝瑰、西北军的邓宝珊与胡景通等将领常来聊天、吃饭，也有记者来采访过，表面上看不出有什么明显的危险。

10月底，韩将军从兰州返回，说是奉西北军政长官张治中之命向蒋介石汇报军务。不久，关麟征邀他外出"散心"，关在途中突然"昏迷"，韩将军把他送进医院以后就没再回家，直接去了香港。

1949年，张保祥在上海

不几天，韩将军的老朋友周士观专程从上海来到南京，要我和他一起护送七婶和孩子们秘密转移。1949年元旦，我们经上海到达香港。任务圆满完成，我在春节归队，4月21日随第二批渡江部队过了长江，接手江阴炮台起义部队的工作。半年以后，七婶和孩子们由党组织安排转回解放区。

全国解放以后，韩将军到处打听我的下落，终于在上海找到了我（当时我在上海市公安局工作），他高兴极了。"文化大革命"期间，一些年轻人不了解过去复杂的斗争情况，在大抓叛徒、特务、反革命分子的极"左"高潮中，先后有四拨人去向他调查我的问题，他每次都如实地证明我的情况，从政治上保护了我，使我免遭不白之冤。韩将军对我的真诚爱护，使我至今不能忘怀。

1984年2月，韩将军在北京病逝，党中央为他举办了规格很高的遗体告别仪式。

他唯一的儿子韩兢（小弟）一直和我保持着联系，今年6月，又请了胡济宁（大宁子）、朱济筠（大筠子）一齐到我家聚会，共同缅怀我们的前辈韩练成将军。回忆起那段非常岁月，至今历历在目，记忆犹新。

左起：韩兢、朱济筠、沈妙娣（张保祥夫人）、张保祥、胡济宁

韩兢告诉我们，他为韩将军写的长篇纪实文学《隐形将军》将在明年出版发行，由隐蔽战线上的老前辈罗青长同志作序，序言中有这样一段话：韩练成同志是"在1942年5月，经周恩来介绍正式加入中共情报系统，成为周恩来在蒋介石身边布下的一颗秘密棋子。他是一位自觉的革命者、一位忠诚的爱国者"。

韩练成同志在革命战争年代不留恋高官厚禄，不惧艰险，无私无畏地献身于人民解放事业；新中国成立后，依旧淡泊名利，从不炫耀自己的特殊历史功绩，对党的秘密守口如瓶。我永远感佩他的大智大勇、高风亮节，我永远怀念他！

2007年9月23日

读韩兢《隐形将军》

乐美真[1]

掩卷心潮涌，丰功泣鬼神。
无声春化雨，有蠹气凌云。
忍隐丹枫色，总怀雪柏魂。
青山曾记否？国共两将军！

2008 年 5 月 28 日

---

①乐美真，第十一届全国政协委员。

追崇真诠见高节

——读《隐形将军》一书有感

米　山①

几乎一气读完近三十万字的《隐形将军》一书（韩兢著，群众出版社2008年1月版），真是多年少有了。此书感人心魄之处，不仅在于用出色的史笔再现了韩练成将军自觉投身党的秘密战线，在历史关头以非常之人成就了非常之奇功，从而牵动了"历史的瞬间"，演绎了"国共两将军"的传奇故事，同时更在于以严谨、求实的探索态度，忠实地披露了主人公在20世纪大浪淘沙的风云际会中，经长期徘徊求索，矢志追求人生真诠，终成为自觉的革命者、忠诚的爱国者的心路历程。站在后一个角度细品韩老将军的人生轨迹，读者可以领会到真理的力量，感受到共产党人的高风亮节。也可以说，这是韩练成同志留给后来人的一笔精神财富。

20世纪初，韩练成出生于祖国西北黄土高坡上一个贫苦农民的家庭。他在青少年时代，遭逢山河破碎、列强肆虐、民不聊生的艰难国运，同那个时代的许多热血青年一样向往革命，追寻救国救民的道理良方。然而，他从旧阵营最终走入革命队伍并不是因个人的苦大仇深，更不是在历史决战中因兵临城下、走投无路而临阵倒戈，按周恩来总理所说，他是"受信仰所使然"，从国民党高层内部主动投向革命，在没有办理入党手续的情况下，以行动实践了对党最忠诚的誓言。

《隐形将军》一书真实反映了韩练成的这一心路历程：在他成长初期，虽已有反帝、反封建的热情，追随中山先生大同世界的理想，但在人生的

---

①米山，当代中国研究所原副所长，研究员。

转折点上，对前途的选择仍然多在利益中权衡。抗战爆发，责任和道义不断出现在他的选择取向中，他经常思考作为军人的意义，逐渐固化了救国救民的人生目标。终于，历史给予了他机遇。1937年8月，韩练成结识了周恩来；1942年5月，在自己的仕途上升阶段，也是共产党处于劣势、抗战岁月最艰苦的时刻，经周恩来介绍正式加入中共情报系统，甘愿为党"善用"，成为布在蒋介石身边的一个秘密棋子。自此以后，他的人生取向再未改变过，无论是居庙堂之高，还是处江湖之远，共产党人应承担的责任和道义就一直铭记在心。20世纪中叶，在那场事关中国命运的历史关头，他以敌整编第四十六军军长和蒋介石亲信的特殊身份，刻意搅局，"一割功成"，促使我华野以较小的代价获得了莱芜战役的胜利，为中国人民的解放事业做出了重要贡献。新中国成立后，他视功利如浮云，却更看重共产党人的名节，乃有韩练成"要党员不要上将"的佳话。当1959年遭遇党内某些人极左批判而倍感"雪里风来意外凉"时，他以"银装不掩人间白"的磊落胸襟坦然面对，丝毫不改革命初衷。包括"文化大革命"在内的一次次风浪中，他能善待每一位身处逆境的老同志、老朋友、老关系，从不因为其中某些人曾对他伤害、误解过而幸灾乐祸、落井下石。韩老晚年不幸与"文化大革命"遭际，虽已是退休之身，且又陷家破人亡的人间悲剧，但他无时无刻不在关注着党和国家的命运。这时，他写下多首诗篇，对党内"一意风波起，十载刑章废"的"左"倾思潮多有鞭挞。也可能是晚年易感怀，这时期老将军的诗词中多有对一生追求真诠的回顾与表达，如："向晚依真诠""行止无愧天""术数纷纭未可依，真诠毕竟有光辉"。在悼周总理的挽诗中，感念当年"指点迷途归大道，相携同步见知音"，吁天痛呼"洗天风雨几时来"！正是这副与人民寒暖相依、同党的事业休戚与共的赤子心肠，汇聚成韩老将军一生追求真理的不竭动力，也显现出一代共产党人保持高风亮节的真实历史缘因。

《隐形将军》一书作者韩兢是韩练成将军的独子。为使韩老将军的传奇人生及历史底蕴昭示后人，二十余年来他辞去公职，潜心史海，遍访群贤，精梳史料，二十余年终成一剑，在追寻父辈成长、成功、成熟的人生轨迹中，终于拨开"高谋一着潜渊府，淡泊半生掩吴钩"的历史迷雾，为广大读者奉献出一部富有时代感的好作品。作者以严谨、细密的态度治史，凡未经亲历者核实的原始记录或没有文献出处的部分，均不采用。作者文字朴实，叙事平和。他不为"亲"者讳，也不试图"拔高"自己的父亲，力争使主人公在每一历史阶段的行动和思想，都尽量得到接近史实的记录和分析。他曾多次与人谈及在研究旧年代历史人物间称谓、谈吐、行文习惯的心得，以求尽量再现历史原貌，可见下功夫之深。如今，作者以凿凿史笔，使"隐形将军"得以显形，留给了人们更多的是深层思索和悠长的历史回味，也许，这便是《隐形将军》一书真实的魅力所在吧。

2008 年 6 月

我心目中的父亲

——写于父亲诞辰 100 周年

韩　斗[1]

父亲已经离开我们 25 年了，但在我的心目中，他的言行举止，尤其是他博大、深邃的内心世界却越来越近、越来越清晰，这也是我对父亲的认识由浅入深、由表及里、由父女之情到思想理念的过程。每当回忆起我所亲历的往事，无不渗透着父亲"受信仰使然"共产党人的高贵品质。

不知是何种缘故，本是思维敏捷、健谈的父亲却很少谈及他的传奇经历，这也是我多年很想知道的事，但他与我谈及最多的是有关学习和工作的事。

在"文化大革命""怀疑一切，打倒一切"的运动中，父亲的前"国民党中将"身份显得突出又敏感，在"血统论"强烈影响下，我们自然被排斥在"红五类"之外，受到歧视并有遭伤害的可能性。为此，父亲口授以哥哥韩兢的名义向时任副总参谋长的彭绍辉伯伯写信，终于在周总理、叶帅的干预下，我们才得到适当保护。

1968 年底，我参加工作，虽然在岗位上十分努力，本能地以年轻人的热情积极上进，并以加入共产党作为自己奋斗的目标，但还是因当时的"敏感问题"隐隐受到冷遇，需要等待"长期考验"。在我几乎灰心并想放弃时，父亲难得地与我进行了一次令我终生难忘的谈话，父亲郑重地对我说："你爸爸从 1927 年失去了入党机会，到 1950 年才终于实现了 20 多年前的入党夙愿；年轻人，要上进，有理想，就不要有什么想法，要接受住考验，一次不行，二次再争取。"这一幕虽过去了 30 多年，但父亲对思想理念的执着追求，一直激励着我，使我体会到了信仰的力量之大。1950

①韩斗，韩练成的小女儿，第八届甘肃省政协委员。

年，张治中将军曾问过周总理："韩练成是蒋介石身边的红人，并非从表面上看到的'杂牌军人'，他不是受排挤、没出路的人，这样的人为什么会跟共产党走？"周总理慨然答道："这正是信仰的力量。"

的确，正是这信仰的力量，使他成为了一位自觉的革命者，一位忠诚的爱国者，决心矢志不渝地跟着共产党走，并走完了他具有传奇色彩而充满大爱的人生历程。

在20世纪70年代，"知识无用"充斥社会，父亲却常年订阅《人民日报》《解放军报》《参考消息》《陕西日报》（当时父亲在陕西临潼居住）四种报纸，《人民画报》《解放军画报》两种画报和《红旗》杂志。我一时纳闷，他怎么自费订这么多报刊，是父亲的工资高，还是其他……后来我问父亲："爸爸您干吗订这么多报刊啊？我看人家最多订两三种报。"父亲脱口就说："《人民日报》是党报，我是一名共产党员，不看党报行吗？我是一名军人，理应关心军队建设，不看《解放军报》行吗？作为一个与祖国息息相关的人，不关心国际、国内形势行吗？"出于当时的肤浅，我只是似有所悟地答了一声："噢，原来是这么回事。"今天想起父亲立意高远，虽已离开岗位，还在身体力行，密切关注着国家发展、人民军队的建设和祖国民族统一的大业。

尊重知识、尊重人才是父亲的禀性，他时常说：我们的国家建设需要学者和专家，没有知识怎么建设国家？他不仅自己渴求知识，无论他在部队或在地方工作，总是以满腔热情，在自己力所能及的范围内，用他的智慧尽可能地为国家的文化建设、文化事业、科研事业，办大事、办实事。

记得在20世纪80年代初，我因有事去一位同事家，他的父亲就是兰州大学化学系程浦教授，当老先生得知我是韩练成的女儿时，已经双目失明的他急忙走到我面前，握住我的手格外激动地说："你是韩练成的女儿啊？兰州刚解放时，你爸爸在军管会经常召集我们各方面的专家开会，讨论兰州建设问题，反复认真地听取大家对稳定社会秩序、恢复和发展生产的建议。你爸爸对我们非常尊重，我们很受鼓舞……你爸爸很'特别'，不大像职业军人，聪明好学、知识渊博、才思清晰，大家也很敬重他。"后来与许多老学者、老专家的谈话中得知，父亲在甘肃主政期间（曾任西北军政委员会委员、兰州市军管会副主任，甘肃省副省长），凭着他对党、对祖国、对人民的挚爱，以一个革命军人的坚韧与执着，尽量廓清社会上的一些不正确认识，从国家和人民的利益出发，把中国科学院兰州分院建设、莫高窟的保护修复、省图书馆的珍本典藏及口蹄疫等重大传染病的防治列为重中之重，给予了全力支持。

至今，一件往事让我还有着清晰的记忆。那是我在上中学时，有一次我对父亲说"我有个同学是个老回回（兰州方言称回族人）……"父亲立即纠正我的话说："以后不能随意说什么'老回回'，这是娃娃语言，正确的称呼应是回民或回族。说人家'老回回'对少数民族群众很不礼貌，你现在已是青年人了，就该成熟一些，我建议你去查看毛主席著作里的关于民族问题的论说，有一定好处。"当时窘迫中的我只是向父亲保证不再这样说了，在我心中父亲从未训斥过我们，总是在严格中不乏慈爱，不乏以理服人和循循诱导。随着学习和阅历的加深，我渐渐悟出了这些道理，才深知这是一个民族团结问题，由此，我看出父亲事事处处、一言一行都在为人民的利益着想，为民族团结做着不懈的努力，正如他遗言中讲的唯一愿望："祝愿我们伟大的祖国繁荣昌盛，各民族人民团结、幸福。"

随着岁月的推移，通过各个方面对父亲有了更深的认识，尤其是近年来的反复阅读和思考，我终于明白父亲所做的一切，是缘于一种不寻常的大爱，正是这种大爱，决定了他生命的品质。

有了这种大爱，他坚定信仰，为了民族大义舍生忘死，临危不惧，在紧要关头转危为安。

有了这种大爱，他能在特殊战线，历经常人所难以想象的险要处境，为人民立大功、立奇功。

有了这种大爱，他的生命就和一个充满大爱的群体紧紧地连在了一起，这个非凡的群体有敬爱的周恩来总理、陈毅元帅、董老（董必武）、叶剑英元帅及革命先辈刘志丹伯伯、尊敬的邓宝珊伯伯。

我的哥哥韩兢，用他二十多年的心血，编写了《隐形将军》一书，不仅抢救补写出了中国共产党人在隐蔽战线的斗争史实，也追寻了父亲一生从成长到成熟、从成熟到成功的人生轨迹，将父亲的传奇一生，为我们再现了一个可敬可爱的父亲。

于是，在我心目中，父亲的形象更显得丰厚，他一生热爱共产党、热爱祖国、热爱人民，是一个用大爱获得成功的父亲。

2009 年 2 月

一个灵魂自由飞翔的人

——纪念韩练成伯伯

陶斯亮①

1972年春，母亲给总理写信，请求把她从广东韶关邱屋村，调到北方地区继续劳动改造。那时，她在邱屋村生活劳动已经两年多了，邱屋农民的善良纯朴，抚慰了她与父亲生离死别的伤痛。但南方的体力劳动太强，气候又潮湿，夏天酷热，冬天阴冷，两年下来对她的身体摧残很大，相比而言，北方无论气候还是劳动强度上都要好一些。

她万万没想到，总理不仅将她调到西北最好的地方临潼居住，还把我也从偏远的甘肃临夏调到临潼的解放军二十六医院工作。至此，五年来天各一方、彼此牵肠挂肚的一家人，终于结束了苦难的日子，亲人又可以相聚了。

我和母亲去成都接上两个孩子，一个三岁多，一个两岁多。我们先到西安，住进人民大厦。当晚一件小事，却对母亲刺激很大。那晚宾馆有文艺演出，所有住客都受到邀请，唯独没有请我们。母亲感到备受侮辱，原来还是把我们看成"黑帮"家属，另类对待！母亲的好心情荡然无存。

由于这件事的影响，母亲想到去临潼干休所肯定也会受到歧视，她做好了心理准备。

但是让她感到意外的是，她在临潼干休所却受到了热情的欢迎。她在自传里写道："我感到温暖，颇有柳暗花明又一村的感觉。"

这里住的大多是一些从北京被贬下来的老将军，惺惺相惜，彼此也就多了些心照不宣的理解。母亲很快就喜欢上了这个地方，这儿幽静，离医

①陶斯亮，陶铸、曾志之女，第十一届全国政协委员，中国市长协会专职副会长。

院又近，五间平房比起邱屋那间四面透风的小屋来不知好了多少。尤其是干休所的管理人员对她很客气，经常帮她采购米面菜肉等副食品，不像邱屋看管她的战士，劳动时带双破手套也会招至一顿训斥。她在自传里写道："这种生活比在邱屋强十倍还不止。"

为什么我们在西安受到屈辱，而在临潼会得到厚待呢？渐渐地我们发现是有一个人在暗暗保护着我们。

在干休所最后排靠墙根的一个小院子里，住着一位对我们来说很神秘的老者。他虽不穿军装，却有股不怒自威的气势。他就是兰州军区原第一副司令员韩练成将军，也是这个院里级别最高、唯一主动退休从而避免了靠边站命运的老将军。因干休所归属兰州军区，所以干休所干部对老首长毕恭毕敬，言听计从，不敢造次。韩伯伯利用这个特权，保护了包括我母亲在内的一批落难老将军们，如装甲兵副司令员程世才、工程兵后勤部政委李基、政治学院训练部部长吴瑞卿……

韩兢在他的书里写了韩伯伯是怎样煞费苦心地照顾那些个被贬职的老将军们的。对我母亲，韩兢写道："对曾志，韩不仅自己当面尊称她大姐，还常常告诫干休所的工作人员：什么叫陶铸老婆呀？她是井冈山时期的老红军，是广东省委副书记，她的党龄比你们的年龄都大，你们怎么那么没礼貌呀？对那些歧视她女儿陶斯亮、欺负她小外孙的人，他更是直接批评甚至斥骂。"

在五年的时间里，我和母亲以及我的孩子们，无论在哪里都受尽人们的恶语相向，看够了那些轻蔑的冷脸，而在临潼干休所却获得了起码的尊严，没有韩伯伯的保护，恐怕管理人员也会跟我们划清阶级界线的。我对韩兢说："韩伯伯是我们家的核保护伞！"

我们刚落户干休所，韩伯伯就来看望我们了，记得最清楚的是，他开门见山就说："我对陶铸同志很敬重。"连我们都吓了一跳，在那个天天喊"打倒刘邓陶"的年月里，没几个人有勇气说出这句话的。我立即就对韩伯伯产生了好感，没事的时候常去他家玩。我发现韩伯伯相当孤独，相濡以沫的老伴汪萍，就在从银川疏散来临潼前夕，突发脑出血去世，让韩伯伯孤零零的一个人来到这个师级干休所。他虽配有警卫员和司机，但没有一个孩子在身边，我有点同情他。

待接触再多点，我发现韩伯伯不像一般行伍出身的人，他读书甚多，博闻强识，有扎实的国学底子，填词赋诗都很在行。他的小院虽不大，但很有情调，摆着石头，种着竹子和兰草，从韩兢书中才知，那是出自郑板桥诗中的意境："一石一兰一竹，有节有香有骨，满堂君子之人，四时清风拂拂。"由此可见这位将军的情怀。

韩伯伯没有架子，平等待人，亲切诚恳但又有长者的威严和军人的直率。我很喜欢跟韩伯伯聊天，甚至可以跟他悄悄说些在当时大逆不道的话，我觉得我和韩伯伯是可以交心的。

再往后，我断断续续知道了韩伯伯传奇的一生，对他更加肃然起敬。正如罗青长在韩兢所著的《隐形将军》一书序中所言：他不是由一个贫苦的劳动人民直接参加革命队伍的，更不是兵临城下，走投无路而临阵倒戈的，按周恩来同志的话来说，他是"受信仰所使然"从国民党高层内部主动投向革命的……他是一位自觉的革命者，一位忠诚的爱国者！

我常常感佩自己母亲对信仰的执着，但比起韩伯伯来，他们的信仰虽然一致，但似乎又有所不同，对这个问题我苦苦思索过，但始终不得要领。我母亲这一代共产党人，打根起就是党的人，离了党他们一刻也活不下去。但韩伯伯在国民党已官拜中将，又因是蒋介石的救命恩人而备受重用。他对共产党心往神之时，还看不到这个党有夺取政权的可能。那么他为何毅然舍弃高官厚禄，而去选择一个不十分确定的目标呢？

说到信仰就会联想到灵魂，说起灵魂可以认为是个哲学甚至是神学命题了。大多凡夫俗子，灵魂是附着于肉体的，是渗透于色香酒气、纸醉金迷之中的。但有些出类拔萃的人，他们的灵魂是自由的，它飞翔于物质的人之上，始终去追求更崇高的目标。看韩伯伯，他的传奇经历，他的丰功伟绩固然重要，但要理解他，我认为就得把物质的韩伯伯和灵魂的韩伯伯分清楚，作为前者他已功成名就，万般荣耀，作为后者他实现了崇高，找到了灵魂的归属。

韩伯伯，"隐形将军"，显性的人格！无论哪个形态的他，都永远铭刻在我心中！

最后要感谢韩兢，将这样一个国共两党史上都绝无仅有的人，真实可信地归还给了历史，更让我们这个时代的年轻人，知道了怎样才是个高尚的人！

2009 年 8 月 3 日

为了不要忘却

董良翚[1]

韩兢同志送给我他写的《隐形将军》一书，我把它放在床头，开始读。每读到一段绘声绘色的精彩处，就禁不住放下书，给我爱人复述，讲主人公韩练成单纯、朴实、坦诚、刚毅、勇敢、坚韧、机敏的性格发展，讲他从军阀混战中逐渐走上寻找到统一祖国道路的心路历程……我和我爱人开始同时读这本书：我放下，他拿起；他放下，我拿起。书，就是这样读完了。

韩兢同志为读者展开的是一幅特定人物成长的历史画卷。在历史的急速演变中，十六岁的韩练成带着简单而且自然的理想从军，经历了军阀的厮杀和民族独立的抗争，终于将军寻找到理想的归宿。作者把韩练成将军性格的发展和他人生观的蜕变，入情入理地交织到近当代历史上的大事件中：北伐，抗日战争、抗战胜利及受降，解放战争和建立中华人民共和国。历史的嬗变催化了韩练成将军思想的提升，奠定了他站在人民一边的坚实基础。

韩兢同志为读者揭示了一位英雄在寻求理想以及追求理想实现过程中的独特历程。韩练成将军成长的过程中，有机遇与一些历史上知名人物近距离地交流，使他开阔了眼界，升华了思想，民族大义的萌发改变了韩练成的人生。从此，他的心底里孜孜以求地寻找能使国家真正统一的政党。只要心里有，他就能找到。他找到了，他不仅找到了，而且义无反顾、全心全意地加入其中，并完全主动地投入工作；尽管当时实际上韩练成将军

---

①董良翚，董必武之女，第十届全国政协委员。

还并没有完善加入中国共产党的组织手续。1950年，韩练成将军才正式办理了加入中国共产党的手续。——这，大概是最有力证明"思想入党才是真正入党"的范例之一。

韩兢同志给读者描绘了一位英雄生命的辉煌轨迹。通过韩练成将军的成长：从学生兵开始，智勇征战，一级一级晋升，直至到达参与总部工作。他懂得战争，也深入地理解战略，更懂得战术。但为了祖国统一与和平，他作为一方参战的军长，在战场上放弃指挥，导致了他所在方战役失利。对于历史来说，他所参与领导的一方失利，势必加速了国内战争力量对比的全面失衡，进而极大地推进了祖国统一的步伐。这一大智大勇的壮举对韩练成将军来说，是他追求理想的必然之举。

作者韩兢为读者叙述的史实非常真实。他查阅了大量的史料，找到许多亲历者，还原了历史，让人物再现。将隐形将军现了形，使将军丰满地、鲜活地跃动在历史长河中。

作者写的是一部传记，将传记写得如此生动、如此深刻、如此细腻、如此惊心动魄，不仅是由于主人公韩练成将军的非常戏剧化的人生历程，同时不可忽视的是作者生动的叙事功力和朴素的文风。这本传记好，好就好在写实。实实在在的人，实实在在的事；没有推理，没有虚构，没有道听途说。使读者徜徉在往事中，体味韩练成将军人生的酸甜苦辣。

读了韩兢的作品，使我了解了一些韩练成将军，也使我了解了一点点我的父亲董必武和韩练成将军的一段往事，以及发生那一段往事的前前后后。我是站在韩兢努力工作的基石上了解我父亲关于莱芜战役的一些事情。一面我深感惭愧，我没有去掀动父亲的历史，哪怕只是一页；另一面我又非常佩服韩兢，他有勇气，有毅力，执着，顽强。他将历史还回真貌。

合上书，真的很感谢韩兢，他写了这么好的一本书！同时不能不想到我们拥有今天的好日子，今天的和平与幸福，今天祖国的繁荣和富强以及一定会有的更加美好的未来，可不能忘记昨天为祖国繁荣、统一而奋斗过的英雄们。

千万不要忘记啊！

2009 年 8 月 12 日

我的老同学韩蓉

周秉宜[1]

　　1958年9月，我入北京八一中学念初一，班上的同学几乎都是我在八一小学的同学。开学一个多月后，班上来了一位新同学，她叫韩蓉。同班的同学王磊告诉我：韩蓉的父亲原来是兰州军区副司令员，最近才调到军事科学院任副院长，她们在北京的家就安在王磊家住的那个大院里。说完这些，王磊又专门叮嘱了我一句："其他的你什么也不要问。"王磊的话使我隐约地感到韩蓉的父亲一定是个有特殊身份的人，至于怎么个特殊，就不是我们学生应该知道的了。我伯母邓颖超常教育我："不该看的不看，不该问的不问，不该说的不说。"这点组织纪律性我还是有的。如今想起来，王磊这句话应该是她父亲叮嘱给她的，小孩子半懂不懂，现买现卖给我了。王磊的父亲王尚荣当时的职务是总参作战部部长。

　　初中的课程新增加了一门俄文。韩蓉来的时候，同学们都已经学了一个多月，而她却连半个单词都还不会呢。老师让俄文学得比较好的王冀生同学在课下帮她补习俄文。王冀生后来对我回忆说："她很快就赶上了进度，并且超过了我。"

　　初中毕业以后，我考入中央美术学院附中，韩蓉则被保送进了北京师大女附中，大家见面的机会就少了。后来听说她考上了北京外语学院学习非洲斯瓦希里语。再后来又听说她在"文化大革命"后去了坦桑尼亚。

　　去年秋天我认识了韩蓉的弟弟韩兢，他送过我一本他写的《隐形将军》，拿回家一口气看完，才知道原来韩蓉的父亲韩练成将军还有这样一

---

　　①周秉宜，周恩来的侄女。

段传奇的人生，他是我党我军一位有着特殊贡献的功臣。

　　不久韩蓉从坦桑尼亚回国，我约了老同学王冀生一起去看望她。老同学几十年未见，大家都兴奋和感慨不已。韩蓉告诉我们，她和丈夫李松山已在坦桑尼亚定居，李松山还担任了坦桑尼亚华商协会的会长。而她自己多年来一直致力于研究和收藏非洲的民间木雕——"马孔德艺术木雕"。前几年她和李松山向长春市雕塑公园捐献了一座马孔德木雕艺术馆，后来她们又向中国美术馆捐献了100多件大型的马孔德木雕作品。2007年，他们作为坦桑尼亚华商代表出席了在南京召开的世界华商大会，还受到胡锦涛主席的接见。

　　我的老同学韩蓉秉承了她父亲韩练成将军的勇气和干练，我为她今天所取得的成绩感到欣喜，也祝愿她在新的世纪中为促进中国与非洲的经济文化交流做出更多更大的贡献。

2009 年 8 月 20 日

写在《隐形将军》第二次印刷时

韩　英①

2009 年，是父亲韩练成 100 周年诞辰。弟弟韩兢的纪实文学《隐形将军》将要第二次印刷了，这是对父亲最好的纪念。

《隐形将军》去年的出版和今年的第二次印刷，得其时也。正如父亲生前所说，他的真实历史的面世，要有两个必备条件：其一，政治清明，国泰民安，年代久了，可以解密了；其二，要有认真的传记作者。这样的作者不求功利，以充分真实的史料为基础，把历史的真相、人物的真面目记录下来。历史的车轮已经驶入 21 世纪，父亲所生活的时代离我们越来越远。随着时间的推移，我们对许多发生的事情，越发理解；许多逝去的人物形象，反而越发清晰了。

六十年来，在中国共产党的领导下，我们的国力日益强盛，国际地位日益上升。中国人民历经磨难，在政治上更加成熟。盛世修典，盛世治史，韩兢正是在这种大好环境下，以一己之力，舍弃了触手可得的名利，四处奔波，上下求索，不仅为自己的父亲写传，也为周恩来同志领导下的共产党的秘密工作，为中国人民争取自由解放的斗争，增添了生动真实的一笔。

《隐形将军》以翔实可信的史料为基础，将父亲的一生步步写来，把父亲的作为放到彼时彼地的历史环境中，不但写他做了什么，还客观地剖析他的心路历程，解除了多年来人们对他的神秘感。让人们对他肩上的两颗将星和胸前佩戴的一枚勋章，有了真切的理解，也让人们完全明白了为

---

①韩英，韩练成的二女儿，第十届、第十一届西安市政协委员。

什么在国共两军军史上同时都存有韩练成将军的名字。韩兢没有刻意去拔高父亲，也没有对父亲做任何概念下的描述，他只是忠于史实，忠于真相，写出了一个历史的客观存在，写出了一个实实在在的真人。人生有舍也有得。韩兢为了这一"得"，舍去了20多年的人生岁月。但他却为史、为家、为父亲、也为自己做了一件很有意义的大事。

作为韩练成将军的女儿，我从小在外求学、工作，与父母共同生活的时间不多，20世纪70年代以后，因家母故去，才回到父亲身边。晚年的父亲，体弱力弱，但仍"日出而作，日落而息"，有着严格的作息。他绝大部分的时间还是伏案苦读，密切关注国内外时局变幻，进行深入的独立思索，这是他一生养成的习惯。我曾多次向他询问一些历史问题，劝他说说自己的经历，他却总是淡然一笑，闭口不谈。"高谋一着潜渊府，淡泊半生掩吴钩"，正是他一生的写照。读罢《隐形将军》一书，我把我心中的晚年的父亲与那个从固原老家走出的穷小伙子连起来了。他一生东奔西走，跌宕曲折。正是他的善于学习，善于独立思考，成就了他。他是一个忠诚的爱国者，更是一个自觉的革命者。

近百年来，中国共产党领导的这一场中国革命，战线是极其广阔的。1949年革命的胜利，是无数志士仁人共同奋斗的结果。《隐形将军》的出版，不仅仅是对父亲最好的纪念，也是对父辈们最好的怀念。——不论他们是驰骋疆场的勇将，还是长期在隐蔽战线坚持的斗士，只要他们是为中华民族的独立、自由、富强而战，都是可歌可泣的，人民永远不会忘记他们！

新中国成立六十周年大庆前夕于西安

2009 年 9 月 30 日

劲松·丹心

李　伦①

　　韩练成同志是我久已仰慕的传奇将军，是一位久经考验的忠诚的共产党人，是我党隐蔽战线建有卓越功勋的斗士，同时他还是一位有着丰厚底蕴的诗人。

　　韩练成同志出生于中国最贫困地区的宁夏固原，自幼家境贫寒，生活处于最底层，放过羊，当过学徒，亲身体会到劳苦人民的艰辛生活。他自幼爱读书，刻苦自学、奋发上进、追求进步。在长期的军旅生涯中，他见识到军阀混战，互相争权夺势，武装割据的混乱局面，使他茫茫不知所向，找不到为国为民效力的出路。在第一次国共合作，国民革命军北伐时，他结识了共产党人刘伯坚、刘志丹，受到共产党人的深刻影响。刘志丹认为韩是好苗子，计划培养他为共产党员。

　　在北伐战争和以后的事变中，他亲历了日军在济南制造惨案，残杀我国谈判代表，并使八千军民遭到伤亡的暴行，义愤填膺，激起了他爱国的民族主义激情。1931年"九一八"事变，日本强占了东北大好河山，使三千万东北人民陷为亡国奴。日本侵略者步步进逼，妄图占我华北，侵犯上海，使他感受到中华民族处于危亡之中。此时蒋介石继1927年"四一二"政变，大肆屠杀共产党人之后，又集中主要军队围剿红军，而对日本侵略者妥协退让，不事抵抗。这一切使韩练成同志对日本侵略者的仇恨，对蒋介石对外妥协投降政策、对内一心剿共的行动不满，对共产党人惨遭屠杀深为同情，对共产党的一系列抗日声明和政策非常赞成，从中认识到共产

---

①李伦，李克农之子，中将，总后勤部原副部长。

党的英明，国民党的倒退，把中国的希望寄托在共产党身上。虽然蒋介石、国民党对韩练成非常重视，予以重用，升至中将军长，但他在爱国为民的军旅生活中找到了出路，在政治信念上奠定了坚信共产党的坚实基础，并在以后的实际行动中坚定鲜明地表现出来。

他从抗战初期就主动积极地接触共产党。1939年韩练成在桂系军队任副师长、师长时，就与我父亲经常来往，并支持他的工作。我父亲当时担任八路军驻桂林办事处处长，桂林办事处实际上是我党在南方的派出机构，负责广西、广东、香港和海外的党的联络工作、广西地区的统战工作，领导桂林抗战文化工作。当时夏衍同志在桂林主办的《救亡日报》，曾登载过记者专访《访戴花归来的韩副师长》。1942年韩练成升任十六集团军参谋长后就积极联络我党领导人周恩来同志。在重庆秘密见到周恩来同志时，倾诉了自己心中苦闷和压抑的心情，对国民党消极抗日、积极反共、内部互相倾轧的不满，并明确表明了坚定跟共产党走的决心，还要求到延安去。周恩来对他主动找党、跟党走的决心给予肯定，欢迎他归队，并指出他留在国统区能发挥更大的作用。要他执行我党的"隐蔽精干，长期埋伏，积蓄力量，以待时机"的方针，除周恩来、王若飞、董必武、李克农、潘汉年外，中断与党组织的一切接触，只进行单线联系。在解放战争初期，董必武同志指示他的联络代号为"洪为济"。韩练成同志遵照党的指示，以实际行动履行了对党的忠诚。

解放战争初期，1947年1月国民党对我鲁中地区和陕北地区实施重点进攻。在山东鲁南国民党集中七个军向临沂进攻，在北线周村、博山集中三个军向莱芜、新泰进攻，以南北夹击之势正面围歼我华东野战军主力于鲁中地区。在此关键时刻，时任北线国民党军四十六军军长的韩练成同志与陈毅司令员沟通了联络，陈毅派华东局秘书长魏文伯和华东军区政治部主任舒同两次分别与韩练成进行了密商，并派杨斯德[1]和解魁在他身边负责联络工作。2月20日莱芜战役打响后，韩练成按密商计划脱离部队，放弃指挥，抵达解放军驻地。由于四十六军失去指挥，与七十三军乱成一

---

[1]杨斯德时任胶东军区联络科长，莱芜战役时任韩练成军长秘书，淮海战役时在国民党军何基沣、张克侠身边任高参，新中国成立后任副政委，总政联络部部长，中央对台领导小组办公室主任。

团，指挥混乱，遭到全歼。莱芜战役连同南线作战共歼敌七万余人，为解放战争以来的空前大捷，挫败了国民党的重点进攻。战后韩练成同志受到陈毅、唐亮的热情接见，对他的正义行动和重大贡献给予了高度称赞。最可贵最值得赞颂的是他不顾个人安危，主动选择并经中央批准回到了国统区去继续潜伏，更好地为党、为人民发挥作用。

他回去后险象环生，危机四伏。国民党国防部长白崇禧要韩练成正式在国防部会议上汇报，杜聿明亲自向蒋介石密报对韩的怀疑，韩部属一团长被停后逃回反映韩在战役中的异常表现，连中统局局长叶秀峰也曾与韩面谈各种疑点等。这些情况对韩造成了极大威胁，稍有败露，必将军法处置。韩练成面对种种险情，冷静处置，讲明战役失败经过和原因，并主动找蒋介石当面申诉，坚决不承认自己是共产党员，指责杜聿明诬陷。由于蒋介石对韩练成的长期信任，不仅要恢复四十六军番号，还将韩留在身边，让他在参军处参与决策和机要工作，使韩渡过险境。蒋介石对韩是一直信任和重用的，因为韩曾救过蒋介石，有救命之恩。蒋为拉拢韩，培植为亲信，曾特例赏穿"黄马褂"，赐予黄埔第三期生，由此进入黄埔系，并亲自奖赏五万元，连韩夫人汪萍都感到吃惊，没有见过这么多钱。蒋对韩步步重用，由旅长升至师长、军长直至集团军副总司令，执掌海南军政大权于一身。直到韩转移到解放区，蒋仍不相信他是共产党，认为"都是你们逼走的"。韩练成对蒋介石如此信任重用自己是心存感激的。虽然蒋对他有知遇之恩，高官厚禄，但他认为这是个人私事，对共产党仍坚信不疑，决心跟党走，听从党的召唤。这就充分表明了韩练成同志是一位忠诚的共产主义者，高官不为所动，富贵不为所移，是一位勇于牺牲自己的一切、包括自己生命在内的共产党人。他的高尚品质、他的正义行动、他的杰出贡献，受到了我党领导人的高度称赞。

韩练成同志回到解放区后，在西柏坡受到中央领导同志的热情接见。毛主席在接见时说："蒋委员长身边有你们这些人，我不仅指挥解放军，也调动了国民党百万大军。"并留他共同进餐。朱德总司令称赞他"为党为革命立了大功、奇功"，并赠送他《毛泽东选集》。周恩来说："你一直是一个没有办理过正式入党手续的共产党员，你的行动是对党的最忠诚的誓言。"周恩来曾对张治中提问的"韩练成是蒋介石身边的红人，为什么会跟共产党走"回答，这是信仰的力量。陈毅在莱芜战役后称赞"你的正义行动对这次战役贡献太大了，并钦佩他的大智大勇"。在此期间，他一直住在中央社会部。我父亲将三间北房让出一间，与韩同住。因早在抗战时期的桂林旧相识，知己相见，倾心交谈，非常融洽。我父亲根据周恩来的意思，想留韩在中央社会部工作，因为他在国民党军队中人际关系很广，做化敌为友工作具有独特的条件。韩经慎重考虑，婉言谢辞，随后被安排到一野任副参谋长。新中国成立后，1960年我父亲重病之后，身体已使他不能肩负正常工作，但他仍然怀念在隐蔽战线建有卓越功勋的战友，抱病到韩家探望，战友一见，相见如故。韩不胜喜悦，赋诗一首《克农来访》：

> 桂林、重庆、东黄泥，
> "隐形"至今未足奇。
> 夫人再设"后勤部"，
> 上将仍作"李经理"。

我父亲称韩为"隐形"人，韩早年曾给予我父亲以帮助，我父亲称韩夫人为"后勤部长"。

两位老人早已作古，但他们同志间的深情厚谊，他们无私奉献、忠诚于党的高贵品质，他们在隐蔽战线所做出的丰功伟绩，将长存于世，以教育后人。

2009 年 10 月 9 日

怀念敬爱的父亲——韩练成

韩　蓉[1]

时光无情地流失，把我们也推进了老年。每当回忆父亲和我们在一起的日子时，仿佛回到了几十年前，重新聆听父亲的教诲，感受一家人在一起的快乐和温馨。

目前我们兄弟姐妹四人，我排行老大，实际不是真的老大，我还有两个哥哥和一个姐姐都在年幼时离开了人世，所以在我的成长过程中父母给予我的关怀和爱护最多，希望我能健康平安地长大。还给我起了个极为平常的小名"妹妹"，大名"蓉"，希望上天能容下这棵柔弱的小草。为此，每当我谈起父母亲时，总是从心中升腾起无限敬意。是他们赋予了我生命，而且，从这生命的诞生到成长，父母亲倾注了全部心血，哺育、呵护、培养了我。

然而，最让我感到受用终生的是父亲的思想精神，他做人的准则，做事的追求，以及成就他传奇人生的经典理念。父亲这样教导我："做一个真正的人，即有灵魂的人，有血有肉的人，有人的感情的人，有人格的人。"

1966年秋天，我目睹了父亲处理的一起红卫兵拿着棍棒翻墙闯进我家的事件，当时七八个杀气腾腾的红卫兵被父亲冷静又机智的说服教育改变了他们的态度，有效制止了一场可能出现的武力，给在场上的我和其他人上了生动的一课。时隔40多年，回想起这些，往事历历在目。

父亲在我人生的每次大的决定都给了我及时的指导和积极的建议。1964年初，我在北京师大女附中（现实验中学）读高中三年级，父亲正好

---

①韩蓉，韩练成的大女儿。

在北京出席全国人大会议，住在离我们学校不远的民族饭店。我放学后去看望父亲，征求填报大学志愿的意见。原本父亲非常希望我选择学医，他崇尚医学科学，但父亲分析了我自身的情况和我的兴趣更偏向国际政治和外交，于是，鼓励我发挥自己的优势和特长，选择学习外语专业，做自己感兴趣的事情。后来，我考取了北京外国语大学。当年国家急需培养一批与第三世界国家交往的外交人员，我则被分配学习非洲的民族语言之一斯瓦希里语，后来一直用这种语言翻译《毛泽东选集》、国家重要政治论文、小说和其他文学作品，还被派往非洲从事援外工作。我上大学之后，父亲建议我读有关非洲的书籍关注非洲的事。大学一年级暑期在父亲书房里看的第一本有关非洲的书——内部印刷的翻译作品《非洲内幕》，就是父亲给我的，它开启了我了解非洲，并研究非洲的历程。

非洲是个陌生的神秘的大陆，学习非洲民族语言实际上意味着去非洲工作。上世纪80年代初，国人对非洲的了解甚少，出国的人更少，虽然能够出国是件很荣耀的事情，但当得知我将远赴坦桑尼亚工作时，他，一位年迈的父亲，为我高兴也又因为我的远离心情十分沉重。他郑重地找我谈话，给我讲述了当年奶奶在送他当兵入伍离开家时的一段话，奶奶说，你放心走吧，去参军打仗，有命就穿个绸裤子回来（在她的眼里能穿绸裤子已经是很有钱又有出息的了）。我震惊了！奶奶，一位生活在19世纪中国农村的普通妇女，丈夫重病而儿子又要远行。为了支持儿子的选择，她压抑了一切对儿子的依赖和牵挂。奶奶是个伟大的母亲，是个有大明大义的母亲，她有多么宽广的胸怀，多么伟大的志向！父亲把这段沉重的家庭历史交给了我。

1981年，我同中国医疗队一起被派往坦桑尼亚，第一次踏上了非洲的土地。一切都是陌生的，生活环境、工作条件十分艰苦，难以想象，还时常染病。但无论遇到什么困难，处在什么艰辛的环境，我都能勇敢面对。两年的实地生活和工作使我对非洲有了感性的认识，对非洲的人文历史也开始了解，并接触非洲的艺术，尤其是乌木雕。回国时，我带给父亲一件仅有15厘米高的乌木小雕人。父亲看了非常惊讶，爱不释手，抚摸着小人说："这是黑娃娃（父亲称非洲人是黑娃娃）自己做的？他们是天生的艺术家嘛！你是学斯瓦希里语的，你好好学学人家的艺术吧。"父亲的这

隐形将军

些话点燃了我日后对非洲艺术研究收藏的热情，也启示了我研究非洲艺术的方向：乌木雕是东部非洲马孔德民族的艺术精华。

父亲是个具有学者风范的军人，他不仅仅具有军人的威武、胆识、机智和勇敢，在学问上他还博学多才，他懂音乐、绘画和建筑，他还是位诗人。我们从小就在充满文化艺术氛围的家庭中长大，父亲书房藏书很多，涉及各个领域，除了他研究的军事方面书籍，还有国际政治方面的，有伟人名人传记，还有国内外文学名著，大文豪作品的全集，还藏有齐白石、张善孖、张大千等名家的画作，以及世界名画、画册上百本。我的艺术常识和鉴赏力都是从家里学到的。父亲是非洲马孔德艺术雕塑的最早鉴赏家，是我收藏和研究非洲艺术最大的支持者和动力的来源。

几十年来，我从未忘记和间断研究非洲的文化和艺术，上个世纪90年代初，我和爱人李松山辞去公职，来到非洲，那时父亲已经离开我六年，我们怀揣着一个梦想，决心深入研究非洲文化艺术，中国人要在这个领域做出成绩，要成为世界第一，并以此告慰九泉之下的双亲。经历了几十年的艰辛努力，我们终于把非洲马孔德艺术带回了中国，中国美术馆收藏了我们捐赠的150多件大型非洲艺术精品，长春市专门设立了非洲马孔德艺术博物馆收藏和展示我们捐赠的大批非洲艺术品。从此这朵世界艺术殿堂的奇葩在中国大地生了根。

父亲传奇的人生和他在人民解放事业上建立的丰功伟绩已载入历史史册，为世人所敬仰和铭记。父亲的精神风范、人格魅力将激励我们后人代代传承，弘扬光大。

亲爱的父亲，您是我们永远的光辉，我们将永远跟随您的爱国主义精神，报效我们伟大的祖国。

2009 年 10 月 22 日

念韩练成将军前辈

杨春光[1]

小时候看电影《南征北战》时，看到我军之英勇、敌军之无能，至今记忆犹新。后来通过学习我们党的军史才知道，这部电影中反映的历史史实中，有一个非常了不起的英雄人物，推动了我军的摧枯拉朽和敌军的惨败。这位大智大勇、追求光明、忠诚于党、淡泊名利、为新中国建立做出卓越贡献的高级将领就是韩练成将军。

韩练成将军出生于宁夏南部贫困山区，是一个长期潜伏于秘密战线的"隐形将军"。17岁即投身北伐战争，在接触了军中的共产党人后，受到革命思想影响，萌生了加入中国共产党的愿望，虽因种种客观原因到新中国成立后才如愿，但他始终心向革命、向往光明。抗战时期，韩练成深得蒋介石信任，在国民党军队中任少将师长，以他当时的军衔、职务，地位不可谓不显赫。但是，面对国民党"攘外必先安内"的荒谬政策和国民党中央与地方的明争暗斗，他感到苦闷、压抑、孤独，总觉得报国投错了门。国难深重，在国民党各派系的军队中，难以看到报国的壮志和革命的气息，他感到只有中国共产党充满了朝气，是坚定的抗战力量，是民族的希望，于是他下定决心追随中国共产党，并按照党的指示长期隐蔽在秘密战线，在一次次危急关头和关键时刻，置个人安危于不顾，以莫大的勇气、高超的智慧，为党为国创立了不朽的功勋。一个深得蒋介石信任的国民党军队高级军官，义无反顾地跟着共产党走，这就是信仰的力量，体现了韩

---

①杨春光，第十二届全国政协委员，曾任宁夏回族自治区党委常委、宣传部部长，国家公务员局党组成员、副局长。

练成对光明的孜孜追求。

秘密战线工作是一个充满危险、充满牺牲的事业。他在长期的秘密工作中，由于受到国民党怀疑而被调查、降职使用甚至被软禁、关押，又一次次凭着过人的智慧和勇气脱险。戎马生涯，南征北战，家人也随着颠沛流离，两次遭受丧子之痛，却忍受着巨大的打击和悲痛，将全部精力和心血奉献给党的事业。历经种种艰难困苦，韩练成始终坚守理想，坚守信念。韩练成在功成身退之后，绝少提及自己的奇特经历，有着"隐形将军"的美誉。但是，回顾中国人民争取独立、统一、民主、解放的历程，翻检国共两党的秘史，人们可以看到这个名字在北伐硝烟、抗战烽火和新中国晨曦中时隐时现。

近几年，随着众多反映战争年代我们党的隐蔽战线的影视作品热播，隐蔽战线上的人和事受到人们的广泛关注。作为这条战线中的一员，韩练成将军担任国民党在海南岛的军政首脑时，按照党的秘密指示，殚精竭虑，有力地保护了党的军政干部和武装力量，而极大地限制了国民党在海南岛军事力量的发展，为后来海南岛的解放奠定了坚实的基础；在莱芜战役中，韩练成运筹帷幄，极力坚持蒋介石对战局发展的错误判断，一再干扰国民党战区统帅部的战略决策，为我军合围、进攻提供了最佳战机，使得华东野战军打出了一战歼敌 5.6 万人的辉煌战绩，创造了在解放军战史上取胜快、歼敌之多的空前的莱芜大捷。就是那一仗，打断了蒋介石对解放区"全面进攻"的节奏；孟良崮战役时，韩练成又充分利用蒋介石对自己的信任，在关键时刻促使蒋介石采纳了有利于我军的分析和建议，从而最终决定了战役的走向，使国民党军队又遭到了一次惨败。

作为一名为新中国的成立创建了赫赫功勋的传奇将军，韩练成面对荣誉和待遇，却始终保持着低调。1955 年，在给军队将领授衔时，根据他的坎坷经历和条件、贡献，按起义的国民党高级将领对待，可以授予上将军衔。但如按他的入党时间和当时的职务，将被授予中将军衔。韩练成向周恩来同志明确表态，"我不是起义将领，我是没有办手续的共产党员。"坚持按自己入党时的职务、级别，接受中将军衔，同时，对发给他的按起义将领对待的数目可观的黄金，连看都没看就一次性地交了党费，留下了"要党员不要上将"的佳话。在韩练成的遗言中，他要求家人"用最简单、

357

最节约的办法办理丧事"，请求组织上"免去那些丧事仪式，如遗体告别、追悼会、骨灰安放等"。在韩练成的身上，集中体现了共产党人高风亮节、不计名利、安于清贫的政治本色。

韩练成将军是一位自觉的革命者、一位忠诚的爱国者，他的一生是革命的一生、战斗的一生、无私奉献的一生，也是不断追求真理、修正人生坐标的一生。他是中国人民解放军群星灿烂的"将星"中的一颗，我们讲"追星"，就要追这样的"星"。

我们缅怀革命先辈，弘扬爱国主义，就是要从历史的财富中寻找源头，从社会的进步中汲取力量，从一代又一代人的奋斗中获得启示；就是要永远不忘革命先辈为民族解放、人民幸福前赴后继、英勇奋斗的光辉业绩；就是要继承发扬革命先辈不怕牺牲、顽强战斗、一往无前的精神；就是要努力创造无愧于先烈、无愧于先辈、无愧于人民、无愧于时代的辉煌业绩。

2009 年，在固原市召开的"纪念建军 82 周年暨韩练成将军 100 周年诞辰座谈会"上，我有感而发，写了这首词《念韩练成将军前辈》，缅怀韩练成将军，这里再次呈现给读者，也祝贺《隐形将军》一书再版发行。

> 生于斯、长于斯，无愧于斯，
> 孤雁行、思雁阵，雁叫声声；
> 轻与重、重与轻，了然心中，
> 盼光明、光明行，光明在胸；
> 打天下、夺天下，公为天下，
> 山岳高、高山岳，功盖极顶；
> 记青史、写青史，青史位重，
> 韩练成、乃将军，伟绩丰功。

再版后记

2008 年 1 月《隐形将军》第一版在北京面世，至今已有九年了。我很感谢群众出版社的编辑：他们换过三种不同的封面。但让我吃惊的是：更有热心的读者，居然收全了这三种版本。

2010 年，由拙作改编的 32 集同名电视连续剧《隐形将军》上星，编剧陈文贵把"韩练成"分了身、化了名，演绎了"韩奎"和"连城"的爱恨情仇，我用"看别人的作品"的心态，看得倒也津津有味。

同年，固原博物馆韩练成纪念室开展，我捐了 150 多件（套）先严生前的实物、文字、文件及有关资料。感谢任震英老前辈的侄子、中央美术学院教授任世

32 集同名电视连续剧《隐形将军》

民创作了韩练成铜像，安放在纪念室。

韩练成铜像

解放军文艺出版社出版的《韩练成传奇》

2013 年 1 月，《韩练成传奇》由解放军文艺出版社出版发行，部分地说透了《隐形将军》仅仅点到为止的某几段话，满足了军方读者的遗憾。

历史的迷雾在社会的进步、信息的开放中逐渐散去，更多的历史真相越来越清晰了。在思辨中"存史、资政、育人"，似乎成了许多退而不休的同龄人共同的生活方式。

红军后代和党史研究学者向将台堡纪念馆赠旗

拙作再版，我很欣慰：可以有新的、更大的读者群和我一起了解那段历史。特别是在宁夏的再版、发行，这是先严出生、先慈离世的地方，也是我曾经工作、生活过多年的地方。

　　就在《隐形将军》再版编辑中的今年9月底，我参加了中共党史人物研究会井冈红军人物研究分会在宁夏固原市召开的《长征中的红军将士——纪念长征胜利80周年》研讨会，来自全国各地的红军后代和党史

红军后代和党史研究学者向六盘山纪念馆赠旗

红军后代和党史研究学者在同心清真大寺

研究学者亲临会师圣地，纪念长征，缅怀先烈，从人物而非事件的角度，探寻长征精神。

陈毅元帅长子陈昊苏和韩兢在固原博物馆

钱壮飞烈士孙子钱泓和韩兢在宁夏图书馆前

感谢为这本新书付出劳动的宁夏人民出版社总编辑何志明，编辑李彦斌、管世献，他们居然抓住了《长征中的红军将士——纪念长征胜利80周年》研讨会短短几天时间，征集了部分到会红军后代和党史研究学者对拙作鞭策、鼓励的词句，实在出我意料！

我衷心地感谢为《隐形将军》题字的红军后代和党史研究学者（按年龄排序）：阎小青、刘丹、陈昊苏、谭斌、欧阳海燕、兰书臣、何继明、

362

牛力、钱泓、龙铮、罗晋、朱新春、章百家、李卫雨、刘峰林、罗海曦、罗小明、陈人康、姜廷玉、韩京京、周秉建、张兵。

最后，感谢我的同班同学吴善璋（银川二中）为拙作题写的书名。

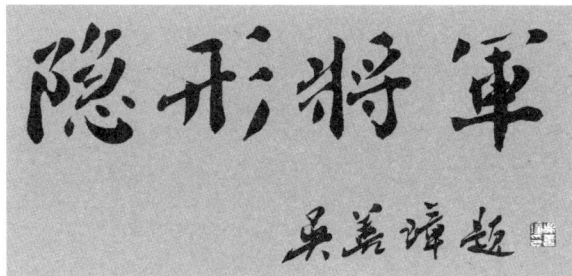

吴善璋题《隐形将军》

韩兢

2016 年 11 月于宁夏银川